Política e trabalho na escola
Administração dos sistemas públicos de educação básica

Dalila Andrade Oliveira
Marisa R. T. Duarte
(Organizadoras)

POLÍTICA E TRABALHO NA ESCOLA

ADMINISTRAÇÃO DOS SISTEMAS PÚBLICOS DE EDUCAÇÃO BÁSICA

4ª edição

autêntica

Copyright © 1999 Dalila Andrade Oliveira e Marisa R. T. Duarte

CAPA
Luiz Gustavo Maia
(Sobre foto da École de la rue Buffon,
Paris, 1956 – Robert Doisnot)

EDITORAÇÃO ELETRÔNICA
Waldênia Alvarenga Santos Ataíde

REVISÃO
Rosemara Dias Santos

Revisado conforme o Acordo Ortográfico da Língua Portuguesa de 1990, em vigor no Brasil desde janeiro de 2009.

Todos os direitos reservados pela Autêntica Editora. Nenhuma parte desta publicação poderá ser reproduzida, seja por meios mecânicos, eletrônicos, seja via cópia xerográfica, sem a autorização prévia da Editora.

AUTÊNTICA EDITORA LTDA.

Belo Horizonte
Rua Aimorés, 981, 8º andar . Funcionários
30140-071 . Belo Horizonte . MG
Tel.: (55 31) 3214 5700

Televendas: 0800 283 1322
www.autenticaeditora.com.br

São Paulo
Av. Paulista, 2073 . Conjunto Nacional
Horsa I . 11º andar . Conj. 1101
Cerqueira César . 01311-940 . São Paulo . SP
Tel.: (55 11) 3034 4468

P769	Política e trabalho na escola: administração dos sistemas públicos de educação básica / organizado por Dalila Andrade Oliveira e Marisa R. T. Duarte — 4. ed. — Belo Horizonte: Autêntica Editora, 2013. 256 p.
	ISBN 978-85-86583-64-2
	1. Educação básica. 2. Política educacional. 3. Trabalho e educação. 4. Administração educacional. I. Título
	CDU: 37.014
	37.018.8

Sumário

APRESENTAÇÃO DA SEGUNDA EDIÇÃO

Apresentação   7

ESTADO, TRABALHO E EDUCAÇÃO

Reestruturação capitalista e Estado Nacional
Lúcia Bruno   15

Crise e reforma do Estado: condicionantes e perspectivas da descentralização de políticas públicas
Eduardo Meira Zauli   45

Educação e qualificação profissional nos anos 90:
o discurso e o fato
Azuete Fogaça   57

As reformas em curso nos sistemas públicos
de educação básica: empregabilidade e equidade social
Dalila Andrade Oliveira   71

DESCENTRALIZAÇÃO: CRISE DO PLANEJAMENTO CENTRAL?

Descentralização da educação no Brasil:
uma abordagem preliminar
Maria do Carmo Lacerda Peixoto   103

A descentralização dos sistemas de educação básica:
crise do planejamento central?
Osmar Fávero   109

AS FRONTEIRAS DO PÚBLICO E DO PRIVADO NA EDUCAÇÃO BRASILEIRA

"Novas" estratégias da gestão privada da educação pública
Geraldo Magela Pereira Leão   117

O público e o privado no Brasil: fronteiras e perspectivas
Carlos Roberto Jamil Cury   125

O público, o privado e as políticas educacionais
Vera Lúcia Alves de Brito   131

EXPERIÊNCIAS DE GESTÃO PÚBLICA EM EDUCAÇÃO BÁSICA

Escola cidadã: a experiência de Porto Alegre
José Clóvis Azevedo   145

Experiência de gestão na Secretaria Municipal de Belo Horizonte
Glaura Vasquez de Miranda   159

Políticas públicas de educação e mudança nas escolas.
Um estudo da cultura escolar
Lúcia Helena G. Teixeira   179

A ousadia de fazer acontecer o direito à educação.
Algumas reflexões sobre a experiência de gestão
nas cidades de São Paulo (1989/92) e Diadema (1993/96)
Lisete Regina Gomes Arelaro   193

POLÍTICA DE FINANCIAMENTO:
A EFETIVIDADE DO DIREITO À EDUCAÇÃO BÁSICA

A política de financiamento da educação básica no Brasil:
apontamentos para o debate
Maria Rosimary Soares dos Santos   213

Sobre a necessidade do controle social
no financiamento da educação
Romualdo Portela de Oliveira   223

Limites à educação básica:
expansão do atendimento e relação federativa
Marisa R. T. Duarte   237

Sobre os autores   253

Apresentação da segunda edição

Estávamos iniciando uma nova década e com ela mais um milênio, quando nos encontramos em mais uma Reunião Anual da ANPED, e nos propusemos o desafio de organizar um livro que, de maneira despretensiosa, pudesse recolher diferentes contribuições de colegas que, no âmbito do GT 5 "Estado e Política Educacional", vinham contribuindo no debate sobre temas relevantes da política e gestão da educação brasileira. O objetivo imediato era promover um balanço da política e gestão da educação após uma década de reformas educacionais no Brasil.

A ideia ganhou força e em pouco tempo tínhamos em mãos esta coletânea que reuni contribuições diversas sobre a política e gestão da educação brasileira, analisada por diferentes Ângulos e aspectos da realidade mantendo, contudo, a coerência na proposta temática. As contribuições reunidas neste livro refletem a produção acadêmica sobre o tema, mas antes de tudo, o compromisso com a produção crítica no campo educacional. As temáticas aqui tratadas pelos autores, tal como se apresentam no índice deste livro não se desatualizarão facilmente. Justificativa pela qual não foram reescritos os textos originais para esta segunda edição.

A sua primeira edição data de 2002, contudo, a relevância presente nas contribuições de cada capítulo fez com que tal edição se esgotasse e que a procura pelo livro nos levasse a reeditá-lo. Isto se explica provavelmente pela pertinência das análises contidas no conjunto dos capítulos, destacando-se as discussões e análises sobre: o poder que atravessa o sistema de educação como um todo e as escolas, nos diferentes níveis de ensino; as formas de descentralização adotadas nas políticas educacionais mais recentes; a questão da autonomia e seus desafios nas escolas públicas; o dualismo entre formação geral e de caráter técnico e as consequências que tais políticas trazem para o trabalho e a formação docente.

O debate que o livro traz e as análises que comporta são resultado de estudos e pesquisas dos autores, professores pesquisadores de diferentes instituições universitárias deste país, mas também do compromisso destes mesmos autores com a construção de um sistema nacional de educação, que assegure direito universal à escola pública de qualidade e democrática. A expectativa de que a escola pública brasileira seja de fato espaço público, no sentido de que seus sujeitos devam participar dos seus processos, e local digno de trabalho, em que seus profissionais possam realizar suas atividades trabalho em condições objetivas adequadas e relações mais democráticas. Ou seja, o que nos move é a utopia de que seja possível transformar a escola pública brasileira em uma instituição de difusão e construção de conhecimento teórico-prático contextualizado e direcionado para as transformações que se fazem necessárias à materialização de uma sociedade justa e igualitária.

Belo Horizonte, maio de 2008.

Dalila Andrade Oliveira
Maria de Fátima Felix Rosar

Apresentação

Política e trabalho percorrem, como temas malditos para as perspectivas autoritárias, a história educacional brasileira. No campo das teorias de administração da escola básica a separação, entre trabalho e política das técnicas de intervenção no social, tem legitimado concepções e práticas tecnocráticas. Se do ponto de vista descritivo administrar é planejar, coordenar, organizar e controlar, do ponto de vista político significa também exercer um poder. A partir da década de noventa, novas formas de abordagem dos aspectos relativos ao financiamento, planejamento e gestão escolar adquirem maior visibilidade e expõem projetos e concepções diferenciadas de administração dos sistemas públicos de ensino.

Esta coletânea transcreve temas de estudos e debates ocorridos em seminário realizado entre os dias 1º e 3 de setembro de 1999, na Faculdade de Educação da UFMG, com o apoio financeiro da Fundação de Amparo à Pesquisa do Estado de Minas Gerais – FAPEMIG e com ampla participação de alunos, professores e profissionais em atuação no sistema público de educação básica. A realização do seminário foi uma iniciativa desenvolvida no âmbito do projeto de pesquisa "Política e administração da educação: um estudo de medidas recentes implementadas no ensino fundamental do estado de Minas Gerais", e teve por objetivo a socialização e intercâmbio de resultados alcançados por pesquisadores na área.

A ênfase nos aspectos pedagógicos da formação docente, dissociando-a de estudos e pesquisas relacionadas às políticas de administração, presente em diferentes formas de autoritarismo político, têm por horizonte encerrar o professor na sala de aula, subtraindo-lhe conhecimentos e debates que o confrontam com os "insumos indispensáveis ao desenvolvimento do processo de ensino-aprendizagem" (IX, art. 4º, LDB) e com os instrumentos e normas de gestão democrática (art. 14, LDB).

> Criou-se um modelo "gerencial" de administração e planejamento do ensino, dentro do qual a política da educação passa a ser aferida pela eficiência de métodos de gerenciamento que reduzem a significação dessa política, deslocando-se sub-

-reptíciamente, a ênfase, das atividades-fim para as atividades meio. (MENDES, DUMERVAL TRIGUEIRO, 1972)

Uma política educacional eficaz na despolitização do aparelho de Estado pode apontar para o deslocamento do poder das suas partes eleitas para aquelas autointituladas como "técnicas" e diretamente vinculadas aos centros do poder econômico. Portanto, discutir as questões candentes da Administração Educacional hoje exige abordar mudanças estruturais no capitalismo, bem como atentar para suas repercussões internas ao aparelho de Estado. O primeiro capítulo, escrito pela Prof.ª Lúcia Bruno, situa os fundamentos socioeconômicos da vinculação entre política e trabalho como uma relação indissociável, cada vez mais flagrante em face do desenvolvimento atual do capitalismo.

O capítulo seguinte, escrito pelo Prof. Eduardo Meira Zauli, remete-nos à problemática das políticas públicas, entre elas a educacional, no âmbito da reforma do Estado. Suas análises apontam para uma perspectiva diferenciada ao considerar a possibilidade do estabelecimento de medidas voltadas para a recuperação do poder decisório do Estado, permitindo apresentar soluções factíveis de gestão aos problemas nacionais. Tais trabalhos possibilitam ao leitor situar as dimensões e bases teóricas de diferentes perspectivas críticas à política educacional hegemônica.

Os estudos das Professoras Azuete Fogaça e Dalila Andrade Oliveira, por sua vez, focalizam nas políticas relativas à educação básica e profissional os fundamentos sociopolíticos, de medidas instauradas nesta última década. Nesses artigos, a crítica fundamenta-se nos resultados de programas implementados, destacando suas consequências para a maioria da população. Sob o enfoque do trabalho enquanto categoria de análise e ao mesmo tempo objeto das políticas educacionais, as autoras procuram demonstrar a estreita relação entre as motivações para as reformas nos sistemas públicos de educação básica e as transformações ocorridas no mundo do trabalho.

Com diferenças teórico-práticas significativas, os autores presentes nesta coletânea reafirmam a importância da inclusão dos temas relativos à política e administração dos sistemas de ensino na formação inicial e continuada dos profissionais de educação. Trata-se da efetivação do princípio federativo consagrado na Constituição, sempre reformada, em contraposição a uma história ciosa em praticar o planejamento, típico do autoritarismo tecnocrático, como nos ensinam os trabalhos da Prof.ª Maria do Carmo Peixoto e do Prof. Osmar Fávero.

Como demonstrado no capítulo apresentado pelo Prof. Geraldo Leão, a discussão da administração dos sistemas públicos de educação básica não pode prescindir-se do debate sobre o público e o privado. Tal questão se mostra ainda hoje bastante presente, tendo assumido novos contornos que exigem maior aprofundamento e atualização do tema.

Resgatar caminhos já percorridos com o objetivo de rever vínculos e expor novas reflexões sobre a realidade em constante mutação é exercício árduo porém indispensável quando se refere às políticas públicas para a educação. Os estudos desenvolvidos pela Profª Vera Brito e o Prof. Dr. Carlos Roberto Jamil Cury apresentam contribuições significativas ao retomarem o tema das relações entre o público e o privado no cenário educacional brasileiro. São contribuições que trazem novos enfoques, para o velho e insistente tema, face às transformações suscitadas na ordem social e jurídico-política neste país.

Na realidade, as alterações apontadas e analisadas por esses autores vêm reforçar a necessidade de repensar modelos e estruturas que já se supunham conhecidas. A presente década exige, pelo contexto de mudanças que enseja, rever velhas crenças. Na segunda metade desta década, o executivo federal impulsionou a edição de instrumentos político-normativos, como a Lei de Diretrizes e Bases, diversas resoluções e portarias regulamentando etapas ou modalidades da educação escolar, incluindo a Emenda Constitucional nº 14. Estes instrumentos sinalizam os movimentos empreendidos pelo poder central, revelando sua capacidade produtiva de intervenção política.

Contudo, o atual contexto se mostra também rico em experiências que ocorreram, muitas delas, à revelia do controle e regulação do poder central. Compondo um sistema profundamente marcado pela combinação de características centralizadoras e descentralizadoras, a gestão da educação básica pública esteve sujeita a uma grande diversidade de experiências. Um balanço do que foi pensado e produzido por administrações "populares", que se situam, portanto, no campo da oposição ao governo central, embora não tenha abarcado toda a diversidade destas experiências, nos permite introduzir o contraponto à alternativa nacional, o que pode ser conferido nos depoimentos do Prof. José Clóvis Azevedo e das Professoras Glaura Vasques de Miranda e Lisete Regina Gomes Arelaro.

As reformas educacionais dos anos noventa trazem, por todas as razões acima expostas, tamanha complexidade de situações que colocam em xeque a técnica, o político e a cultura organizacional no terreno da administração da educação. É sobre as mudanças na cultura organizacional de algumas escolas da rede pública estadual de Minas Gerais que trata o capítulo escrito pela Profª Lúcia Helena Teixeira.

A efetividade do direito à educação como um tema a ser tratado no âmbito da administração dos sistemas públicos de ensino impõe a necessidade de introduzir o velho/novo problema do financiamento da educação no Brasil no debate. O problema da efetividade do direito é analisado, no estudo apresentado pelo Prof. Romualdo Portela de Oliveira, sob o foco dos aperfeiçoamentos institucionais necessários, enquanto o trabalho da Prof ª Marisa Ribeiro Teixeira Duarte revela as insuficiências do modelo proposto na correção das desigualdades sociais. Tais colaborações são precedidas pela apresentação da Prof ª Rosemeire dos Santos, que aponta as modificações efetuadas na política de financiamento.

A colaboração e dedicação dos autores presentes nesta coletânea e dos conferencistas que por motivos diversos não puderam encaminhar o trabalho para publicação permitiram a realização de uma obra, em muito, superior ao planejado pelas organizadoras, como também o entusiasmo e competência demonstrados pelos bolsistas de iniciação científica participantes do projeto, Sâmara e Carlos, tornaram o trabalho de pesquisa e de organização do seminário mais suave e enriquecedor. A todos nossos sinceros agradecimentos.

Expressamos também, nesta oportunidade, nossos agradecimentos à coordenação do GT Estado e Política Educacional da ANPED, e ao Programa de Pós Graduação da Faculdade de Educação da UFMG, pelo apoio e incentivo recebido para a realização do Seminário.

Estado, trabalho e educação

Reestruturação capitalista e Estado Nacional

LÚCIA BRUNO

A fase contemporânea de internacionalização do capital, em geral designada pelos termos globalização ou mundialização, vem provocando inúmeras controvérsias, onde a questão do Estado, seu poder de intervenção no processo econômico e a amplitude de suas ações, aparece como um dos temas centrais, indicando-nos não só a complexidade do problema mas a diversidade de interesses em jogo.

Este debate começa já nos anos setenta, quando o discurso autointitulado liberalizante passa a atacar o Estado Nacional com virulência, acusando-o de ineficiente em suas ações, propondo limitações claras às suas atividades intervencionistas na economia, defendendo a privatização de suas empresas e a rentabilização de suas instituições, marcando o início de uma vaga, posteriormente cunhada de neoliberal, que haveria de assolar todo o mundo, a partir da década seguinte. Este discurso, em que se propõe um Estado Mínimo, foi entendido de início por muitos como mero instrumento ideológico, utilizado pela nova direita que se reorganizava, especialmente em torno dos governos Reagan e Thacher. No entanto, era ele a expressão de um processo, já em curso, de extraordinárias mudanças no sistema capitalista, que só se tornaram claramente perceptíveis nos anos oitenta.[1]

Para quem tem um mínimo de familiaridade com a história do capitalismo e do movimento proletário, não deixa de ser surpreendente que o Estado e os nacionalismos — instrumentos da burguesia em seu processo de afirmação histórica — estivessem sob o fogo cerrado das próprias classes capitalistas, encontrando em setores da esquerda os seus últimos defensores.

---

[1] O primeiro autor de que tenho notícia, a perceber claramente a extensão das transformações em curso, numa perspectiva crítica, foi João Bernardo, em três artigos; *O proletariado como produtor e como produto.* In: *Revista de Economia Política,* v. 5, nº 3, 1985, São Paulo: Brasiliense; *Estado e Capitalismo de Estado.* In: *Revista Ensaio,* nº 14. São Paulo, 1985; *A autonomia no movimento operário.* In: Bruno e Saccardo (org) — Organização, Trabalho e Tecnologia. São Paulo: Ed. Atlas, 1986.

Este aparelho de poder não foi apenas uma instituição fundamental para o desenvolvimento do capitalismo, criando e garantindo-lhe as condições materiais e institucionais para a sua existência e expansão; ele foi, ao mesmo tempo, um instrumento de repressão inigualável na história do capitalismo. Como disse Bakunin, no século XIX:

> Não há nenhum ato de horror ou de crueldade, nenhum sacrilégio, nenhum ato infame, nenhuma traição que não tenham sido ou estejam a ser perpetrados diariamente pelos representantes dos estados, sob o mero pretexto destas palavras elásticas, tão ditadas pela conveniência e, sem dúvida, tão terríveis: *Por Razões de Estado*. (apud. CHOMSKY, 1975)

Um século mais tarde, e de um campo oposto ao dos revolucionários do século XIX, o caráter totalitário do Estado era reafirmado com extrema concisão pelo General Golbery do Couto e Silva, na época, membro da ditadura militar:

> Os povos são um mito; só existem as nações e a nação é o Estado. (apud. COVRE, 1985, p. 117)

A que se deve, então, a mudança tão radical hoje observada no tratamento reservado a este aparelho de poder? Teria ele se tornado, para as classes capitalistas, supérfluo e até mesmo um incômodo? Se esta hipótese fazia sentido, qual o processo através do qual se chegou a esta situação? Em que aspectos o Estado Nacional se tornara supérfluo e em que medida, um incômodo para as classes capitalistas?

Ao mesmo tempo, é surpreendente o fato dos últimos defensores deste aparelho de poder do capitalismo serem exatamente os egressos do que restou da esquerda ortodoxa e da esquerda social-democrata. Nesta defesa, o Estado é pensado não como um condensado de relações sociais, mas como uma espécie de elmo, "elmo cheio de nada", que pode ser preenchido tanto por forças que defendem os interesses do trabalho quanto por forças que defendem os interesses do capital. Em sua argumentação, esta defesa tem invocado insistentemente uma suposta vocação deste aparelho de poder para a promoção do "Bem-Estar Social". A referência histórica é o curtíssimo período que se estende do pós II Guerra até fins da década de setenta, onde tal vocação aparece inscrita nas políticas do Welfare State que, na realidade, se existiu enquanto tal, não ultrapassou os limites de uma dezena de países altamente desenvolvidos. Mesmo assim, enquanto durou e onde existiu, este mesmo Estado não deixou de praticar as ações mais brutais contra um proletariado que traduzia suas insatisfações e revolta em ações práticas, onde afirmava sua autonomia política e social relativamente ao sistema capitalista. As ações repressivas então desencadeadas exatamente nestes países, onde o Estado era do "Bem-Estar", foram tão avassaladoras que os anos setenta ficaram conhecidos como os "anos de chumbo".

Como foi possível, em tão pouco tempo, suprimir estes "anos de chumbo" da doce memória que esta esquerda, se assim posso me expressar, cultiva dos "trinta anos gloriosos", sustentando por aí a defesa do Estado Nacional?

Estas questões inscrevem-se numa ordem de problemas bastante intrincados, nos remetendo para a análise das formas de organização e de exercício do poder das classes capitalistas, em diferentes momentos e contextos.

Duas vertentes da ação do nível político no capitalismo

Da mesma maneira que a lógica econômica deste modo de produção tem se reproduzido historicamente através de formas institucionais sempre renovadas, não há nenhuma razão para acreditarmos que na esfera do político o mesmo não possa ocorrer. Como todos sabemos, não há possibilidade da exploração econômica se realizar enquanto modo de produção, sem o recurso à coerção. Aliás, a própria forma de organização do trabalho no capitalismo é, em si, uma forma de exercício do poder dos capitalistas sobre os trabalhadores. E não há nenhuma proposta participativa, nenhuma "intelectualização" do trabalho explorado, nenhuma autonomia técnica outorgada ao trabalhador, que possam alterar esta realidade, como bem sabem os gestores das empresas, especialmente das mais inovadoras e produtivas, que vêm desenvolvendo formas sempre renovadas de exercício do poder tanto dentro quanto fora dos locais de trabalho.

Com isto, quero assinalar a lógica totalitária e totalizante do capitalismo, seja ele fundado na propriedade privada ou na propriedade estatal dos meios de produção, lógica esta exaustivamente denunciada e combatida na prática pelas vertentes mais radicais do movimento proletário desde o século XIX até os nossos dias.

Considerando este caráter totalitário e totalizante do capitalismo, tenho trabalhado com uma noção de Estado que vai muito além da forma em geral aceita — o Estado Nacional. Concebo o Estado como o conjunto de todas as formas organizadas e, portanto, institucionalizadas do poder das classes capitalistas (Bernardo, 1985). Este poder elas o exercem não só sobre o proletariado mas também no interior de si mesma, pois toda classe dominante que se pretende reproduzir enquanto tal necessita desenvolver mecanismos de autodisciplina, tendo em vista manter sua coesão interna, sem a qual não pode exercer o seu domínio sobre outra.

Esta noção de Estado implica que pensemos a ação do nível político, processando-se em duas vertentes distintas. São elas:

- a que incide sobre o campo da extorsão da mais-valia e dos conflitos que daí advêm, atuando, portanto, sobre o campo das relações entre as classes, garantindo e legitimando a repressão sobre os explorados e o desenvolvimento dos mecanismos sociais mais amplos da exploração, tanto dentro como fora dos locais de trabalho;
- a que incide sobre o campo das relações sociais estabelecidas entre os capitalistas, isto é, sobre o campo da distribuição/apropriação da mais-valia e da regulação das disputas neste nível, coordenando, portanto, as atividades das unidades econômicas, integrando-as numa lógica de conjunto (BRUNO, 1991).

Estas duas vertentes têm se desenvolvido historicamente tanto a partir do aparelho de Estado Nacional quanto dos aparelhos de poder das próprias empresas. No interior das empresas, o capitalista, como bem formulou Marx,

> é a personificação do poder, aquele que formula, legislando particular e arbitrariamente, sua autocracia sobre os trabalhadores, pondo de lado a divisão dos poderes tão proclamada pela burguesia e o mais proclamado ainda, regime parlamentar. (MARX, 1985, p. 485)

Trata-se do seu poder de organizar a força de trabalho e a produção, impondo sua disciplina. Data desta época a inconsistência da distinção entre sociedade civil e Estado, tendo como critério o monopólio do exercício do poder pelo último. É certo que o Estado legisla e exerce a violência, tendo inclusive uma esfera especializada em planejar e executar o direito de matar — as forças armadas e a polícia. Mas este nunca foi um atributo seu, exclusivo. Ao contrário, sempre o dividiu com as empresas que, através das escolhas tecnológicas e organizacionais que fazem, estabelecem por aí o número de seus mortos e inutilizados. Hoje o fazem inclusive através da condenação ao desemprego e à exclusão social de milhares de trabalhadores, em todo o mundo, de qualquer atividade que lhes permita garantir os meios mais elementares de sobrevivência física.

Estes diferentes aparelhos de poder atuaram sempre de forma articulada e complementar, embora a amplitude da atuação de cada um deles tenha variado em diferentes momentos e situações históricas.

FORMAS DE EXERCÍCIO DO PODER NO CAPITALISMO

Nas fases iniciais desse modo de produção, o relativo isolamento em que operavam as empresas, isto é, o baixo grau de integração dos processos econômicos particulares, conferia ao Estado Nacional não só um lugar central mas uma série de atribuições. Era ele o coordenador das atividades das unidades econômicas, integrando-as numa lógica de conjunto, e o mediador nas suas disputas, mantendo-se exterior à cada uma das empresas.

Ao mesmo tempo, cabia ao Estado Nacional criar e desenvolver condições gerais de produção a todas as empresas, criando infraestruturas tanto materiais quanto sociais. Embora muitas dessas condições gerais, especialmente aquelas relacionadas com as infraestruturas materiais, tais como meios de transporte, de comunicação, fontes de energia etc., pudessem resultar de investimentos privados, o Estado Nacional manteve neste campo, até o início dos anos noventa, atuação significativa.

Dada a importância desse aparelho de poder, era essencial, neste período, que o acesso à ele ficasse restrito às classes dominantes, que detinham o direito exclusivo do sufrágio e da elegibilidade. Esta situação prosseguiu até fins do século XIX em grande parte daqueles países que constituíam, então, o mundo capitalista.

Só nas últimas décadas do século XIX e primeiras do século XX esta situação começa a alterar-se, com o recrudescimento das lutas sociais, atingindo o seu ponto mais alto em 1916-1923, com a grande vaga revolucionária desencadeada no bojo da I Guerra Mundial e que atinge todos os países envolvidos no conflito. Foi o período em que a classe trabalhadora atingiu alto grau de unificação, tendo no internacionalismo das lutas o seu princípio mais fundamental, como atestam as lutas generalizadas na Hungria, na Inglaterra, na Itália, especialmente no norte do país, na Áustria, na Alemanha e na Rússia (único país em que foram vitoriosas). São também expressões desse grau de unificação as revoltas dos soldados nos *fronts* de batalha, onde negavam-se a matar uns aos outros, assumindo as deserções tal dimensão que levaram as facções da classe capitalista em luta a colocarem, rapidamente, um fim na guerra.

Este vasto processo revolucionário provocou reações em cadeia em todos os países capitalistas, levando a uma remodelação dos seus aparelhos de poder. Na esfera do Estado Nacional, este começa a abrir-se à participação popular através do sufrágio universal. Este processo de abertura foi um mecanismo importantíssimo de cooptação de suas lideranças, como já ficara demonstrado no período da II Internacional. A Alemanha, talvez, tenha sido o país onde as consequências foram mais dramáticas para o proletariado. Ao mesmo tempo, partes do Estado Nacional, com funções claras no campo econômico, vão se tornando cada vez mais imunes ao controle do voto. A administração pública deixa de ser mero auxiliar burocrático dos poderes legislativo e executivo, adquirindo crescente autonomia com relação às suas partes eleitas.

No âmbito das próprias empresas, uma série de instituições é criada visando diretamente o exercício das funções de coordenação econômica, definindo linhas de ação e estratégias em articulação estreita com as partes cooptadas do Estado Nacional. Começa, assim, a desenvolver-se, a partir dos aparelhos de poder das unidades econômicas, a outra vertente da ação do político no capitalismo, a que incide sobre o campo das relações no interior das classes capitalistas, coordenando suas atividades econômicas e suas disputas internas.

No que se refere à primeira vertente da ação do político — a que incide no campo das relações de exploração — no interior das empresas são remodeladas as formas de controle e disciplina do capital sobre o trabalho, e o processo de trabalho modifica-se tanto do ponto de vista técnico quanto organizacional, originando o que viria a ser conhecido, décadas mais tarde, como taylorismo-fordismo.

Começam, assim, a se desenvolver as teorias políticas dos aparelhos de poder das empresas — as teorias administrativas — que, ocupando-se da ação do nível político em ambas as vertentes, tanta importância haveriam de adquirir no decorrer do século XX (BRUNO, 1991, 1997).

Nesta perspectiva, as décadas de vinte e trinta são fundamentais para entendermos as formas assumidas pela ação do nível político no capitalismo hoje, assim como os rumos tomados pelo movimento dos trabalhadores. Vejamos o que se passou neste período que se estende até o início da II Guerra Mundial, na Europa e nos Estados Unidos.

Comecemos pela situação na Rússia, de Lenin a Stálin, onde o centro do poder afirmou-se no Estado Nacional e os dirigentes das empresas nomeados pelo Partido subordinavam-se aos gestores do aparelho de Estado. Isto se explica pelo incipiente grau de desenvolvimento capitalista na Rússia e pela situação social da classe que efetivou-se no poder já nos primeiros anos da revolução — os gestores.[2]

Neste momento, a classe gestorial estava longe de ser uma classe socialmente forte. Tampouco apresentava-se coesa quanto aos rumos a serem

---

[2] Utilizo o conceito elaborado por Bernardo (1976) e outros autores (ver BRUNO,1986), onde os gestores são considerados como membros constitutivos da classe capitalista, ao lado da burguesia. Trata-se de uma classe cujo poder não decorre da propriedade jurídica dos meios de produção (embora possa detê-la), mas decorre fundamentalmente do "controle" que possui não só dos meios de produção mas dos mecanismos que coordenam o processo econômico como um todo, sendo o segmento das classes capitalistas em ascensão e o principal agente de sua reestruturação atual. Trata-se portanto de uma concepção não só distinta como oposta à de Bresser Pereira (1982), de Burham (1960) e de todos aqueles que concebem os gestores como uma classe pós-capitalista, agente ativo da inauguração de uma sociedade sem exploração e, portanto, sem classes. A concepção de classe dos gestores com a qual trabalho, ao contrário, nos permite compreender e analisar a exploração do capital sobre o trabalho, inclusive nas economias onde a propriedade privada desapareceu e a burguesia foi eliminada.

imprimidos à reorganização da sociedade russa. Havia grandes divergências quanto ao peso que se deveria conferir à industrialização, à dinamização da agricultura, às estatizações, à propriedade privada, à participação de membros do campesinato e do proletariado nos aparelhos de poder (CARR, 1970, vol. I).

Essa falta de coesão interna da nova classe dominante tornava-se ainda mais grave diante das insurreições proletárias ocorridas nos primeiros anos da revolução. Dentre elas, vale citar a de Kronstad, para ficarmos com o exemplo mais conhecido, cujo objetivo era separar o partido bolchevique das instituições de poder político, conferindo liberdade de expressão e de organização aos trabalhadores, subordinando a produção e a distribuição de bens e serviços ao controle e gestão dos produtores socialmente organizados, desenvolvendo-se, assim, o processo de extinção do Estado.

Além disso, o proletariado, em nome do qual os gestores assumiram o poder, era uma classe ainda em processo de constituição e, portanto, minoritária na sociedade russa. Com a guerra civil, foi praticamente dizimado. Bukárin, já em 1918, falava da desintegração do proletariado diante do colapso da produção industrial e da fuga das populações famintas das cidades. Nesse caos, o proletariado estava prestes a ser reabsorvido pelo campesinato do qual havia saído há muito pouco tempo e com o qual mantinha laços e afinidades (CARR, 1970. vol. I, p. 110).

Após a Guerra Civil, quando se inicia a NEP (Nova Política Econômica), os gestores têm uma dupla tarefa: desenvolver rapidamente as condições sociais necessárias à constituição de um novo proletariado e, ao mesmo tempo, autodisciplinar-se, tendo em vista atingir o grau de coesão necessário a toda classe dominante emergente, para que possa exercer o seu poder sobre outra.

Esses dois processos simultâneos foram particularmente duros na Rússia. No que diz respeito à população trabalhadora, transformada em proletariado, isto implicou numa repressão violenta sobre ela de que são testemunhos não só os milhares de camponeses mortos sob o estalinismo, mas também todos aqueles que já bem antes, durante o Comunismo de Guerra, foram confinados em campos de trabalho forçado, perseguidos e assassinados pela Tchecka (BAYNAC, 1978; BRINTON, 1975; BRUNO, 1984).

Uma vez inseridos no processo de trabalho através de convocações forçadas e/ou diante da ausência de alternativas reais de sobrevivência, enfrentaram péssimas condições de trabalho, extensas jornadas, baixos salários, férrea disciplina e tudo o que resulta de um modelo de acumulação fundado nos mecanismos da mais-valia absoluta, voltado fundamentalmente para o desenvolvimento do setor I da economia (bens de produção) e infraestruturas materiais.

No interior desta nova classe dominante, o processo de autodisciplina, iniciado logo nos primeiros anos da Revolução, transformou-se numa violenta autorrepressão que se estendeu até fins da década de trinta. Durante todos estes anos, as diversas facções que ascenderam ao poder, algumas delas abrigando antigos membros da classe operária, lutaram entre si até que uma delas pôde prevalecer sobre as demais e, a partir daí, organizar toda a classe para o exercício do poder.

Ao mesmo tempo em que o estalinismo dizimava os líderes das demais facções da classe gestorial, ia recrutar entre o proletariado os elementos mais ativos, com maior espírito de liderança e aspirações de ascensão social, para compor os quadros dirigentes. Esta prática de cooptação de membros da classe trabalhadora conferia base de sustentação à demagogia do Estado Proletário, reforçando a posição já dominante da facção stalinista e impedindo o surgimento de lutas proletárias durante toda essa fase que se estende até o início da II Guerra Mundial. Na URSS, tendo sido a burguesia praticamente dizimada, a nova classe dominante apoiou-se sobretudo no proletariado, tendo sido o partido bolchevique o instrumento utilizado para a obtenção deste apoio.

Essas peculiaridades históricas da URSS nos permitem entender porque o centro do poder começou a afirmar-se inteiramente no Estado Nacional e só posteriormente moveu-se em outras direções. Na URSS assim como em boa parte dos países em que as classes capitalistas enfrentavam dificuldades para promover a acumulação de capital, este processo foi, no geral, centralizado, variando apenas o grau dessa centralização segundo o nível de acumulação já alcançado pela economia de cada um deles e pela dinâmica das suas lutas sociais.

Nos países já industrializados da Europa e nos Estados Unidos, nesta fase, a burguesia, que na URSS fora uma classe de constituição tardia, era, ao contrário, vasta e poderosa. Ao mesmo tempo, as suas estruturas econômicas e sociais abriam um amplo campo para a atuação dos gestores tanto no interior do que era então considerado grande empresa quanto no aparelho de Estado, permitindo-lhes dispensar a mobilização da classe operária como instrumento para ascender aos aparelhos de poder do capitalismo

Na Alemanha e na Itália, durante o período do nazifascismo, desenvolveu-se um processo distinto, embora convergente. Distinto, porque aí a fusão verificada entre o aparelho de Estado e os centros de poder das empresas, especialmente das maiores, que estiveram na base do III Reich, não suprimiu a propriedade privada nem a burguesia. Convergente, na medida que esta fusão era conduzida pelo aparelho de Estado Nacional.

No fascismo alemão, os aparelhos de poder articularam um proleta-riado cindido, o que lhes permitiu obter o apoio de segmentos consideráveis da classe trabalhadora, muitos dos que se encontravam desempregados ou temiam por seus empregos e que acreditavam encontrar no grande mito da irmandade rácica, que anulava as cisões de classe, o fim de sua situação de explorados. Os instrumentos dessa articulação com o proletariado foram os sindicatos e as organizações paramilitares.

No Estados Unidos, com o corporativismo tecnocrático do New Deal, ensaiou-se nos anos trinta, logo após a crise de 1929, um processo convergente, no que se refere às formas de organização dos aparelhos de poder, embora menos sistemático; pois, embora lá se tenha desenvolvido a ação planificatória dos gestores governamentais, conferiu-se maior peso ao setor privado e ao mercado não planificado. No New Deal, o proletariado foi articulado principalmente através dos organismos estatais destinados a promover uma redistribuição de renda que estimulasse o consumo da classe trabalhadora e, em menor grau, através dos sindicados.

Há ainda uma distinção importante a assinalar entre o regime nazifascista e o New Deal, relativamente à situação das classes capitalistas atuantes em cada um deles. No New Deal, os capitalistas estavam numa situação privilegiada com relação à repartição e à apropriação da mais-valia mundial, enquanto, no nazifascismo, a situação de suas classes dominantes era exatamente inversa (BERNARDO, 1987). Isto explica porque a convergência entre o New Deal e o nazifascismo, no que diz respeito às formas de organização e de exercício do poder nas duas vertentes que venho assinalando, foi meramente episódica e rapidamente superada.[3]

Nos Estados Unidos, já nos anos vinte, esboçava-se uma outra via de desenvolvimento do capitalismo e, portanto, de sua estrutura de poder que viria a constituir-se no exemplo oposto da via leninista e que, após o término da II Guerra Mundial, tornou-se comum a todos os países industrializados da OCDE.

No final dos anos vinte, quando se inicia a Grande Depressão, uma onda de nacionalismo provocou um grande debate nos Estados Unidos acerca dos rumos que se deveria imprimir à economia. As classes capitalistas dividiram-se entre aqueles setores que defendiam o crescimento econômico autossustentado e o distanciamento da Europa, reforçando uma zona de influência econômica e política circunscrita às Américas, e aqueles setores que propunham a integração dos Estados Unidos no âmbito de uma econo-

---

[3] Nos anos vinte e trinta, foram muitos os autores que afirmaram esta convergência que estou aqui expondo. Para uma síntese das diversas posições, ver Neves, 1977; Bruno, 1986; Bernardo, 1987.

mia mundial, assumindo aí a liderança outrora exercida pela Grã-Bretanha. Este confronto marcou durante dez anos o debate econômico-político nos Estados Unidos (DREIFUSS, 1986).

Esse conflito ideológico expressava duas práticas em disputa: uma que conferia maior peso à burguesia nacional, propondo um regime de autarquia econômica e a ação planificatória centralizada no aparelho de Estado clássico, defendida sobretudo pelos gestores governamentais do New Deal, e aquela prosseguida pelos capitalistas dos grandes grupos econômicos norte-americanos, com pretensões internacionalistas que defendiam uma planificação realizada pelos centros de poder das próprias empresas, das maiores entre elas.

A atuação de algumas instituições criadas a partir da iniciativa do grande capital americano, e que desde o início tiveram grande influência no aparelho de Estado, foi muito importante para reverter as tendências do New Deal neste período. Comecemos com o Council on Foreign Relations (CFR), criado em 1918, que reunia os altos dirigentes dos maiores grupos econômicos norte-americanos, dos setores industrial e financeiro, além de militares, ministros de Estado, *scholars* das universidades encarregadas da formação das classes capitalistas e dirigentes dos mais importantes meios de comunicação.

> A estrutura interna de poder do CFR expressava a proeminência dos grupos financeiros e industriais do leste norte-americano. Mostrava o papel de liderança exercido inicialmente pelo grupo Morgan e, nos últimos trinta anos, pelo grupo Rockefeller, segundo um modelo de coordenação informal, dentro de uma estrutura geral de cooperação entre diferentes grupos, mais do que um modelo de comando. (DREIFUSS, 1986, p. 33-34)

Em 1933, as ações desta instituição se fortalecem com a criação do Business Council (BC), que surgiu inicialmente como um órgão assessor empresarial do Departamento de Comércio do Estado, reunindo sessenta empresários para enfrentar os problemas de Depressão. Trabalhando em estreita colaboração com o CFR, logo passou a ter vida própria e se transformou num fórum de debates e análises, promovendo encontros informais entre os gestores das grandes empresas e os gestores das mais altas administrações do Estado norte-americano. Essas duas instituições propunham, na década de trinta, a inserção da economia norte-americana num sistema mundial integrado, onde os Estados Unidos deveriam desempenhar o papel hegemônico.

No campo sindical, o Plano Scanlon foi a primeira experiência mais estruturada de integração das burocracias sindicais na teia de relações dessa nova estrutura de poder, antecipando as bases institucionais das relações triangulares do neocorporativismo que haveria de predominar nos países industrializados sob esfera de influência norte-americana, nas décadas que se seguiram à II Guerra. Criado em 1937, por Joseph Scanlon, dirigente sindical da indústria siderúrgica, tinha como objetivo garantir, através de incentivos monetários concedidos a grupos de trabalhadores, a sua participação na geração e implantação de inovações técnico-organizacionais, para aumentar a produtividade da indústria americana. Nesse Plano, os sindicatos assumiam uma nova função: a de agentes diretos de controle sobre a força de trabalho, atuando numa nova instância paritária criada no interior das empresas, a Comissão de Produtividade (LESIEUR, MIT, 1958). Posteriormente, este Plano serviria de base para inúmeras experiências desenvolvidas em vários países da Europa e também no Japão, após a II Guerra mundial.

Na Grã-Bretanha, uma instituição análoga ao Council on Foreign Relations foi criada em 1931 — o Political and Economical Planning (PEP) —, voltada para o planejamento econômico e político que reunia os altos dirigentes dos maiores grupos econômicos ingleses, intelectuais de prestígio, entre eles, Keynes, militares, políticos e alguns jornalistas, criteriosamente escolhidos. A participação de empresários da mídia expressava a importância, já naquela época, dos órgãos de comunicação como formadores de opinião, uma vez que a legitimidade do poder que se exerce a partir das próprias empresas se realiza por vias bem diferentes e a partir de valores muito distintos daqueles sobre os quais se constrói a legitimidade do Estado Nacional.

Assim como a generalidade das instâncias decisivas desta estrutura de poder, o PEP mantinha o que denominava "norma de sigilo". Este sigilo era compensado pela realização de conferências e apresentação de informes e *papers* do PEP, quando, então, jornalistas de confiança recebiam permissão para conversar com membros da instituição "na base da discrição" (NICHOLSON, 1981, apud. DREIFUSS, 1986, p. 38).

O PEP nasceu num momento de grandes mudanças na sociedade inglesa. O Partido Trabalhista, que teve sua origem num lobby (Labor Representation Committe) de sindicalistas, cujo objetivo era eleger deputados, ascendera ao governo, marcando o momento de "democratização" do estado, que se abria, então, à participação popular (COLE, 1974). Na esfera econômica, enfrentava-se as consequências da crise de 1929 e a atração exercida pelo planejamento econômico centralizado no aparelho do Estado Nacional, levada a cabo tanto pela URSS quanto pelos fascismos.

O objetivo do PEP era atuar não só como centro de pesquisa e formulação de diretrizes, mas como agente ativo na implementação de reformas tanto na esfera governamental quanto nas instituições do Estado Nacional. Enquanto este se abria à representação popular, numa estratégia de recuperação das lutas proletárias, o seu centro de poder decisório deslocava-se para as administrações e secretarias, já cooptadas para a esfera de influência das grandes empresas. Já durante a II Guerra, membros do PEP começaram a ocupar os postos de maior importância na administração do Estado e no governo.

É interessante observar como neste período que se estende dos anos 30 até o início da II Guerra,

> ...esboçou-se a fusão de correntes teóricas oriundas do campo da planificação soviética com outras que vieram a constituir o sistema keynesiano de intervenção do Estado. Oscar Lange e Michael Kalecki são disso exemplos de reputação mundial no campo marxista, como o são Joan Robinson e tantos outros na esquerda keynesiana. (BERNARDO, 1978, p. 80)

A grande questão nos países europeus e nos Estados Unidos era "como salvar o capitalismo". Neste período, Hayek publicou seu livro *O preço e a produção* (1931), onde disputava com Keynes esta tarefa, opondo-lhe um modelo onde o Estado Nacional estaria afastado de qualquer ação regulatória da economia, conferindo toda a amplitude de ação para os mecanismos de mercado, isto é, para as próprias empresas em inter-relação.

Perderam a disputa para as forças sociais que sustentavam o keynesianismo, caindo em relativo ostracismo até serem redescobertos nos anos setenta na Inglaterra e nos Estados Unidos.

Miopia histórica daqueles que não puderam ver as virtualidades das propostas de Hayek, formuladas já nos anos trinta? Ou lucidez, considerando que as empresas não tinham ainda se desenvolvido o bastante nem as classes capitalistas encontravam-se suficientemente unificadas para sustentarem um sistema de governo exclusivo, que lhes permitisse secundarizar o aparelho de Estado clássico? Ao mesmo tempo, neste período era necessária muita cautela, tendo em vista os riscos que corria todo o sistema capitalista, em decorrência da grande vaga de lutas revolucionárias que prosseguiram até 1923, com ressonâncias importantes até 1936, com a Revolução Espanhola. Riscos estes agravados pelas consequências da crise de 1929.

Esta situação prosseguiu até o final da II Guerra, quando começa a reorganização do capitalismo, que dividiria o mundo em dois grandes blocos: o dos países da OCDE, sob influência dos Estados Unidos; o dos países do COMECON, sob influência da URSS. O conjunto de países subdesenvolvidos, estavam repartidos entre si, encontrando-se uns sob a influência do primeiro, outros sob a influência do segundo bloco.

Neste período, acelera-se a internacionalização do capital; e o fator decisivo neste processo foi a expansão das empresas multinacionais e dos seus aparelhos de poder, especialmente as de capital norte-americano, que começaram a estreitar todo o mundo numa nova teia de relações. Aumenta, ao mesmo tempo, a integração econômica e tecnológica entre os Estados Unidos, os países mais industrializados da Europa e o Japão, acelerando as remodelações das estruturas de poder neste conjunto de países.

Nos Estados Unidos, o Council on Foreign Relations e o Business Council expandem suas atividades, participando decisivamente da definição da política interna e externa norte-americana para o pós-guerra, propondo um vasto programa de remodelação da economia europeia, a criação de instituições financeiras internacionais para estabilizar as moedas e de instituições bancárias internacionais para facilitar investimentos e o desenvolvimento em áreas subdesenvolvidas.[4]

O Business Council praticamente fundiu sua equipe com o Comitê Especial de Planejamento do Departamento de Estado, sob o nome de "Comitê Assessor para a Política Externa no Pós-Guerra", no qual tinha a maioria absoluta dos participantes com poder de decisão. Cooptava-se, assim, um dos mais importantes órgãos do Estado para a esfera de relações estabelecidas ao nível das próprias empresas.

Em 1942, é fundado o Committee for Economic Devepopment (CED), reunindo os altos dirigentes das empresas multinacionais, tais como Paul Hoffman, da Studebaker — Packard Corporation; Charles Wilson, da General Eletric; Bayard Colgate, da Colgate — Palmolive; Marion Folson, da Eastman Kodak; Robert N. Hutchins, presidente da Universidade de Chicago, dentre outros. Tratava-se de um grupo constituído por industriais de "excepcional formação intelectual e profissional, além de membros da comunidade acadêmica", muitos deles já vinculados ao CFR e ao BC, "iniciando-se uma experiência inédita nos anais do capitalismo norte-americano" (BERKOWITZ & MACQUAID, 1980, apud DREIFUSS, op. cit., p. 40).

O objetivo do CED era interferir tanto na política interna, reorganização do capitalismo norte-americano, quanto na política externa, reorganização da economia mundial, sob hegemonia dos Estados Unidos. No plano interno, juntamente com o CFR e o BC, acima referidos, não só defendeu como participou ativamente da implementação das medidas que viabilizaram o modelo de acumulação de capital instituído no pós-guerra nos Estados Unidos e, posteriormente, nos países industrializados da OCDE — o modelo keynesiano.

---

[4] Cf. Dreifuss, 1986, p. 34-36.

Os objetivos das medidas implementadas eram vários: evitar após o fim da guerra uma nova depressão; antecipar-se aos reformistas do New Deal, criando mecanismos capazes de recuperar as reivindicações dos trabalhadores, impedindo-as de se desenvolverem em ruptura com o sistema capitalista; incorporar técnicas de planejamento reguladoras e alocadoras de recursos em âmbito nacional, que pudessem sustentar a expansão do capitalismo norte-americano.[5]

É importante ressaltar que o temor de novas lutas proletárias, especialmente nos países europeus destruídos pela guerra, era grande. Estava ainda vivo na memória das classes capitalistas o vasto processo revolucionário desencadeado no bojo da I Guerra Mundial.

Assim, especialmente o CED passou a defender a atuação do Estado no sentido de promover e estimular o consumo e a demanda agregada, o que teria efeitos multiplicadores sobre a economia. Propunha uma política de pleno emprego, a criação do seguro desemprego, preços mínimos agrícolas e outras formas complementares de aumentar o poder de compra das populações de baixa renda e ao mesmo tempo, diminuir o valor da força de trabalho, inaugurando-se, por aí, um novo patamar no processo de exploração da mais-valia relativa. Data desta época o fim do sindicalismo revolucionário nos Estados Unidos, do qual a Industrial Works of the World (IWW), de orientação libertária, fora a mais importante representante (COLE, 1970, vol. V).

Para implementar estas medidas, o CED contava, para além de seus lobbys, sempre atuantes junto ao Congresso, com vários de seus membros em postos do primeiro escalão do governo. O CED elaborou junto com o CFR as diretrizes da Legislação do Pleno Emprego de 1946, que criava o Conselho de Assessores Econômicos da Presidência e comprometia o Estado com políticas fiscais e monetárias de longo alcance. Participou também com o CFR da formulação das diretrizes que criaram a OTAN, o FMI e o Banco Mundial, além do sistema de Bretton Woods e o GATT. O Plano Marshall, primeiro ato que marcou a reconstrução das economias europeias devastadas pela guerra, integrando-as na órbita de influência dos Estados Unidos, teve como diretor (1942-1947) Paul Hoffman, que, como já foi referido, era diretor da Stubaker — Packard e primeiro *chairman* do CED.

Nos governos Kennedy e Johnson (1961-1968), o CFR participou ativamente da formulação das opções estratégicas e políticas da guerra do Vietnã, criando então um grupo próprio — Senior Advisory Group on Vietnam — encarregado de assessorar o governo. A influência do CFR no aparelho de Estado

---
[5] Cf. DREIFUSS, op, cit. p. 41.

norte-americano pode ser verificada pela permanência de seus membros em postos-chave da administração nos sucessivos governos do pós-guerra desde Eisenhower, não importando o partido de turno no governo.

Na Inglaterra, ainda nos anos quarenta, o PEP (Political Economic Planning) criou o Grupo de Reconstrução Pós-Bélica, que funcionou em estreita colaboração com o gabinete Conservador Britânico ao mesmo tempo em que se articulava com o Partido Trabalhista. Esta relação foi extremamente facilitada, uma vez que Michael Young, então Secretário do Comitê de Diretrizes do Partido Trabalhista, um dos postos mais decisivos dentro do partido, era membro do PEP.[6]

Em seus primeiros anos de funcionamento, o maior sucesso do PEP foi, nas palavras de Nicholson, um de seus fundadores, secretário-geral e membro da diretoria por mais de 45 anos, o de "legitimar o papel central a ser cumprido pelo planejamento empresarial e nacional no marco de uma economia de mercado, necessitada de uma crescente intervenção reguladora do aparelho de Estado, como recomendava John Maynard Keynes" (apud., DREIFUSS, 1986, p. 37)

Este parágrafo é particularmente revelador do tipo de relacionamento que se estabeleceu no pós-guerra, entre os aparelhos de poder do capitalismo. Aos centros decisórios das grandes empresas e às instituições por elas criadas e comandadas cabiam as funções de coordenação e planejamento das atividades econômicas, assim como a definição do tipo de enquadramento institucional a ser imposto à classe trabalhadora; ao Estado Nacional cabia criar as condições legais para implementar as medidas necessárias, respaldando-as juridicamente, financiando-as quando necessário e promovendo a sua legitimação junto à sociedade como um todo.

Com isto, quero dizer que a intervenção reguladora do Estado Nacional que caracterizou as economias de regime keynesiano, nos tão celebrados "trinta anos gloriosos", não significou um reforço desse aparelho de poder na sua faceta clássica. Ao contrário, essa ação reguladora foi prosseguida por um aparelho de Estado, já cindido, onde o poder deslocara-se das suas partes eleitas para as administrações e secretarias, cooptadas, assim como para os grupos de assessoria técnica, inteiramente inseridos na teia de relações comandadas diretamente pelos centros de poder das grandes empresas. Só assim foi possível conciliar uma "importante intervenção estatal" na economia com a "participação popular" em seus órgãos eleitos.

A internacionalização industrial e financeira que se acelera neste período leva à criação de instituições congêneres na França, Itália, Alemanha,

---

[6] Cf. DREIFUSS, 1986, nota 17, p. 50

Suécia, Espanha e Turquia, todos adotando a sigla CEPES (Comitê Europeu para o Progresso Econômico e Social) (DREIFUSS, op. cit. cap. III; BRUNO, 1991). Articulavam-se assim os dirigentes dos grandes grupos econômicos desses países, estabelecendo entre si, e diretamente, uma rede internacional de relações e de poder, alterando inteiramente o quadro anterior que prevalecera até o início da II Guerra Mundial.

Destaque especial merecem a Alemanha e o Japão, dois países derrotados na guerra, para entendermos como se integraram esses "ex-inimigos" na teia de relações dos "defensores da democracia".

O CEPES alemão — Europäische Vereinigung für Wirtschaftliche — reunia os altos dirigentes das maiores empresas e bancos alemães: o presidente da Federação das Indústrias, membros do governo, como Ludwig Erhard, líder da CDU (União democrata-cristã) que ganhara notoriedade como Ministro da Economia no governo Adenauer, tornando-se conhecido na Alemanha como o "pai da economia de mercado". O primeiro presidente do CEPES alemão foi Walter Bauer, presidente da Val Mehler AG e teve como vice-presidente M. Menne, diretor da Farbwerke Hoeschst AG. Esta empresa, ao lado da BASF e da Bayer Leverkusen, constituiu, durante o III Reich, um dos mais poderosos grupos econômicos do mundo — o IG FARBEN. O produto mais conhecido fabricado pelo grupo era o ZYKLON-B, gás utilizado nas câmaras de gás, nos campos de concentração para extermínio de prisioneiros. Para a produção desse gás, o IG Farben recrutava a força de trabalho entre os seus futuros usuários, os próprios prisioneiros, que, aliás, já trabalhavam na construção das suas unidades de fabricação. Só na construção da unidade de Auschwitz, dadas as condições de trabalho e de saúde dos prisioneiros transformados em proletários, morreram cerca de 60.000. Pelo que sei, nenhum crítico do capitalismo, até mesmo o mais delirante, pode criar na imaginação uma síntese tão extremada do que pode ser a exploração do trabalho no capitalismo.

Com a derrota do III Reich, esse grupo foi obrigado a se autodissolver, assumindo, então, uma nova figura jurídica, o IG FARBEN IN AUFLÖSUNG (em dissolução). Ao que indicam todas as evidências, trata-se do mais longo processo de dissolução de um grupo, pois, passados já 51 anos, o grupo não só continua a existir como a distribuir lucros aos seus poucos acionistas. Recentemente, após a reunificação das duas Alemanhas, o grupo "em dissolução" iniciou um processo contra o Estado alemão, exigindo uma substantiva indenização pelas perdas sofridas com o confisco de seus bens localizados na parte oriental, quando esta passou para a esfera de influência da URSS (DIE TAGSZEITUNG, Berlin, 14/10/90).

Este é um exemplo de como se reorganizaram os capitalistas que estiveram na base do III Reich, depois da derrota militar da Alemanha, e de como se integraram na teia de relações dos capitalistas do "mundo democrático".

A inserção da vertente sindical nesta rede de relações se deu para além da participação de dirigentes sindicais nos aparelhos de poder das empresas, através dos mecanismos cogestionáros e nos organismos tripartites, dos quais participam juntamente com representantes do Estado e das associações patronais.

Em 1967, o governo de coalizão dos partidos democrata-cristão e social-democrata aprovou a lei que criou o Konzertierte Aktion, um fórum informal de discussão e de negociação que reúne gestores do aparelho de Estado, patronato, sindicatos e outros grupos de interesse, para discutirem questões econômicas com base em objetivos comuns. Desde o início dos anos setenta, uma das principais reivindicações da DGB tem sido os sistemas sindicais de codeterminação para além dos limites das empresas. Este pragmatismo só se acentuou nas décadas seguintes. Como bem disse o porta-voz da DGB (Federação dos Sindicatos Alemães) a um jornal berlinense em 1991, a propósito das formas de enquadramento dos trabalhadores no âmbito da União Europeia, onde defendia o modelo alemão:

> No fundo, os empresários tiveram boas experiências com os trabalhadores alemães, no sistema co-participativo. Afinal, nunca quisemos ser revolucionários; isso poderia ser perigoso (DIE TAGSZEITUNG, Berlim, 30/01/91).

Como se vê, as Câmaras Setoriais e as práticas sindicais pautadas pela participação de sua burocracia nos órgãos tripartites, tão em voga no Brasil nesta década, não são invenções caseiras. Ao contrário, encontram nestas experiências vitoriosas do capital, prosseguidas no pós-guerra, as suas mais legítimas credenciais.

No Japão, a reorganização de seus aparelhos de poder e sua consequente integração nesta rede internacional que venho referindo seguiram um processo semelhante. Um termo foi criado para expressar a nova estrutura de poder baseada nos grandes grupos econômicos japoneses, Zaikai, onde sobressaem algumas instituições tais como a Federação das Organizações Econômicas (Keidannren); a Federação Japonesa das Associações de Patrões (Nikkeiren), a Câmara de Comércio e Indústria Japonesa (Nissho) e o Comitê de Desenvolvimento Econômico Japonês (Keisai Doyukai).

O Keidanren atuou durante décadas como o grande agente mobilizador no interior das classes capitalistas japonesas, mantendo-se em interação permanente com o aparelho de Estado. Neste âmbito, atuou simultaneamente nas suas instâncias eleitas, através do Partido Liberal-Democrático, e nas administrações estatais, especialmente no poderoso MITI (Ministério da Indústria e Comércio Internacional).[7] Na década de sessenta, quando se acelera a internacionalização da economia japonesa, a Keidanren ganhou projeção internacional, servindo de ligação entre os capitalistas locais e os europeus, norte-americanos e australianos.

> Além disso, estendeu suas atividades para Cingapura onde participou da programação de investimentos em larga escala (projeto Sumitomo); no Irã (projeto Mitsui) e na Arábia Saudita (projeto Mitsubishi). (DREIFUSS, 1986, p. 70)

O Keisai Doyukai (Comitê de Desenvolvimento Econômico), que surgiu em 1946 como parte integrante da rede CED norte-americana e CEPES europeus, ocupou-se de fornecer às empresas uma nova estrutura organizacional através da qual pudessem atuar com maior latitude no âmbito do Estado Nacional e desenvolver um novo tipo de enquadramento do proletariado japonês, com base na reorganização econômica do país. Seus líderes, na década de 40, destacavam-se pela postura empreendedora que, anos mais tarde, os transformaria nos altos dirigentes dos maiores grupos econômicos japoneses, tais como Marubeni, Sony, Nippon Seiko e Mitsui.

Nos anos 50, o Keisai Dyukai fundou o Centro de Produtividade do Japão e foi o grande propulsor da remodelação administrativa e produtiva das unidades econômicas no Japão, que tanta admiração provocou no Ocidente, na década de 80. Juntamente com a União dos Cientistas e Engenheiros (que criou o Grupo de Pesquisa para o Controle de Qualidade) e a Associação Japonesa de Patrões (Nikkeiren), promoveu um intenso intercâmbio entre o Japão, Estados Unidos e Europa, utilizando, para isso, a rede CED e CEPES.

A Nikkeniren, criada em 1948 para que o patronato pudesse enfrentar a classe trabalhadora de forma unificada, concentrou suas atividades em duas frentes: ocupou-se das questões relativas a emprego, condições de trabalho, salários, bem-estar e previdência social e, ao mesmo tempo, coordenou a grande ofensiva patronal contra os sindicatos e outras associações de trabalhadores existentes, caracterizando-se por uma prática extremamente agressiva. Nos anos oitenta, reformulou suas ações desenvolvendo uma postura mais "educativa", indicando os bons resultados obtidos com o "expurgo vermelho" e com a criação dos sindicatos de empresa.

Em meados dos anos sessenta, foi criado o Sangyo Mondai Kenbyükai, ou Sanken (Conselho de Pesquisas de Problemas Industriais), sob a iniciativa do Keisai Doyukai. Iniciava-se uma nova fase no que se refere às formas de organização e exercício do poder, no Japão, quando a rotinização dos

---

[7] Sobre a atuação do MITI desde o início da reconstrução do Japão nos anos cinquenta, ver Rattner, Henrique. Impactos Sociais da automação. O Caso Japonês. 1988, rd. Nobel.

mecanismos de cooptação das instituições do Estado Nacional já se consolidara, a partir da presença de membros do Keisai Doyukai nas comissões de assessoria governamental agregadas a cada ministério, e a influência do Partido Liberal-Democrático estava garantida.

O que faltava era um núcleo político capaz de se dedicar ao planejamento de longo prazo, tendo em vista os grandes desafios econômicos, científicos e tecnológicos, deixando a questão da representação imediata de interesses aos mecanismos partidários e burocráticos, às associações de classe e aos *lobbies*. (DEYFUSS, op. cit. p. 76). Para desempenhar essa importante função foi criado o Sanken, reunindo os altos dirigentes dos maiores grupos econômicos japoneses da atualidade e toda a infraestrutura acadêmica do Keisai Doyukai. Essa nova instituição é o mais destacado membro consultor do MITI, realizando pesquisas e recomendando ações referentes às políticas de longo prazo, por iniciativa própria ou por solicitação do próprio ministério (RATTNER, 1988, p. 33).

Desta forma, no Japão, assim como na generalidade dos países industrializados da OCDE, desenvolveu-se um sistema de poder baseado nas relações triangulares do neocorporativismo, estabelecidas entre os centros de poder das grandes empresas, especialmente das multinacionais, dos organismos cooptados do Estado Nacional e dos sindicatos burocratizados. Foi o período áureo do chamado sistema fordista de acumulação, que no plano político expressava-se no Welfare State e no reformismo social-democrata. Às empresas coube garantir o aumento permanente da produtividade; ao Estado coube drenar parte dos rendimentos das camadas de alta renda para as populações de renda inferior, através de impostos e da dívida pública, tendo em vista sustentar as várias formas de subsídios e pensões, assim como os serviços públicos gratuitos ou semigratuitos. Estas medidas se constituíam em formas indiretas de aumentar o poder de compra dos assalariados, garantindo a expansão do mercado. Outra forma de aumentar o poder de compra foi a extensão do crédito ao consumidor.

Quanto aos sindicatos, coube-lhes canalizar as reivindicações dos trabalhadores para os limites da legalidade capitalista, impedindo-as de se desenvolverem em ruptura com o sistema econômico. Para que todo esse sistema funcione, era necessário o aumento permanente da produtividade, isto é, era fundamental que os ciclos da mais-valia relativa se sucedessem com rapidez, para que tanto o Estado quanto as empresas pudessem suportar o montante crescente da dívida pública e de impostos, assim como os aumentos periódicos de salários.

Este modelo de acumulação, em que as classes capitalistas respondem às reivindicações dos trabalhadores com concessões e reformas, não torna a classe trabalhadora menos combativa. Ao contrário, a possibilidade de obter êxitos estimula a atividade reivindicativa. O que ocorre é que as concessões pontuais e uma política geral de reformas impedem que os movimentos de luta prossigam o tempo suficiente para se unirem em frentes mais amplas, desenvolvendo-se em ruptura com a lógica capitalista. Isto explica a relativa paz social registrada, durante mais de dez anos, nos países em que este regime de acumulação foi instituído.

Quanto àquelas vastas regiões do mundo que só recentemente iniciaram um processo autônomo de desenvolvimento (ex-colônias) ou as que tiveram seu processo de acumulação de capital acelerado, neste período, tais como o Brasil, a Argentina, o Chile e os países do sudeste asiático, as formas de organização e de exercício do poder foram bem diferentes.

Nestas regiões, o Estado Nacional, na sua faceta clássica, foi um agente decisivo para o crescimento econômico, importando capitais e contribuindo para acelerar a concentração do capital local. Dada a importância deste aparelho de poder e a consequente dificuldade das burguesias locais para sustentarem formas de poder próprias, o Estado tradicional manteve sua importância e um papel central.

Por isso, nestes países, as classes capitalistas não puderam, durante todo este período, sujeitar o Estado Nacional ao sufrágio universal, e quando o fizeram em razão de lutas e pressões, os processos eleitorais assim como os partidos políticos não passaram de mera ficção (BERNARDO, 1987). Nos países em que se tentou alterar o sistema de poder vigente, através do sufrágio universal, os militares, por "Razões de Estado", assumiram o poder, desencadeando uma sucessão de ações repressivas, cujo horror variou em cada um deles apenas pelo número de vítimas produzidas, nunca pela crueldade dos atos praticados.

Neste conjunto de países, durante todo este período, alternaram-se regimes ditatoriais e regimes populistas. Na primeira alternativa, o exército assumia a totalidade das funções do Estado e, muitas vezes, da própria classe capitalista. Os sindicatos, onde existiam, funcionavam como instituições desse aparelho de poder. No populismo, o Estado Nacional e as burguesias locais tentavam estabelecer alianças com o proletariado, tendo em vista fazer frente ao poder econômico e político das classes capitalistas dos países mais desenvolvidos, às quais se encontravam subordinadas. Os instrumentos utilizados para promover tal aliança foram os sindicatos e os partidos políticos, por elas controlados, sem nos esquecermos dos partidos comunistas que, seguindo a orientação de Moscou, propunham alianças com as burguesias locais, tendo em vista libertar o país da influência norte-americana, acreditando que com isto as cooptariam para a sua esfera de influência. Neste jogo de poder a classe trabalhadora entrava apenas como instrumento.

Nos países do COMECON, o que então se passava? No interior das empresas, já desde os primeiros anos da revolução, o taylorismo corria solto sob a denominação de stakanovismo (TRAGTENBERG, 1974). Nas décadas seguintes, o equivalente do que nos Estados Unidos era conhecido sob a denominação "Escola das Relações Humanas" desenvolveu-se na URSS como "trabalho ideológico, propaganda e agitação". Através da divulgação de publicações como o *"Manual do agitador; O trabalho, a propaganda e a vida; A relação entre a propaganda e as tarefas de produção; A concretização e a visualização; Condições importantes para uma propaganda eficaz*, a classe capitalista na URSS mobilizou cerca de 400.000 agitadores e mais de 5.000.000 indivíduos que seguiam conselhos de agitação e propaganda, incluindo operários, supervisores, técnicos, engenheiros, etc. Para 20.000 empregados a usina de Kiev, em Leningrado, conta com mais de 1.000 agitadores, na década de sessenta" (TRAGTENBERG, 1974, p. 87).

Na URSS, as instituições encarregadas de garantir a disciplina e o controle sobre a classe trabalhadora incluíam, além dos departamentos especializados das empresas, as células dos partidos, o Konsomal, os clubes culturais e educacionais e o sindicato que fazia o papel de organizador coletivo da empresa.

Também o lazer era controlado, ocupando-se os agitadores da preparação de excursões, piqueniques, visitas a museus, tendo em vista reagir ao alcoolismo e ao ócio.

No campo econômico, a URSS começa a enfrentar dificuldades já na década de 40, com as sucessivas tentativas de superar o regime de acumulação extensiva adotado nos anos 20, com o I Plano Quinquenal voltado fundamentalmente para o desenvolvimento do setor produtor de bens de produção e infraestruturas materiais, assentado nos mecanismos da mais--valia absoluta, altamente centralizado no aparelho de Estado. Este modelo mostrara-se bastante eficaz para promover o grande arranque desenvolvimentista registrado nas primeiras décadas anteriores, mas mostrou-se inoperante quando a fase inicial de acumulação já se completara.

Quando acabou a II Guerra Mundial, a URSS já reunia todas as condições para transitar desse regime de acumulação extensiva para um regime de acumulação intensiva, operando com tecnologias mais produtivas e realizando a descentralização dos mecanismos de controle da economia. A esta altura, o proletariado já estava plenamente constituído, as infraestruturas edificadas e a indústria de bens de produção suficientemente desenvolvida.

Dificuldades várias, entretanto, imprimiram uma lentidão no processo, que acabou por levar a URSS a uma crise que transbordou para todos os países membros do COMECON. Fator decisivo foi a chamada "guerra fria", que se traduziu num bloqueio econômico às exportações dos países da OCDE para os países do COMECON e vice-versa. Cabe destacar o bloqueio às exportações ligadas às tecnologias de ponta. Impedida de importar ou produzir em conjunto com as empresas da OCDE tecnologias mais avançadas, a URSS teve que fazê-lo autarquicamente, em condições claramente desfavoráveis. Além disso, toda a corrida armamentista que acompanhou este bloqueio forçou a URSS a canalizar uma parte considerável de seu PIB (cerca de 7%) para a produção bélica e investigações científicas neste setor, secundarizando os demais.

Agregaram-se a estas dificuldades resultantes da guerra fria outras, cuja complexidade não posso sequer referir nos espaços deste texto; no entanto, cabe destacar a centralização no aparelho de Estado, de toda a condução do desenvolvimento econômico, de tal forma que para reconverter o modelo de acumulação era necessário uma mudança profunda nas estruturas de poder vigentes, alterando radicalmente a hierarquia interna da classe dominante, estabelecida sob o stalinismo. Assim, a resistência às mudanças não pode ser subestimada, tendo contribuído decisivamente para a lentidão do processo de reconversão econômica. Esta lentidão resultou numa série de desajustes econômicos que levaram à queda do crescimento e a uma tendência para a estagnação. As disfunções da planificação levaram, por sua vez, ao desenvolvimento de uma estrutura econômica paralela, ilegal, que o governo nunca conseguiu reprimir. Quando todo o sistema finalmente começa a ruir no início dos anos noventa, pôde-se avaliar a importância que esta estrutura havia adquirido na economia soviética.

Em meu entender, a questão central que se colocava para estas sociedades que compunham o COMECON não se resumia à transferência das funções de coordenação e planejamento das atividades econômicas de um aparelho de poder, o Estado tradicional, para os aparelhos de poder das próprias empresas, realizando a tão falada transição para a economia de mercado. É bastante conhecido o fato de hoje algumas poucas centenas de conglomerados transnacionais controlarem metade da economia e do comércio mundial, o que torna impossível falarmos em liberdade de mercado.

A questão fundamental diz respeito aos critérios de organização e dinâmica de funcionamento das instituições que detêm efetivamente o controle das decisões. Não se pode pretender que uma economia do porte e da complexidade da soviética, que necessitava integrar-se no mercado mundial pudesse funcionar a partir de critérios burocráticos tradicionais, decorrentes de uma estrutura de poder monocrática e rigidamente estabelecida.

De qualquer forma, a crítica a este sistema que resultou vitoriosa não foi a proletária, ao contrário, toda a sua reconversão foi e continua a ser conduzida pelas forças sociais mais diretamente vinculadas e identificadas com os centros mais dinâmicos de acumulação de capital.

Para finalizar este período, resta referir o impacto dos conflitos e das lutas proletárias ocorridas nos anos sessenta e setenta, especialmente nos países da OCDE, e que tiveram uma importância crucial para a reestruturação do capitalismo, que se inicia depois da crise de 1973/4.

A agudização dos conflitos começa em meados dos anos 60 e se traduziu nas altas taxas de absenteísmo e no aumento das sabotagens ao processo de trabalho registrados em setores importantes da indústria manufatureira, como o automobilístico, por exemplo.[8]

Ao mesmo tempo, as lutas coletivas se redirecionavam, passando a incidir prioritariamente sobre as formas de controle e disciplina vigentes dentro e fora dos locais de trabalhos. O movimento proletário deixava de canalizar suas forças para a conquista do aparelho de Estado Nacional e passava a direcioná-las sobretudo contra as formas de organização e exercício do poder das próprias empresas. É este, em meu entender, o sentido das lutas autônomas deste período, onde a diversificação dos seus focos correspondia à diversificação dos centros de poder. Os anos sessenta foram também os anos das "greves selvagens" desencadeadas não apenas fora mas contra a disciplina e a burocratização dos sindicatos e dos partidos políticos que diziam representá-los e que durante décadas puderam aproveitar-se das lutas proletárias, inchando-se com a força alheia.

Estas lutas tiveram grande repercussão nos países da OCDE. Como bem disse um articulista do jornal *Le Monde* (29/01/70):

> ...a integração dos sindicatos na estrutura capitalista, através de uma política de 'concerto' com a entidade patronal valeu à classe trabalhadora vantagens inegáveis, indo da escala móvel de salários a uma programação social que fixa os aumentos salariais com um ou dois anos de avanço. Se este sindicalismo 'à sueca' assegurou um decênio de relativa paz social, o equilíbrio financeiro realizado arrisca-se a ser posto em causa hoje, pelas greves selvagens dos operários em revolta contra a burocracia sindical. (As greves selvagens na Europa Ocidental. Texto Coletivo, 1973, p. 31 Edições Tusquets, Barcelona)

Como se pode ver, a crise de credibilidade dos sindicatos vêm de longe e só por humor é que se pode atribuí-la como muitos o fazem hoje, ao "Consenso de Washington", às determinações do FMI, ou ainda ao chamado neoliberalismo. Esta crise resulta do processo de integração dos sindicatos nas estruturas de poder do capitalismo, que se generalizou nos países da OCDE, no pós-guerra, e se expandiu para todo o mundo.

---

[8] Sobre estas lutas ver MARQUES,1986; PIGNON & QUERZOLA, 1981; BRUNO, 1984.

Em novembro de 1969, um artigo da publicação patronal francesa, *Entreprise*, propunha que se acelerasse o processo de unificação da Europa Ocidental, diante do recrudescimento das lutas sociais, dizendo:

> (...) os mais fervorosos partidários da independente soberania nacional não podem impedir o seu lento desaparecimento em decorrência do crescimento contínuo das trocas. Por outro lado, o que não pode fazer-se "à frio", pode realizar-se amanhã, "à quente". A necessidade de combater um inimigo comum pode servir de cimento à unidade européia. Este inimigo comum é o aumento das desordens sociais. A Itália após um longo período de greves... entrou numa época de violência. (...) A França conhece também dificuldades (...) a agitação social não deixa de espalhar-se. As ocupações de fábrica sucedem-se e generalizam-se. Talvez se veja realizado sob pressão dos acontecimentos o que não se realizou com negociações. A Europa arrisca-se a surgir rapidamente como o único quadro em que as dificuldades nacionais podem ser resolvidas (apud Bruno, L., 1991).

Nessas lutas desenvolveram-se novas formas de organização dos trabalhadores baseadas nos locais de trabalho e de moradia, como os comitês de greve, as comissões de trabalhadores, os comitês de bairro, que tinham nas assembleias gerais seu eixo de decisões. Muitas evoluíram para a ocupação dos locais de trabalho, chegando a formas de autogestão da produção, definindo-se em ruptura aberta com a lógica capitalista, marcando a sua autonomia frente às burocracias sindicais e partidárias e frente à disciplina capitalista. Apesar das especificidades que apresentaram nas diversas regiões e países, inclusive no Brasil, em 1978-1980, há um ponto comum que as une: a forma autônoma em que surgiram e se desenvolveram no seu período ascensional.

Para os capitalistas, isto foi um alerta em duplo sentido: por um lado, tornava-se evidente que os conflitos podem chegar não só até a ruptura do sistema econômico, mas à inauguração de uma nova ordem social, quando conduzidos diretamente pelos próprios trabalhadores auto-organizados; por outro, mostra que existe na força de trabalho mais um componente a ser explorado: a sua capacidade de auto-organização, de trabalhar cooperativamente e, finalmente, a sua inteligência. Como propõem dois divulgadores do "Lean Management",

> ...é preciso evitar todos os desperdícios e valorizar os recursos praticamente gratuitos da inteligência humana. Por esta razão, a gestão investe na qualificação do pessoal e confia as instalações de valor aos melhores elementos. (Bösenberg & Metzan, 1993, p. 9)

Com isto, quero dizer que a reestruturação produtiva de que tanto se fala hoje não resultou do desenvolvimento técnico-científico e tampouco do acirramento da competitividade intercapitalista. Esta reestruturação já vinha sendo gestada nas décadas anteriores e foi acelerada pelas lutas ocorridas entre fins dos anos sessenta até fins da década de setenta. A forma como se desenvolveram essas lutas e como foram derrotadas imprimiram um dado sentido especialmente na reestruturação produtiva, que se inicia na década de oitenta.

Depois do Estado Nacional, a anarquia?

Nos anos oitenta, o processo de internacionalização da economia atinge um novo patamar e transforma-se em transnacionalização. Trata-se de um processo de integração econômica em nível mundial que já não integra nações nem sistemas econômicos nacionais, mas conjuga a ação dos grandes grupos econômicos entre si e no interior de cada um deles.

A concentração de capital em polos cada vez mais reduzidos acentuou a integração econômica e tecnológica entre as unidades econômicas e os setores financeiro, comercial e industrial. Isto permitiu aos maiores grupos econômicos desenvolver aparelhos de poder próprios, suficientemente amplos, para dispensar a intermediação do Estado nas atividades de regulação macroeconômica, assumindo eles próprios funções políticas de abrangência mundial. Controlando os governos e as políticas dos Bancos Centrais dos mais dinâmicos e influentes centros de acumulação de capital — o G-7 — através de mecanismos já referidos neste artigo, garantem por aí a sua supremacia nas relações que os centros capitalistas mundiais mantêm com os demais países do mundo. Como bem formulou Bernardo (1987), é das redes de investimentos transnacionais e não das fronteiras dos países ou das ideologias políticas que resultam as aproximações e as divisões no mundo atual.

Muito se fala hoje do poder do Estado norte-americano para definir políticas monetárias, comerciais e para impor a desregulamentação dos mercados dos países que se integram de forma subordinada na economia mundial. No entanto, caberia antes considerar os interesses que este Estado veicula e faz valer. O Estado, como já assinalei, não é uma instituição oca. A importância do Estado norte-americano na economia mundial, ou mesmo do Bundesbank no âmbito da Europa, decorre do poder que os grupos econômicos que os controlam de forma associada possuem e do lugar estratégico que estas economias ocupam hoje.

O fato é que algumas centenas de conglomerados e corporações transnacionais, controlando metade da economia e do comércio mundiais, ampliaram decisivamente a área de suas operações, mediante a desregulamentação dos mercados, a globalização do design, da produção, distribuição e consumo de bens e serviços, criando grandes redes de empresas e operações interdependentes, para onde se desloca a tomada de decisões e a gestão da economia mundial. São essas empresas operando em rede as únicas instituições capazes de coordenarem um processo econômico que se mundializou, enquanto os Estados Nacionais "locais", limitados por fronteiras, têm o seu poder cada vez mais corroído e limitado. Até mesmo organismos internacionais criados no pós-guerra pela ação dos governos, tais como o FMI e o Banco Mundial, já há muito têm como interlocutores privilegiados os grandes grupos econômicos e hoje, começam a ter suas atribuições redefinidas.

Recentemente, nas discussões acerca da nova ordem financeira internacional, ocorridas em Washington, entre os dias 25 e 28 de setembro de 1999, "analistas e responsáveis pelas instâncias decisórias notam que o setor privado mostrou-se notavelmente competente na busca de oportunidades para reestruturar bancos e outras instituições em crises. Líderes com visão progressista de lugares como Coreia e Tailândia convidaram empreendedores privados para ajudar na reforma". Assim, da crise asiática surge um novo esquema viável para a ordem financeira global. Nele, o FMI tem um papel reduzido, embora ainda essencial: usar seus fundos limitados como contribuição inicial para atrair o dinheiro do setor privado. O Fundo trabalharia mais estreitamente com o capital privado, no apoio a instituições financeiras em crises, fornecendo sua prática na administração de crises e transferindo o controle acionário de ativos fundamentais para novos investidores. Em resumo, a ordem augusta imposta pelo Tratado de Bretton Woods pode sair de cena para dar lugar a um modelo mais flexível, onde vários atores desempenham papéis importantes (Business Week, in *Gazeta Mercantil*, 4/10/99, p. B-5). O Institute of International Finance, que reúne os representantes dos 300 maiores bancos privados do mundo, com sede em Washington, não poupa críticas ao Fundo, propondo que se avance nas reformas desta instituição, uma vez que "em algum lugar do planeta, as sementes da próxima crise financeira já estão sendo semeadas" (idem).

Pela primeira vez na história moderna, verificamos que existe uma fonte de definição de objetivos globais, de organização de instituições em escala mundial, de difusão de valores, de hábitos de consumo (superando tradições e culturas locais), de normas sociais e de mecanismos de controle da ação coletiva, que não decorrem do estado tradicional, mas de uma estrutura de poder comandada pelos maiores grupos econômicos.

A incompatibilidade entre uma economia operando em bases supranacionais e as estruturas políticas limitadas aos territórios nacionais já era apontada em 1975, por Jaccques Maisonrauge, então vice-presidente da IBM, como um dos graves problemas da década:

> As estruturas políticas mundiais estão completamente obsoletas. Não mudaram nos últimos cem anos e estão tremendamente descompassadas com o progresso

tecnológico. O problema crítico da nossa época reside no conflito conceitual entre a busca de otimização global de recursos e a independência dos Estados nacionais. (*The New York Times*, 23/07/75, apud RATTNER, 1988)

De fato, o aspecto mais importante das empresas transnacionais não se reduz à dimensão ou ao volume de negócios, mas à ação e à visão globalizantes que desenvolvem. A transnacional é uma estrutura sistêmica, em que cada parte deve servir ao conjunto. Sua busca por eficiência é baseada na conceituação do planeta como uma unidade econômica única, cujas partes são necessariamente interdependentes, o que as faz transferir capitais e recursos materiais e humanos de um continente para o outro, ignorando as fronteiras (RATTNER, 1988).

A lógica que orienta o desmembramento das cadeias de agregação de valor hoje busca uma combinação sinergética de vantagens específicas de diferentes regiões. A pesquisa e o desenvolvimento, a aquisição de serviços e produtos intermediários, bem como a montagem e finalmente também a comercialização de produtos e de serviços devem estar sintonizadas umas com as outras de modo que as respectivas vantagens regionais sejam integralmente aproveitadas (RÖSSNER,1996, p. 19). Desta forma a situação competitiva de um empreendimento não é mais dada pelas condições dos mercados nacionais, mas antes resulta da agregação das vantagens dos diferentes locais de instalação (DUPAS, 1999).

Em síntese, vivemos uma época em que o processo econômico já não se encontra mais definido nem controlado diretamente por qualquer país em particular, mas por uma rede de grandes grupos econômicos que se configuram como os centros incontestes do poder, embora dentro de uma estrutura informal e não reconhecida juridicamente enquanto tal.

Isto levou à superação das diferenças existentes entre os regimes políticos dos países da OCDE, do COMECON e dos países do Terceiro Mundo. É sob esta perspectiva que se deve analisar o "fim do comunismo" no leste europeu, a "transição democrática" nos países de Terceiro Mundo, até recentemente sob regimes ditatoriais, assim como os governos de Reagan e Thatcher.

Como diz Altvater (1999), nos países de Terceiro Mundo, ou emergentes, a repressão direta praticada pelos governos ditatoriais foi substituída pela "restrição sistêmica", imposta pelo mercado mundial, não menos eficaz e rígida do que os regimes anteriores. Embora concorde com o autor, penso que estas "restrições sistêmicas" são impostas a todos os trabalhadores do mundo, incluindo aqueles que vivem nos centros mais dinâmicos de acumulação de capital. Neste quadro, a democracia política formal não custa nada, "pelo contrário, ela reduz os atritos sociais e, portanto, os custos das transações econômicas" (Idem, p. 129).

Esta democracia formal constitui-se na base dos novos modelos organizacionais, calcados nas práticas participativas, na descentralização de decisões circunscritas ao nível técnico-operacional, na autonomia controlada que as empresas outorgam aos trabalhadores.

Hoje, as duas vertentes da ação do nível político já mencionadas, ou seja, aquela que incide sobre o campo das relações intercapitalistas, coordenando-as e regulando suas disputas; e aquela que atua sobre o campo das relações entre as classes capitalistas e a classe trabalhadora — garantindo que a exploração se reproduza enquanto modo de produção — emanam diretamente dessa nova estrutura de poder. Seu vértice é constituído pelos centros decisórios dos grandes grupos transnacionais, articulados com os organismos econômicos internacionais, com as agências e administrações do aparelho de poder do Estado clássico, imunes ao controle do voto. Nesta estrutura, as direções das grandes centrais sindicais burocratizadas são também articuladas, embora de forma subordinada. É este o regime político hoje, em vigor, que, na ausência de um termo que possa expressar a novidade em que se constitui, recorro ao já conhecido neocorporativismo.

Neste sentido é que devemos compreender a máxima neoliberal de que o Mercado tudo conduz e organiza. Este Mercado de que tanto se fala não é outra coisa senão o poder dos grandes grupos econômicos transnacionalizados, de planejar e coordenar a economia em nível global, exercendo, por aí, as funções coercitivas e repressivas antes à cargo do Estado clássico. Neste novo quadro, o Estado Nacional, tal como existiu até os anos noventa, tornou-se supérfluo para as classes capitalistas e deve pois, ser reformado.

Assim, podemos dizer que, depois do Estado Nacional, o que se desenvolveu não foi a anarquia, mas uma estrutura de poder muitíssimo mais ampla, totalitária e totalizante, do que tudo que se conheceu na história do capitalismo, nos levando a atualizar a formulação do General Golbery do Couto e Silva: "Os povos são um mito. Só existe o Mercado e o Mercado é o Estado".

Referências

ALTVATER, E. Os desafios da Globalização e da crise ecológica para o discurso da democracia e dos direitos humanos. In: *A crise dos paradigmas em Ciências Sociais e os desafios para o século XXI*. Rio de Janeiro: Contraponto Editora, 1999.

As Greves Selvagens. Texto Coletivo. Lisboa: Centelha, 1975.

BAYNAC, J. *El terror bajo Lenin*. Barcelona: Tusquets, 1978.

BEER, M. *História do socialismo e das lutas sociais*, v. II. São Paulo: Cultura, 1934.

BERNARDO, J. *Capital, sindicatos e gestores*. São Paulo: Vértice, 1987.

BÖSENBERG, D & METZEN, H. *A gestão adelgaçante Lean Menagement*. Lisboa: Edições CETOP, 1993.

BRESSER PEREIRA, L. C. *A tecnobucracia e a sociedade estatal*. São Paulo: Brasiliense, 1982.

BRINTON, M. *Os bolcheviques e o controle operário*. Porto: Afrontamento, 1975.

BRUNO, L. *O que é autonomia operária*. São Paulo: Brasiliense, 1984. Coleção Primeiros Passos.

BRUNO, L. Gestores, a prática de uma classe no vácuo de uma teoria. In: BRUNO, L. & SACCARDO, C. (org) *Organização, trabalho e tecnologia*. São Paulo: Atlas, 1986.

BRUNO, L. *Processo de trabalho, lutas sociais e formas de poder*. Tese de doutorado. FFLCH/USP, 1991.

BURNHAM, J. *The managerial revolution*. Bloomington, Indiana: University Press, 1960.

CARR, EH. *El socialismo en un solo pais* (1924-1926), v. I e II. Madri: Alianza,1970

CARR, EH. *La revolución bolchevique. El Interregno* (1923-1924). Madri: Alanza, 1977.

CHOMSKY, N. Por razones de Estado. Barcelona: Editorial Ariel, 1973.

COLE, GDH. *Historia del pensamiento socialista. Comunismo e social-democracia* (1914-1931), v. IV e V. México: Fundo de Cultura Economica, 1974.

COVRE. M. L. *A fala dos homens*. São Paulo: Brasiliense, 1983.

DREIFUSS, R. *A internacional capitalista*. Rio de Janeiro: Pioneira, 1986.

DUPAS, G. *Economia global e exclusão social*. São Paulo: Paz e terra, 1999.

MARQUES, R. M. *A proteção social e o mundo do trabalho*. São Paulo: Bienal, 1997.

NAVES, A. J. C. *A natureza da URSS* (Antologia). Porto: Afrontamento, 1977.

NOVE, Alec. *A economia do socialismo possível*. Lançado o desafio: socialismo de mercado. São Paulo: Ática, 1989.

PANNEKOEK, A . et al. *A contra-revolução burocrática*. Coimbra: Centelha, 1978.

PIGNON, D. & QUERZOLA, J. Ditadura e democracia na produção. In: GORZ, A. (org) *Crítica à divisão do trabalho*. Rio de Janeiro, Martins Fontes, 1980

RATTNER, H. *Impactos sociais da automação. O caso do Japão*. São Paulo: Nobel, 1988.

RÖSSNER, H. J. Concorrência global — Conseqüências para a política de negociação trabalhista. In: *O trabalho em extinção?* São Paulo: Centro de Estudos Konrad Adenauer, 1996.

SERGE, V. *16 fusillés a Moscou*. Zinoviev, Kamenev, Smirnov. Lettres Inédites. Paris: Spartacus, 1972.

TRAGTENBERG, M. *Administração, poder e ideologia*. São Paulo: Ática, 1978.

Crise e reforma do Estado: condicionantes e perspectivas da descentralização de políticas públicas

Eduardo Meira Zauli

Os anos 90 foram marcados no Brasil, assim como em outros países, por importantes alterações na configuração e padrões de intervenção estatal. A par de um amplo conjunto de iniciativas voltadas para a reforma do Estado, em determinadas áreas, o tema e as práticas das diferentes modalidades de descentralização, — entendida como um processo de transferência total ou parcial de funções das organizações burocráticas públicas estatais (Jeger, 1996) —, das políticas públicas ganhou expressão a ponto de suscitar a avaliação de que estaríamos em meio a uma crise do planejamento central. Diante disso, quais seriam os fatores responsáveis pelas tendências atualmente em curso e a partir de que formulações teóricas poder-se-iam analisar as novas orientações no sentido da descentralização tanto da elaboração quanto da implementação de um amplo universo de políticas públicas?

Crise fiscal

É interessante observar que o viés descentralizador que marca atualmente o campo das políticas públicas no Brasil ocorre em um quadro de pronunciada crise do Estado e a despeito de tendências históricas anteriores associadas ao papel histórico desempenhado pelo poder central em economias como a brasileira.

Um primeiro fator de perturbação relaciona-se com a chamada crise fiscal do Estado. Com efeito, a partir de meados dos anos 70, e mais ainda ao longo da década de 80, o Estado brasileiro sucumbe a um quadro de pronunciada e persistente crise fiscal que, mesmo depois de todo um esforço no sentido de seu equacionamento, continua presente ainda ao final dos anos 90 e que põe em xeque seu padrão de configuração desenvolvimentista anterior (Sallum Jr. e Kugelmas, 1993).

Definida pela incapacidade financeira do Estado de fazer frente às demandas oriundas de diferentes focos de interesse (O' CONNOR, 1973), já nos anos 80 o Brasil conheceu a manifestação dos diferentes ingredientes de uma crise fiscal do Estado: déficits orçamentários; poupança pública baixa, quando não negativa; deterioração do crédito do Estado; déficit de credibilidade e imobilização estatal (BRESSER PEREIRA, 1993). Fundamentalmente em decorrência dos desequilíbrios fiscal e externo induzidos pela crise da dívida externa, a crise fiscal em um contexto em que o Estado é incapaz de se financiar internamente senão via ganhos de senhoriagem e de perda relativa de algumas de suas fontes externas de financiamento, mesmo diante de um processo muito recente de relativa recentralização tributária e de recuperação de sua capacidade extrativa, acaba por engendrar a busca da implementação, por parte do governo federal, de uma política de transferência de algumas de suas responsabilidades. Eis aqui um primeiro fator explicativo do fenômeno da descentralização no campo das políticas públicas.

SOBRECARGA DE DEMANDAS

Simultaneamente à crise fiscal e contribuindo para seu agravamento, um segundo fator explicativo do fenômeno da descentralização no campo das políticas públicas, que transpõe para o universo interno do sistema político brasileiro o tema da ingovernabilidade da democracia, relaciona-se com as mudanças no comportamento dos diferentes atores políticos que produzem um quadro de crescente autonomização da sociedade civil perante o Estado e que culmina com a redemocratização que propicia o advento da Nova República em meados dos anos 80.

Diante da liberação de um amplo conjunto de demandas reprimidas durante o período imediatamente anterior de governos autoritários e das expectativas que acompanharam o processo de transição para a democracia no Brasil (O'DONNELL, 1988), o poder executivo federal se vê às voltas com uma sobrecarga de demandas que, adicionalmente aos efeitos da crise fiscal em sua capacidade implementadora, dificulta ainda mais a absorção pelo Estado das demandas provenientes da sociedade, dificultado o alcance de objetivos políticos propostos e o atendimento a eventuais compromissos para com os cidadãos (DINIZ, 1996).

Ao mesmo tempo em que se verifica uma crescente agilidade por parte da sociedade na formulação e encaminhamento de demandas cada vez mais numerosas em um espaço político mais amplo e diferenciado do que aquele característico do regime autoritário, a necessidade da observância dos procedimentos decisórios inerentes a um sistema político democrático acaba por fomentar falhas na implementação de políticas públicas, potencializando o hiato entre os insumos de demandas e os produtos de decisão governamental (BOBBIO, 1986; OROZCO, 1996; PASQUINO, 1992).

CRISE DE LEGITIMIDADE E DEMANDA POR DESCENTRALIZAÇÃO

Outro aspecto relevante para a compreensão da dinâmica descentralizadora da reforma do Estado no Brasil, ao longo dos anos 90, diz respeito a um certo grau das virtudes da descentralização dos processos decisórios e de sua suposta identificação com a perspectiva de construção de um sistema político democrático. Com efeito, até mesmo o texto da Constituição de 1988 foi contaminado pela suposição de que a elaboração e implementação descentralizadas de políticas públicas seriam não apenas mais democráticas como contribuiriam para que a democracia deitasse raízes entre nós. Mais ainda, em decorrência da postulação de uma maior eficácia e eficiência da gestão descentralizada de políticas públicas, as reformas descentralizadoras seriam benéficas não somente aos diferentes públicos-alvo das diversas modalidades de intervenção estatal mas também ao conjunto da sociedade que, em última análise, arca com os custos inerentes à sustentação tributária das políticas do Estado.

Com efeito, em um contexto em que o governo federal encontra-se debilitado em virtude de sua crise fiscal e em decorrência da inflação de insumos de demanda e da consequente sobrecarga proveniente de um novo ambiente político caracterizado, entre outros aspectos, pela disputa político-eleitoral entre os ocupantes de diferentes cargos nos três níveis de governo, e diante da relativa capacidade de inovação institucional de estados e municípios manifesta, por exemplo, nos programas de renda mínima e nas propostas de orçamento participativo, o questionamento dos poderes decisórios concentrados nos níveis centrais de governo e as mais recentes disputas em torno de nosso pacto federativo apontam para uma crise de insumo que se manifesta sob a forma de crise de legitimidade daquela instância governamental tradicionalmente responsável pela condução do processo de desenvolvimento nacional.

Assim, enquanto a realização de um conjunto de ideais relacionados à democratização do sistema político e à reforma social de caráter distributivista é associada ao tema da descentralização, a centralização das decisões é interpretada como estando associada não só à ineficácia e ineficiência mas também a um déficit de *accountability* e *responsiveness* governamentais (ARRETCHE, 1996).

Crise de racionalidade

Diretamente relacionada tanto com a crise fiscal quanto com a sobrecarga de demandas, e contribuindo para tornar mais aguda sua crise de legitimidade, a crescente dificuldade por parte do Estado na formulação de respostas adequadas às exigências relativas à manutenção das condições de integridade sistêmicas instaura uma crise de produto que manifesta-se como uma crise de racionalidade das decisões administrativas da autoridade governamental e que expressa uma certa dose de incapacidade estatal no cumprimento dos requisitos funcionais de reprodução social. Nos termos daquela linha de análise desenvolvida por autores como Offe (1984) e Habermas (1980), com o advento das formas características do capitalismo organizado o Estado tende a assumir um papel cada vez mais saliente na resolução dos obstáculos à reprodução econômica e à legitimação política da ordem capitalista. Entretanto, involuntariamente a intervenção estatal termina por produzir inadvertidamente uma série de outros problemas na medida em que procura conciliar, mediante políticas públicas, um amplo leque de demandas muitas das vezes inconciliáveis.

Hiperatividade decisória e insulamento burocrático

Outro importante fator de crise do Estado no Brasil, agora relacionado aos processos decisórios de natureza interna à instituição estatal, diz respeito àquilo que foi qualificado como uma hipertrofia da capacidade legislativa e um processo de hiperatividade decisória decorrentes da concentração, centralização e insulamento da tomada de decisões do poder executivo em um quadro de falência executiva do poder central. Em consequência, ao mesmo tempo em que contribuía para os déficits de *accountability* e *responsiviness* estatais, o amplo recurso por parte do executivo federal ao instituto da Medida Provisória terminou por engendrar uma situação repleta de comportamentos oportunistas e de descrédito da parte de diferentes atores, em virtude do açodamento e dos consequentes erros produzidos em um ambiente marcado pelo voluntarismo e a excessiva experimentação por parte das autoridades públicas (DINIZ, 1996), tornando ainda mais críticas as crises de legitimidade e de racionalidade estatais.

Descentralização e reforma do Estado

Não importa que estejamos tratando da descentralização de funções no âmbito da burocracia central, da transferência de responsabilidades para estados e municípios, da execução de políticas públicas por entidades não governamentais do "Terceiro Setor", da privatização do fornecimento de bens e serviços públicos, ou de uma combinação qualquer destas diferentes estratégias. Cabe ressaltar que, no contexto de um processo de reforma do Estado, em que estão presentes diferentes opções de descentralização de políticas públicas, é importante o alcance de níveis superiores de formulação e implementação de políticas públicas, vale dizer de *governance*, por parte do poder central.

No caso da descentralização de políticas públicas via transferência de responsabilidades para estados e municípios, a necessidade de ações regulatórias e a implementação de medidas complementares e compensatórias por parte do governo central é patente (LAVINAS E VARSANO, 1997). Em relação aos municípios, as perspectivas de enquadramento no programa de renda mínima federal (Lei 9.533) se constituem em um bom exemplo da necessidade de subsídio do governo federal para que se aumente o número de municípios em condições de participar do programa. De fato, a determinação definida em lei de que apenas os municípios com receita tributária por habitante e renda familiar *per capita* inferiores à média estadual poderão se beneficiar do programa federal nos 5 primeiros anos, e a exigência de que os municípios arquem com 50% do valor do benefício distribuído a cada família carente (os 50% restantes são cobertos pela União), implicam em que menos de 100 dos municípios brasileiros terão receita suficiente para cobrir os custos da contrapartida municipal no atendimento à parcela de sua população habilitada a perceber o complemento de renda: famílias com renda *per capita* inferior a meio salário mínimo e filhos entre 0 e 14 anos.[1]

Na área da educação, tendo a Constituição de 1988 definido competências prioritárias diferenciadas, porém não exclusivas para a União, estados e municípios, a lei (9.424/96) que criou o Fundo de Manutenção e de Desenvolvimento do Ensino Fundamental e de Valorização do Magistério (FUNDEF),[2] é outro exemplo da importância estratégica do apoio financeiro e da intervenção do governo federal na organização e regulamentação das competências dos níveis subnacionais de governo.

---

[1] Os benefícios concedidos no âmbito do programa de renda mínima federal correspondem a (R$15 x n° de filhos até 14 anos matriculados na escola) — (0,5 x valor da renda familiar *per capita*). É assegurado um benefício mínimo de R$15 a cada família.

[2] Um Fundo Contábil composto de repasses obrigatórios de 15% do que Estados e Municípios arrecadam com impostos (ICMS e IPI), Fundo de Participação dos Municípios, Fundo de Participação dos Estados e Fundo de Ressarcimento de Exportações; que determina que Estados e Municípios devem investir 15% da arrecadação no 1° grau, com uma subvinculação de 60% desse valor em salário; estabelece um método de cálculo que define um valor mínimo a ser aplicado por aluno ao ano nos Estados e Municípios; e mecanismos de controle sobre a aplicação dos recursos.

Quanto à privatização de atividades até então executadas por entidades governamentais, o mais aconselhável parece ser algum tipo de coordenação mista (Estado e mercado). Com base na identificação de possíveis falhas de funcionamento decorrentes das estruturas dos mercados, caberia ao Estado desempenhar funções de regulação em relação ao estabelecimento e observância de regras voltadas para a garantia das condições de concorrência e de atendimento dos interesses dos consumidores. A título de ilustração, o desempenho aquém das expectativas das agências reguladoras criadas pelo governo federal para regulamentar e fiscalizar a prestação de serviços públicos, cuja prestação foi recentemente privatizada, é suficiente para demonstrar os riscos da má execução de um programa de privatização baseado em um modelo de agências executivas (MARE, 1998a), em virtude da incapacidade estatal de desempenhar adequadamente suas funções regulatórias.[3]

Ora, se o programa de reforma do Estado não pode prescindir de uma adequada reformulação das relações entre os diferentes corpos burocráticos de que é composta cada uma das três esferas governamentais (União, estados e municípios), de uma revisão dos padrões de relação entre estes diferentes níveis de governo, e de suas respectivas relações com a iniciativa privada, é imprescindível também, sob a ótica dos ganhos gerenciais e do aprimoramento e da consolidação da democracia, a implementação de alterações das relações entre o setor público estatal e as organizações não governamentais do *Terceiro Setor* (setor composto por organizações de direito privado voltadas para a realização de objetivos de natureza pública). Deste ponto de vista, um item prioritário a ser contemplado relaciona-se com a necessidade da superação daquele viés de análise que, a pretexto de solucionar os problemas de eficácia e eficiência governamentais, associa o alcance de níveis mais elevados de racionalidade decisória estatal a um processo de insulamento burocrático, enquanto que os imperativos das regras de organização democrática da política são percebidos como elementos de perturbação que interferem na produção e execução das decisões de governo (DINIZ, 1996).

Diante de um amplo leque de possibilidades de estratégias de descentralização, a *delegação* de funções (transferência da responsabilidade na gestão dos serviços para agências não vinculadas ao ente governamental — central, estadual ou municipal — que mantém o controle dos recursos necessários à cobertura dos gastos envolvidos) para diferentes organizações

---

[3] *Folha de S. Paulo*. O Fiasco das Agências. Caderno Especial *Pós-privatização*. 20/08/99.

localizadas no âmbito do "Terceiro Setor" permitiria que as organizações não governamentais (ONGs) suprissem determinadas funções sociais tradicionalmente executadas por agências governamentais, apresentando-se como alternativa à privatização do fornecimento de bens e serviços públicos (OSBORNE E GAEBLER, 1995).

Diante desta possibilidade, caberia identificar quais as vantagens e desvantagens comparativas de cada setor da sociedade (público estatal, público não estatal/"Terceiro Setor", ou privado) no atendimento às demandas dos cidadãos por bens e serviços públicos (SAVAS, 1987). A propósito, com base em um amplo conjunto de mudanças pelas quais vem passando os governos locais e estaduais nos EUA nas últimas duas décadas, (OSBORNE e GAEBLER, 1995) sugerem que as organizações do "Terceiro Setor" são particularmente bem sucedidas:

- no atendimento a populações diferenciadas;
- na abordagem holística dos problemas dos cidadãos;
- na criação de compaixão e comprometimento entre prestadores de serviços e seus beneficiários;
- em sua capacidade de gerar confiança mútua entre os prestadores de serviços e os cidadãos.

Dadas essas qualidades, as organizações do "Terceiro Setor" seriam particularmente aptas à execução de tarefas relacionadas a:

- atividades de caráter social;
- atividades que demandam a participação de voluntários;
- atividades que geram pouco ou nenhum lucro;
- promoção da responsabilidade individual, dos laços comunitários e do comprometimento com o bem-estar social.

Particularmente no campo das políticas sociais, há um amplo espectro de atividades desempenhadas pela autoridade pública estatal (central, estadual, municipal) que não deveriam ser privatizadas mas que poderiam ser melhor executadas através da constituição de mecanismos de cooperação entre os governos e as organizações públicas não estatais de direito privado do "Terceiro Setor" (BRESSER PEREIRA, 1996; GRAU, 1996).

No contexto de uma redefinição das relações Estado/sociedade em que a noção de esfera pública não se confunde com o Estado, já que abrangeria todo o conjunto de atores individuais e coletivos voltados para objetivos de natureza pública, haveria a possibilidade de transformação de certos padrões de produção de bens e serviços públicos no sentido da *produção social* mediante um programa de *publicização*, em que a responsabilidade pela provisão de determinados bens e serviços públicos é transferida para organizações do setor público não estatal (MARE, 1998) e de uma nova e ampliada institucionalidade pública que traduzisse por meio da produção de bens e serviços públicos a maior participação e controle das decisões de alcance coletivo por parte da sociedade organizada (GRAU, 1996).

Neste sentido, cabe aqui uma referência à proposta da criação de *Organizações Sociais* desenvolvida no âmbito do Ministério da Administração Federal e Reforma do Estado (MARE), sob a direção de Luiz Carlos Bresser Pereira. Enquanto modelo institucional, uma *Organização Social* (OS) pode ser definida como uma organização de direito privado pública não estatal. Orientada para a absorção de atividades públicas mediante obtenção de qualificação pelo poder executivo, suas ações são reguladas pelo Estado por meio do instituto do contrato de gestão (a formalização de um compromisso institucional firmado entre o Estado e uma organização pública não estatal qualificada como *Organização Social*), sendo que suas vantagens em relação ao modelo tradicional de administração pública relacionam-se ao fato de que a gestão de seus recursos não está sujeita às mesmas normas que regulam as entidades da administração pública estatal (MARE, 1998).

Não obstante suas potencialidades amplamente reconhecidas, a transferência de funções executivas para as organizações do *Terceiro Setor* envolve certos riscos. Deixando de lado o "mito da virtude pura", é preciso reconhecer que as organizações do *Terceiro Setor* são passíveis de serem capturadas e instrumentalizadas por interesses *rent-seeking* e clientelistas, o que impõe a necessidade da construção de mecanismos de responsabilização pública de tais organizações (GRAU, 1996). Além disso,

> apesar de sua tão propalada flexibilidade, organizações sem fins lucrativos continuam sendo organizações. À medida que crescem em escala e complexidade, são vulneráveis a todas as limitações que afligem outras instituições burocráticas — falta de sensibilidade, morosidade e rotinização (SALAMON, 1998, p. 9).

De forma que, no contexto de uma reforma do Estado de inspiração descentralizadora e voltada ao mesmo tempo para ganhos gerenciais e para o aprimoramento da democracia, é importante que o Estado não abdique de suas responsabilidades públicas através de apoio financeiro, regulamentações e ações de fiscalização que garantam um nível adequado de *accountability* por parte das organizações do *Terceiro Setor*.[4]

---

[4] O *Philantropic Advisory Service* (PAS), serviço mantido pelo Escritório para Melhores Negócios ("Better Business Bureau"), entidade mantida desde 1912 por 350 grandes empresas dos EUA, e que publica há 25 anos relatório anual sobre organizações não governamentais e de caridade, é um exemplo do que a sociedade organizada pode fazer em relação à fiscalização das atividades das organizações do "Terceiro Setor" financiadas por fundos públicos.

De outro lado, embora carregada de potencialidades, a concretização da proposta da criação de *Organizações Sociais* implica em riscos para as próprias organizações do *Terceiro Setor*. Segundo Habermas (1999, p. 26)

> (...) o núcleo institucional da sociedade civil é constituído por esses agrupamentos voluntários fora da esfera do Estado e da economia, que vão, para citar apenas alguns exemplos, das igrejas, das associações e dos círculos culturais, passando pelas mídias independentes, associações esportivas e de lazer, clubes de debate, fóruns e iniciativas cívicas, até organizações profissionais, partidos políticos, sindicatos e instituições alternativas.

Ora, quanto à possibilidade da construção de uma esfera pública entendida enquanto instância deliberativa, uma questão fundamental a ser formulada a propósito da introdução e disseminação do modelo de *Organizações Sociais* diz respeito à possibilidade de construção de um espaço público autônomo frente ao poder administrativo, já que o modelo de *Organizações Sociais* poderia implicar na "colonização" das organizações da sociedade civil por parte do poder estatal. Neste caso, em vez da sociedade organizada no âmbito de uma esfera pública ampliada definir a agenda governamental, o Estado é que definiria a agenda das organizações do "Terceiro Setor", solapando as bases do ideal habermasiano de democratização do sistema político através da constituição de uma sociedade civil, cuja unidade é dada por uma lógica normativa de coordenação de ações comunicativas que forneçam ao Estado seus fundamentos normativos (HABERMAS, 1990; ARATO, 1995).

Tendo em vista este tipo de perigo, seria conveniente que se precavesse da possibilidade de subordinação ao Estado das organizações do "Terceiro Setor". Neste caso, caberia ao Estado pautar sua atuação no sentido da preservação da especificidade e da autonomia das organizações sociais e da função de crítica da sociedade civil em relação ao poder estatal (GRAU, 1996) o que não pode ser alcançado senão por uma autoridade pública sensível e preparada para uma interlocução dialógica com as entidades do "Terceiro Setor".

Assim, não obstante os fatores de crise do Estado anteriormente mencionados, o caráter bem sucedido das tendências à descentralização de políticas públicas atualmente em curso na sociedade brasileira não implicam necessariamente na debilitação das capacidades institucionais do nível central de governo. Na verdade, dadas as disparidades existentes entre os diferentes estados e municípios brasileiros e os riscos inerentes à privatização e à transferência de responsabilidades para organizações do *Terceiro Setor*, mesmo aceitando que a formulação e implementação de políticas em bases regionais, locais, por intermédio da sociedade organizada ou por parte do setor privado permite uma melhor adequação dos produtos das decisões às particularidades das demandas de diferentes parcelas da população (OATES, 1972), faz-se necessária a devida intervenção do governo federal incluir se pretende alguma correção das desigualdades observadas na capacidade de *governance* nos níveis subnacionais de governo e a prevenção de comportamentos oportunistas através da regulação das atividades do setor privado e do "Terceiro Setor".

Em vez do enfraquecimento do nível central de governo, a execução de medidas descentralizadoras bem sucedidas pressupõe, antes, que o aparato estatal seja submetido a um conjunto de reformas voltadas para a recuperação do poder decisório central que permita dar solução aos problemas nacionais. Equacionamento das desigualdades regionais, compensação das insuficiências dos níveis subnacionais de governo, fiscalização e controle da execução de políticas públicas por organizações não governamentais e de atividades privatizadas por meio de políticas regulatórias são metas em relação às quais não se pode transigir senão sob o risco de comprometer os resultados do processo de descentralização em curso.

REFERÊNCIAS

ARATO, Andrew. Ascensão, declínio e reconstrução do conceito de sociedade civil — Orientações para novas pesquisas. In: *Revista Brasileira de Ciências Sociais*, n. 27, 1995.

ARRETCHE, Marta T. S. Mitos da descentralização: mais democracia e eficiência nas políticas públicas? In: *Revista Brasileira de Ciências Sociais*, n.31, 1996.

BOBBIO, Norberto. *O Futuro da democracia*. Rio de Janeiro: Paz e Terra, 1986.

BRESSER PEREIRA, Luis Carlos. Uma interpretação da América Latina: a crise do Estado. In: *Novos Estudos Cebrap*, n.37, 1993.

BRESSER PEREIRA, L. C. Da administração pública burocrática à gerência. In: *Revista do Serviço Público*, v.120, n.1, 1996.

DINIZ, Eli. Governabilidade, *governance* e reforma do Estado: considerações sobre o novo paradigma. In: *Revista do Serviço Público*, v.120, n.2, 1996.

GRAU, Nuria Cunill. A Rearticulação das relações Estado-sociedade: em busca de novos significados. In: *Revista do Serviço Público*, v.120, n.1, 1996.

HABERMAS, Juergen. *A Crise de Legitimação no Capitalismo Tardio*. Rio de Janeiro: Tempo Brasileiro, 1980.

HABERMAS, Juergen. Soberania popular como procedimento: um conceito normativo de espaço público. In: *Novos Estudos Cebrap*. n.26, 1990.

HABERMAS, Juergen. O espaço público 30 anos depois. In: *Caderno de Filosofia e Ciências Humanas*, n.12, 1999.

JEGER, Ernesto. Parcerias público-privado. In: *Revista do Serviço Público*, v.120, n.1, 1996.

LAVINAS, Lena e VARSANO, Ricardo. Renda Mínima: integrar e universalizar. In: *Novos Estudos Cebrap*, n.49, 1997.

MARE. Organizações Sociais. In: *Cadernos do MARE*, n.2, 4. ed. Revisada. Brasília, 1998.

MARE. Agências Executivas. In: *Cadernos do MARE*, n.9, 2. ed, Brasília, 1998a.

OATES, Wallace. *Fiscal Federalism*. Harcourt/Brace/Jovanovich. Nova York, 1972.

O' CONNOR, James. *The fiscal crisis of the state*. Nova York: St. Martin Press, 1973.

O'DONNELL, Guillermo. Transições, continuidades e alguns paradoxos. In: REIS, F. W. e O'DONNELL, G. (orgs.). *A democracia no Brasil: dilemas e perspectivas*. São Paulo: Vértice, 1988.

OFFE, Claus. *Problemas estruturais do estado capitalista*. Rio de Janeiro: Tempo Brasileiro, 1984.

OROZCO, Omar Guerreiro. Ingovernabilidade: disfunção e quebra estrutural. In: *Revista do Serviço Público*, v.120, n.2, 1996.

OSBORNE, David e GAEBLER, Ted. *Reinventando o Governo: como o espírito empreendedor está transformando o setor público*. 7. ed. Brasília: MH Comunicação, 1995.

PASQUINO, Gianfranco. Governabilidade. In: BOBBIO, N. et. al. *Dicionário de política*. Brasília: Edunb, 1992.

SALAMON, Lester. A emergência do terceiro setor — uma revolução associativa global. In: *Revista de Administração*, v.33, n.1, 1998.

SALLUM JR., Brasílio e KUGELMAS, Eduardo. O Leviatã acorrentado: a crise brasileira dos anos 80. In: SOLA, Lourdes. (org.). *Estado, mercado e democracia*. Rio de Janeiro: Paz e Terra, 1993.

SAVAS, E. S. *Privatization: The key to better government*. New Jersey: Chathan House Publishers. Chathan House, 1987.

Educação e qualificação profissional nos anos 90: o discurso e o fato

Azuete Fogaça

> É preciso que tudo mude, para que nada mude.
> *Giácomo di Lampeduza*

O final do século XX:
um período promissor para a educação

Embora tenha tomado vulto, no Brasil, ao final dos anos 80, o debate em torno de uma nova relação entre inovação tecnológica, educação e qualificação vem ocorrendo no mundo desenvolvido desde a década de 70. Um dos primeiros grandes estudos a tratar desse assunto foi aquele realizado na França, financiado pela UNESCO e divulgado em 1979, sob o título "Le Development de l'Educaction et Changement Technologique: une nouvelle tâche pour la planification".[1] Nele, apontava-se para as primeiras transformações nos processos de produção e organização do trabalho, tendo em vista os impactos crescentes do avanço científico e tecnológico, e para os novos padrões de concorrência num mercado que começava a se globalizar. O estudo foi realizado em indústrias europeias, dando grande destaque à emergência de novos perfis ocupacionais e novos requisitos de formação escolar em toda a hierarquia ocupacional.

O sentido geral observado nas conclusões do estudo era de que se deveria priorizar, dali para a frente, reformas nos sistemas educacionais dos países industrializados ou em processo de industrialização, de forma a preparar melhor seus recursos humanos para essa nova etapa da produção capitalista, na qual a escola cumpriria um papel fundamental na qualificação profissional básica de todos os segmentos da hierarquia ocupacional.

Ainda que se leve em conta, nos dias de hoje, as críticas quanto aos impactos do processo de globalização da economia — por exemplo, uma maior fragilização dos países subdesenvolvidos ou em desenvolvimento, face

---
[1] Desta pesquisa, destacamos a monografia "Le Progrés Scientifique et Technique et la Qualification Professionelle", de IVANOV, L. P. (Paris, 1979).

ao sistema financeiro internacional —, não se pode negar que essa nova etapa do capitalismo significava, em princípio e sob diversos aspectos, um rompimento com um modelo de relação entre educação e trabalho que vigorava desde o início do século XX. A importância desse rompimento estava no fato de que, no caso de países como o Brasil, embora esse modelo tivesse permitido que se formasse, num curto espaço de tempo, a mão de obra necessária ao processo de industrialização, seria também um dos fatores explicativos da permanência de um fraquíssimo desempenho do sistema educacional, apesar de um evidente desenvolvimento econômico registrado por pelo menos quatro décadas — dos anos 40 ao final dos anos 70.

E esse rompimento teria como base:

Um novo conceito de qualificação profissional, não mais pautado em habilidades específicas, típicas de um determinado posto de trabalho ou ocupação, mas sim numa base de educação geral, sólida e ampla o suficiente para que o indivíduo possa, ao longo de seu ciclo produtivo, acompanhar e se ajustar às mudanças nos processos produtivos, que deverão se tornar cada vez mais frequentes.

Esse novo conceito, por sua vez, levaria a uma necessária aproximação entre escola e trabalho, não no sentido de subordinar a escola ao mercado, mas pela centralidade da educação escolar, isto é, dos conteúdos gerais da escola regular para a aquisição posterior de qualificações diversas.

A centralidade da educação resultaria, então, em uma maior preocupação e responsabilidade direta do Estado na oferta de uma educação básica de boa qualidade, dado que as oportunidades profissionais futuras estariam bastante dependentes da bagagem de conhecimentos trazida da educação geral. Por consequência, este processo resultaria, no caso brasileiro, numa tardia, mas ainda assim bem-vinda, valorização da educação (entendendo-se aí a valorização do sistema educacional como um todo: conteúdos, recursos auxiliares, rede física, recursos humanos — principalmente professores etc.).

Por último, também no caso brasileiro, no qual o perfil de escolaridade da população como um todo e dos trabalhadores em particular deixa muito a desejar, face aos novos requisitos do mercado de trabalho, presumia-se que a centralidade da educação geral mobilizasse as empresas no sentido de assumirem a tarefa da requalificação de seus trabalhadores, incluída aí não só a qualificação específica — o treinamento de adaptação às novas tecnologias de produto e de processo, mas também a educação geral, programas de elevação da escolaridade formal dos trabalhadores, considerando a dinâmica das transformações tecnológicas, num processo em que já se podia antever a rápida obsolescência de ofícios e ocupações tradicionais e no qual a escolaridade formal seria a precondição básica para que o trabalhador pudesse acompanhar essa dinâmica.[2]

Em resumo, esse processo poderia resultar, como ocorreu em outros países, num maior investimento público e privado em educação básica; logo, em qualificação profissional e, com isso, mudar-se-ia o perfil educacional da sociedade e da força de trabalho brasileiras, alcançando a chamada "competitividade sistêmica", ou seja, um processo de desenvolvimento cujos impactos não se resumiriam apenas na elevação da capacidade produtiva do país mas alcançariam, também, a melhoria da qualidade de vida do povo brasileiro, de modo a garantir sua inserção e permanência nesse novo momento da produção capitalista tanto como produtor, quanto como consumidor e, ainda, como cidadão.

A construção desse admirável mundo novo da educação, no qual se vislumbrava uma possibilidade de superação de alguns problemas educacionais brasileiros já seculares, ocorreria então paralelamente a outras mudanças que se anunciavam num processo de abertura democrática, de tal forma que o Brasil pudesse retomar seu processo de desenvolvimento e se engajar de uma forma adequada ao novo momento da produção capitalista, de modo a provocar impactos socioeconômicos que teriam, no mínimo, a magnitude daqueles provocados por seu processo de industrialização quando, apesar de todas as críticas que a ele possam ser feitas, a face do país mudou: o Brasil dos anos 70 pouco tem a ver com o Brasil dos anos 30, do ponto de vista das características de uma sociedade industrial face a uma sociedade de base agrária.

E essa não seria uma meta impossível, já que outros países vinham mostrando, ao longo dos anos 80, que num prazo de uma década e meia era possível mudar os rumos da economia e integrar a sociedade de forma positiva nesse novo movimento.[3]

---

[2] No final dos anos 80 foram realizadas duas grandes pesquisas junto às principais indústrias brasileiras — a primeira patrocinada pelo SENAI e a segunda pela CNI-Confederação Nacional da Indústria — com o objetivo de identificar as percepções dos empresários quanto ao processo de modernização da economia brasileira, localizando os principais problemas que julgavam que iriam enfrentar nesse processo. Em ambas as pesquisas, os resultados apontaram a questão da qualificação e da escolaridade como um dos dois maiores problemas; o outro dizia respeito ao próprio desempenho da economia como um todo, capacidade de investimento, a espiral inflacionária e outras questões desse gênero.

[3] Referimo-nos aqui ao fato de países como a Coreia, por exemplo, que possuía, no início dos anos 70, um sistema educacional tão problemático como o nosso, chegarem ao final dos anos 80 com taxas de escolarização básica próxima dos 100%.

O QUE DE FATO ACONTECEU

Apesar dos bons augúrios da "Constituição Cidadã" de 1988, não se pôde evitar que a década de 80 fosse a "década perdida". As expectativas positivas foram transferidas para os anos 90, adiadas no período Collor e retomadas com a sua queda, para serem definitivamente enterradas na era FHC. Nas duas eleições que disputou e ganhou, o atual governo deu ênfase, em seu discurso, à urgente necessidade de modernização do país, tendo por base um elenco de reformas que dariam à economia brasileira melhores condições de inserção nos novos padrões concorrenciais internacionais, e, ao Estado, maiores condições de efetivar o resgate da "dívida social". Apesar desse discurso, alguns dados hoje disponíveis nos permitem delinear o perfil desta década, que se revela bastante negativo:

- os números do PIB são desalentadores — vêm diminuindo há pelo menos 4 anos, assim como a nossa renda *per capita*, que é hoje de cerca de 3.500 dólares, menor do que a da Argentina, por exemplo, que tem uma economia menor e mais frágil que a nossa;
- nosso salário mínimo continua a ser dos menores do mundo — e os demais salários vêm sendo comprimidos desde 1990, no setor privado, e desde 1994, no setor público;
- a produção industrial tem caído, e na balança comercial, durante toda a década, as importações superam as exportações; além disso, a pauta de exportações diminuiu, o que significa, em outras palavras, que exportamos menos em quantidade e em variedade de produtos;
- as taxas de desemprego têm sido crescentes e alarmantes; ainda que se anuncie que no primeiro semestre de 1999 a geração de novos empregos foi maior do que a destruição de postos de trabalho, estamos longe de recuperar todos os postos eliminados ao longo da década, principalmente aqueles da indústria de transformação, que nas economias industrializadas funciona como um bom termômetro da situação do emprego;
- do ponto de vista social, os relatórios de órgãos internacionais têm sido conflitantes com as análises feitas internamente: por exemplo, se o estudo do Índice de Desenvolvimento Humano feito pela ONU diz que no Brasil houve melhoria da qualidade de vida da população, as pesquisas na área da saúde mostram o recrudescimento de doenças endêmicas, típicas da pobreza; o país ganha prêmios do UNICEF por trabalhos junto à infância, mas a mortalidade infantil voltou a crescer em várias regiões e a exploração do trabalho infantil alcança proporções assustadoras.

E é nesse contexto que devemos situar a política educacional em curso desde 1994 e, paralelamente a ela, as políticas dedicadas à qualificação e/ou requalificação de jovens e adultos trabalhadores.

As políticas relativas à educação básica

Na área da educação básica, as palavras de ordem do MEC têm sido: a melhoria da qualidade do ensino, através de ações que envolvem a reestruturação dos conteúdos curriculares, a avaliação do desempenho do sistema educacional e a revalorização do magistério, bem como o aumento da eficiência do sistema, através da democratização/descentralização da gestão dos sistemas e unidades escolares. O objetivo último dessas ações seria acabar com a "pedagogia da repetência", oferecendo à população de menor renda, clientela majoritária das redes públicas de ensino, melhores condições de acesso e de permanência na escola, procurando assegurar pelo menos a conclusão do ensino fundamental.

O que de fato se pode observar em relação a essas prioridades de ação ministerial são: a) a adoção de parâmetros curriculares que não correspondem às expectativas e demandas dos diferentes sistemas estaduais e municipais de ensino; b) a implantação de um sistema de avaliação cujos resultados são mal aproveitados porque têm servido apenas para mostrar os aspectos negativos do funcionamento do sistema e não para orientar uma política de investimentos na educação básica que conduza à superação desses aspectos; ao contrário, o critério adotado para a distribuição dos recursos se apoia única e exclusivamente no número de matrículas e num valor aluno/ano definido arbitrariamente e notoriamente insuficiente; c) a partir daí, compromete-se também a proposta de revalorização do magistério, inclusive em termos salariais, porque os recursos destinados ao FUNDEF — Fundo de Manutenção e de Desenvolvimento do Ensino Fundamental e de Valorização do Magistério —, além de escassos, nem sempre são aplicados da forma que a lei prescreve, até mesmo porque o próprio MEC não exerce qualquer acompanhamento mais consistente quanto à sua aplicação;[4] d) no que se refere à democratização/descentralização da gestão, dado que ela ocorre num contexto de engessamento da capacidade de investimento dos

---

[4] O jornal *Folha de São Paulo*, em sua edição de 12 de Setembro de 1999 — caderno "Cotidiano", pag. 3-3, traz extensa reportagem sobre o mau uso dos recursos do FUNDEF, apontando desvios, tais como reformas e construções de escolas que não foram efetivamente realizadas; servidores contratados para outras áreas da administração pública que são incluídos na folha do magistério; empresas "fantasmas" contratadas para oferecer cursos de qualificação para professores que, na verdade, não foram realizados. No estado do Ceará, frequentemente apontado pelo próprio governo como um dos que melhor vêm cumprindo as metas educacionais governamentais, registram-se denúncias de irregularidades na aplicação do FUNDEF em 106 dos 184 municípios do estado.

estados e dos municípios, o que se pode afirmar é que, em última análise, o verdadeiro sentido dessa descentralização é a manutenção das decisões relevantes — por exemplo, aquelas relativas aos conteúdos do ensino, aos critérios de avaliação e à destinação dos recursos — ao nível do poder central, enquanto se "democratiza" os problemas, com a transmissão aos sistemas e unidades escolares e, por extensão, às comunidades às quais servem da responsabilidade e do ônus da resolução dos seus problemas, sem que se forneça a essas instâncias os instrumentos necessários para tanto.[5] Assim, se as secretarias de educação e as escolas não têm recursos para manutenção das instalações físicas, apela-se para um "espírito comunitário", que significa, de fato, isentar o estado de suas obrigações e despesas, e cobrar da população, em particular dos pais dos alunos, uma contribuição a mais, em dinheiro ou em trabalho, além daquela que ele já faz através dos impostos que paga.[6]

Por último, mas não menos importante, deve-se destacar o fato de que o discurso da melhoria da qualidade do ensino se reduz à melhoria das estatísticas educacionais, — o fundamento oculto da nova política de avaliação do rendimento escolar, que equivale, na maioria das redes públicas, à promoção automática, na medida em que nenhum dos fatores que contribuem para a má qualidade do ensino foi de fato superado nesses cinco anos de gestão FHC. Ainda que se considere que a reprovação funciona como um desestímulo ao aluno, principalmente quando ela é sucessiva, não se acaba com a "pedagogia da repetência" criando critérios frouxos de avaliação da aprendizagem. Por este caminho, daqui a uma década teremos criado uma nova categoria de "analfabetos funcionais": os jovens oriundos das redes públicas de ensino, que estarão de posse de certificados de conclusão do ensino fundamental, ou até mesmo do ensino médio, mas cuja bagagem de conhecimentos não corresponderá ao nível de ensino "concluído". Por outro lado, o governo estará satisfeito tanto porque poderá lançar mão de dados estatísticos de Primeiro Mundo, nos quais praticamente 100% dos que iniciam a primeira série terão concluído a oitava, quanto porque, desta forma, se atenderá à racionalidade econômica: ao tornar secundária a questão do aproveitamento escolar, o governo cria as condições necessárias para

---

[5] Valemo-nos aqui da reflexão feita pela profa. Lucia Bruno, da FEA/USP, em seu artigo "Poder e administração no capitalismo contemporâneo", In: OLIVEIRA, D. (org) Gestão Democrática da Educação: desafios contemporâneos, Petrópolis: Vozes, 1997.

[6] É interessante observar que as propostas de mutirão para melhoria dos prédios escolares ou compra/recuperação de alguns equipamentos básicos, ou ainda para reforço da merenda escolar quando o suprimento oficial escasseia, ocorrem na maioria das vezes em escolas públicas que atendem a populações de menor renda.

gastar com cada aluno exatamente o equivalente às oito séries cursadas, acabando com o que hoje se considera como um desperdício.[7]

No caso específico do ensino médio, além das questões já levantadas até aqui e que a ele se aplicam, há que se considerar outras que são exclusivas desse nível de ensino: mais uma vez a política governamental se apoia na questão da terminalidade, isto é, no objetivo de dar aos concluintes do ensino médio algum tipo de preparo para o ingresso no mercado de trabalho. E é em nome dessa terminalidade e de um ajuste às novas demandas do setor produtivo que foram propostos: a) os novos parâmetros curriculares; b) a parcela de carga horária que pode/deve ser preenchida com disciplinas ou conteúdos teóricos/práticos que espelhem a diversidade dos mercados de trabalho locais e regionais; c) a reforma do ensino técnico. Aqui, de novo, o importante é visualizar não só o ato, mas o significado do ato e seus resultados concretos, que se traduzem na ineficácia das propostas, face à realidade do mercado de trabalho brasileiro e à real intenção governamental de diminuir a demanda por ensino superior, assim como os gastos com a rede de ensino técnico.

Em relação aos parâmetros curriculares e à sua flexibilização, o que se observa, em primeiro lugar, é a ênfase numa percepção utilitarista, que tende a privilegiar os conteúdos considerados necessários ao mercado, entendidos estes conteúdos como aqueles que embasam atividades práticas/produtivas. Deste modo, voltamos, de certa forma, à proposta de profissionalização do ensino médio dos anos 70, só que agora, envolvendo conteúdos considerados modernos e de forte apelo popular, porque ligados às tecnologias avançadas de base microeletrônica. Em segundo lugar, a liberdade dada às unidades e sistemas escolares para preencherem da forma que considerarem mais adequada uma parte da carga horária encontra sérios limites na falta de recursos financeiros, materiais e humanos daquelas unidades e sistemas. Com isto, tal como já ocorreu nos anos 70, poderemos observar essa carga horária ser preenchida de forma precária, com atividades e conteúdos pouco relevantes, num arremedo de flexibilização.

No que se refere à realidade do mercado de trabalho, cabe destacar inicialmente que a questão da terminalidade do ensino médio só tem sentido quando a qualificação profissional representa uma demanda concreta do indivíduo e da sociedade e uma variável importante no processo de

---

[7] Uma das questões vitais no debate sobre os gastos com a educação básica é, da ótica do governo, o fato de que, até meados desta década, os alunos permaneciam em média 8 anos na escola, mas, a grande maioria não conseguia passar da quarta série; do ponto de vista econômico, estes alunos custavam ao estado o dobro do que deveriam custar. Assim, com a aprovação automática, assegura-se a eficácia do investimento em educação, já que o gasto com cada aluno será exatamente aquele relativo aos oito anos que compõem o ensino fundamental.

desenvolvimento econômico. Em outras palavras, a finalidade de formar quadros técnicos de nível intermediário para o mercado de trabalho é algo que não depende apenas de uma reforma educacional: na outra ponta do processo, isto é, nas empresas, deve existir uma real demanda por pessoal com tal qualificação e a valorização devida desta qualificação.

Nesse sentido, a histórica função propedêutica do ensino médio corresponde, no caso do Brasil, a uma percepção correta, por parte da sociedade, de um mercado de trabalho que não abre as suas portas para os técnicos de nível médio, e, nas poucas situações em que o faz, oferece salários pouco compensadores face aos salários pagos aos profissionais de nível superior. Nas empresas brasileiras, a baixa capacitação tecnológica e a pouca preocupação com processos próprios de inovação restringem o conjunto de atribuições típicas do técnico de nível médio. As que restam são aquelas passíveis de serem exercidas também por profissionais de outros níveis.

Além disso, em períodos de recessão, o medo do desemprego prolongado faz com que, na disputa pelas poucas vagas boas ou medianamente boas, o pessoal de nível superior que está desempregado acabe ocupando as vagas que, em tese, estariam disponíveis para o pessoal de nível médio.

Esta análise também se aplica, *in totum*, no caso específico da reforma do ensino técnico, já que os pontos de apoio da legislação que a orienta são a diminuição e/ou a racionalização dos gastos com a rede de escolas técnicas, a retomada da prioridade à sua função de terminalidade e a busca de uma maior articulação entre essa rede de escolas profissionalizantes e o setor produtivo.

Nesse contexto, os dois principais problemas apontados pelo MEC em relação aos egressos dessa modalidade de ensino, e que seriam a justificativa básica para a reforma, são praticamente inevitáveis: um deles seria o fato de uma parcela desses egressos estar em empregos e funções diferentes e inferiores àquelas para as quais foram preparados ou buscar atividades no setor informal, compatíveis ou não com a qualificação obtida; o outro seria o ingresso na Universidade.

Em relação àqueles egressos que se encaminham para funções diferentes daquelas para as quais foram habilitados, o mínimo que se pode comentar é que se trata, na maioria dos casos, de uma questão de sobrevivência — algum emprego é melhor do que nenhum emprego. No caso dos egressos, ricos ou pobres, que optam pela continuidade dos estudos em nível superior, não se pode considerar como uma opção equivocada. Na verdade, enquanto os diferenciais observados entre o salário médio das funções técnicas e o salário médio das funções de nível superior forem tão elevados como são atualmente, a tendência dos jovens continuará sendo a de investir num curso de nível superior, independentemente de qualquer reforma que seja feita no ensino técnico.

As políticas relativas à qualificação/requalificação profissional

As alterações que hoje ocorrem na produção pressupõem a necessidade da qualificação profissional se transformar num processo permanente, de educação continuada, o que faz supor que se deva estruturar um conjunto de atividades de qualificação, requalificação e atualização profissional suficientes para atender, tantas vezes quantas a dinâmica das mudanças tecnológicas assim o exigir, os desempregados e os trabalhadores que atuem nos setores mais dinâmicos.[8]

Esta é a justificativa apresentada pelo Ministério do Trabalho para a implementação de um programa de qualificação/requalificação de trabalhadores, o Plano Nacional de Educação Profissional (PLANFOR), que pretende superar os limites da capacidade de atendimento do "Sistema S". A estratégia central do programa é descentralizar o atendimento a essa nova demanda, financiando com os recursos do FAT — Fundo de Amparo ao Trabalhador as instituições educacionais que apresentem projetos compatíveis com os objetivos do programa e com as necessidades de qualificação e requalificação profissional identificadas junto às empresas ou demandadas pelos próprios trabalhadores.

Todo esse processo começa a ser acompanhado e avaliado, em diferentes níveis e sob distintos ângulos, envolvendo empresas, governo e trabalhadores. A participação desses três segmentos se explica não só pela importância estratégica do programa, mas ainda pelo fato de nele serem utilizados recursos do FAT, cuja gestão é tripartite, e porque os próprios PEQ's — Planos Estaduais de Qualificação, nas unidades da federação, são também coordenados por representantes destas três instâncias.

Os resultados obtidos até agora nas avaliações do PLANFOR revelam a realização de um conjunto de ações que pode ser caracterizado da seguinte forma:

- Predomínio dos cursos tradicionais de qualificação profissional, isto é, cursos em sua grande maioria adequados ao velho paradigma e, por isso, focado em ocupações que tendem a ser superadas e cujo mercado já está saturado, devido à progressiva eliminação dos postos de trabalho a eles

---

[8] Estimativas do próprio Ministério do Trabalho apontam para a existência de pelo menos 40 milhões de trabalhadores de baixa escolaridade, não qualificados ou de qualificação profissional precária, que constituiriam, em princípio, a clientela potencial deste programa.

correlatos; assim, trata-se de um aporte financeiro com recursos dos trabalhadores, em ações nas quais já se pode prever uma baixa eficácia;

- Existência de grande número de projetos que, a pretexto de envolverem parcerias, na verdade transferem ao estado o ônus do financiamento de programas que atendem a necessidades específicas de grandes empresas, de modo geral multinacionais, que já se instalam no país com uma série de incentivos fiscais e às quais caberia a responsabilidade de investir em seus treinamentos internos;

- Extrema pulverização das ações, distribuídas por múltiplas agências executoras, e sobre a maioria das quais não se tem qualquer controle qualitativo, quantitativo e de efetiva aplicação dos recursos recebidos via PLANFOR, ou, ainda, acompanhamento dos egressos;

- Nas situações onde não se observa a pulverização, se verifica, em contrapartida, a centralização destas ações nas instituições tradicionais de formação profissional, o que significa que o dinheiro público e, em particular, o dinheiro dos trabalhadores (porque se trata de recursos do FAT) está sendo utilizado para financiar aquelas instituições em ações que fazem parte de suas atividades tradicionais, para as quais elas já lançam mão de recursos "semi-públicos",[9] apesar de se autointitularem "instituições privadas";

- Nos cursos abertos, isto é, aqueles que se dedicam aos desempregados ou àqueles que, mesmo empregados, buscam por conta própria uma melhor qualificação, e que, por isso, são cursos que não são realizados por encomendas específicas de empresas, o contingente de egressos que consegue emprego na nova qualificação é mínimo — gira, no máximo, em torno de 10%.

Por último, dada a escassez de recursos que tem marcado a administração pública nos últimos anos, o PLANFOR — devido aos recursos do FAT, é claro — tem servido mais como moeda eleitoreira, na barganha política junto a governos de estado, prefeituras municipais, sindicatos etc. do que como um efetivo instrumento de elevação da escolaridade ou da qualificação dos trabalhadores brasileiros.

Do ponto de vista conceitual, o PLANFOR também merece considerações, porque reedita algumas das questões postas anteriormente na crítica às políticas educacionais; e, dentre elas, está a manipulação de alguns conceitos "inovadores", a saber:

---

[9] Referimo-nos aqui ao debate em torno da privacidade, ou não, do sistema S. Uma vez que as contribuições das empresas para este sistema são repassadas no preço dos produtos ou serviços que oferecem, esses recursos, na verdade, são públicos, porque são pagos por toda a população que consome tais produtos e serviços.

Empregabilidade: utilizado adequadamente, este termo compreende a capacidade que cada indivíduo deve ter, a partir de agora, de se ajustar aos requisitos postos por um mercado de trabalho que deverá se caracterizar por mudanças contínuas, provocadas pela obsolescência de algumas ocupações, pelo surgimento de novas ocupações e pelo *job enrichment*. Assim, "empregabilidade" não se refere ao atendimento às exigências de recrutamento desta ou daquela indústria, ou ao ajustamento a um determinado processo de produção, mas, sim, numa visão de médio a longo prazo, à capacidade que todo trabalhador deve ter, independentemente da idade e da experiência já adquirida num determinado posto de trabalho, de se adequar aos processos de qualquer indústria, acompanhando as mudanças introduzidas, ao longo do tempo, nos produtos e nos processos. Entretanto, da forma como vem sendo aplicada nas práticas governamentais, "empregabilidade" significa, antes de mais nada, que o desemprego não é produto de uma política recessiva e de um processo de modernização e abertura econômica que motiva o fechamento de empresas e a destruição de postos de trabalho, mas, sim, da incapacidade dos indivíduos em se empregar. Com isso, a responsabilidade pela situação de desemprego vem sendo tirada dos ombros do Estado e jogada nos ombros dos próprios trabalhadores;

Capacidade de empreendimento: criou-se no país, neste final de década, o mito do "indivíduo empreendedor", no sentido de se disseminar, junto à população, a ideia de que o mercado de trabalho formal e, junto com ele, o contrato de trabalho, que na verdade é um importante instrumento regulador da relação capital/trabalho, não são elementos relevantes numa economia industrializada. Na prática, esse mito encerra uma verdadeira apologia da precarização do trabalho: a defesa, ainda que indireta, da expansão do mercado informal e, de maneira explícita, do "formal" com diminuição dos direitos e garantias existentes — as cooperativas de trabalhadores, por exemplo — e, ainda, a difusão da ideia de que qualquer um pode se tornar o seu próprio patrão, num incentivo à abertura de microempresas, na maioria dos casos fadadas ao fracasso.[10] Em última análise, entre nós, o mito do indivíduo empreendedor tem servido para legitimar a supressão de direitos trabalhistas e sociais adquiridos desde os anos 40 e a fragilização intencional dos sindicatos e

---

[10] Segundo pesquisa do SEBRAE, órgão insuspeito porque especializado no apoio a pequenas, médias e microempresas, 50% da pequenas e microempresas fecham ao final do primeiro ano de existência; do grupo restante, outros 50% encerram suas atividades ao final do segundo ano. Assim, apenas 25% das pequenas e microempresas criadas possuem reais chances de êxito.

representações de classe, numa forma dissimulada de deixar o trabalhador entregue à sua própria sorte;[11]

Parceria: o conceito de "parceria" compreende, originalmente, a percepção de que toda a sociedade é responsável e partícipe dos esforços no sentido de superação do *déficit* de *basic skills* dos trabalhadores. Significa dizer que Governo, empresas e organizações sociais, principalmente as educacionais, devem colaborar nesse processo, somando esforços e, de acordo com suas competências, dividindo responsabilidades, inclusive as de caráter financeiro. Nesse âmbito, com certeza os elementos determinantes são o Governo, que deve incluir e enfatizar, no conjunto de políticas de emprego, os programas de qualificação e requalificação profissional, buscando diminuir os efeitos negativos da reestruturação produtiva sobre o mercado de trabalho, e tendo como alvo a população em geral, e as Empresas, a quem também muito interessa este tipo de ação, de modo a garantir os recursos humanos adequados aos novos padrões de competitividade exigidos pelo mercado mundial.

Desta forma, "parceria" significa, principalmente, que o Governo, a quem a legislação confere o dever de oferecer educação básica para todos, deve centrar seus esforços, de um lado, na melhoria do sistema regular de educação básica, de modo que as novas gerações cheguem ao mercado de trabalho de posse do conjunto de conhecimentos técnico-científicos atualmente exigidos; e, de outro lado, na expansão das oportunidades de complementação da escolaridade dos jovens e adultos trabalhadores de baixa escolaridade, que se tornam extremamente vulneráveis às transformações que hoje se verificam no mercado de trabalho.

No âmbito das Empresas, significa que elas deveriam se responsabilizar, seja diretamente através de seus setores de treinamento e desenvolvimento, seja através de suas instituições educativas, pela qualificação profissional propriamente dita, isto é, pela preparação dos trabalhadores, novos ou antigos, de acordo com as habilidades e competências demandadas por seus processos produtivos, assim como pela elevação da escolaridade formal de seus empregados. Essas ações educativas seriam a contrapartida das empresas ao

---

[11] É neste contexto que se insere, por exemplo, o estímulo à constituição de cooperativas de trabalhadores onde, apesar de se poder arrolar alguns exemplos bem sucedidos, na verdade se revelam, na maioria dos casos, uma excelente estratégia para as empresas que lançam mão dos serviços dessas cooperativas, já que o pagamento é feito por produção, e, como não há contrato de trabalho, elimina-se assim o ônus das contribuições previdenciárias, bem como de outras despesas, tais como serviço médico, alimentação no local de trabalho, descanso semanal remunerado, férias etc. Na maioria dos casos, até mesmo os equipamentos necessários ao funcionamento da cooperativa são de exclusiva responsabilidade dos cooperativados, através de financiamentos oferecidos por órgãos de fomento. Lembre-se ainda que no momento em que não mais interessar às empresas a contratação dos serviços da cooperativa, todos os prejuízos são de exclusiva responsabilidade dos cooperativados.

esforço governamental em melhorar e ampliar a oferta de ensino básico. Em resumo, a preocupação primeira seria a de desonerar o Estado das tarefas referentes à formação específica e complementar a ação estatal no esforço de elevação do nível de escolaridade da população como um todo.

Com isso, não se pode considerar como "parceria" várias das situações registradas no PLANFOR, em que o Estado, diretamente ou através dos recursos do FAT, financia a quase totalidade dos gastos com programas de qualificação profissional que vão atender a necessidades específicas de determinadas empresas ou setores e que se destinam apenas aos trabalhadores nelas empregados.[12] Em resumo, o PLANFOR não resiste a qualquer análise mais séria: do que se sabe até agora, trata-se de um grande desperdício de recursos dos trabalhadores, mas que na mídia se presta a belos discursos e campanhas eleitorais vitoriosas.

SÍNTESE E CONCLUSÕES

As ideias expostas neste artigo procuraram explicitar a existência de um discurso modernizador, que propõe a superação de alguns dos grandes problemas nacionais, mas que, na verdade, vem dando suporte a políticas econômicas de caráter recessivo e políticas sociais inócuas ou de baixa eficácia. E esse discurso se mostra de difícil contestação na medida em que vem acompanhado de uma estratégia básica, que é a adoção de diretrizes que se apoiam, de um lado, em algumas das bandeiras históricas dos segmentos da sociedade que defendem a sua democratização e a melhoria da qualidade de vida do povo brasileiro; de outro lado, essas diretrizes enfatizam alguns conceitos novos, trazidos pela reestruturação produtiva, que em princípio criariam as condições adequadas à consecução daqueles dois grandes objetivos, conforme a experiência registrada nos países desenvolvidos.

No âmbito da educação, apesar dos grandes projetos e propósitos anunciados pelas autoridades governamentais — alguns deles inclusive apoiados em educadores do porte de Paulo Freire e Anísio Teixeira —, os problemas básicos do sistema educacional brasileiro, incluída aí a questão da qualificação profissional, não estão sendo resolvidos. Os contraditórios resultados das políticas governamentais, especialmente as educacionais,

---

[12] Nesta situação se enquadram projetos tais como aquele realizado no estado do Paraná, no qual os recursos do FAT e da Secretaria Estadual de Educação financiaram a recuperação de um prédio da Federação das Indústrias do Estado do Paraná, no qual foi instalado um Centro de Treinamento da Indústria Automotiva, para atender à Volkswagen-Audi, à Chrysler, à Volvo e à Renault. Neste centro, à exceção dos motores dos automóveis daquelas montadoras, também os equipamentos foram comprados com recursos públicos. Segundo declaração do coordenador do projeto, a Secretaria Estadual de Educação do Paraná investiu pelo menos um milhão de reais neste centro de treinamento, recurso que, com certeza, faz falta à rede pública de ensino do estado.

nos permitem considerar que vivemos um grande teatro, no qual múltiplas transformações são anunciadas à sociedade como corretas e necessárias, ao mesmo tempo em que as críticas a essas medidas ou não são ouvidas ou são desqualificadas, rotuladas como uma expressão do atraso ou, o que é pior, como expressão de um esquerdismo saudosista ultrapassado — nada mais "*out*", hoje em dia, no Brasil, do que falar em política de desenvolvimento autônomo, em exclusão social, em nacionalismo etc.

E este estado de coisas só pode ser modificado a partir do desvelamento dos falsos mitos e da explicitação dos verdadeiros objetivos dessas ações, num processo de desconstrução de toda uma estratégia que até aqui tem, de certa forma, imobilizado a sociedade brasileira pela reiteração constante daquilo que seria um "pensamento único". Trata-se de um difícil e lento trabalho, mas que tem de ser feito por aqueles que conseguem enxergar para além do discurso oficial.

REFERÊNCIAS

BRUNO, L. Poder e administração no capitalismo contemporâneo. In: OLIVEIRA, Dalila A.(org) *Gestão democrática da educação: desafios contemporâneos*. Petrópolis: Editora Vozes, 1997.

FOGAÇA, A. Educação e pobreza. In: *Anais do I Simpósio de Economia Familiar*, UFV/DED, abr. 1996.

FOGAÇA, A. Trabalho e cultura — um retrato resumido da população rural brasileira no contexto da globalização. *Anais do II Simpósio de Economia Familiar —* DED/UFV, 1997.

FOGAÇA, A. Educação e reestruturação produtiva no Brasil. In: *Políticas de emprego no Brasil*. CESIT/Instituto de Economia/UNICAMP, dez. 1998.

FOGAÇA, A. Educação, qualificação e pobreza — um resumo da crise educacional Brasileira. In: BOMENY, H. M. (org.) *Ensino básico na América Latina*. Rio de Janeiro: Edit. UERJ/PREAL/CINDE, 1998.

FOGAÇA, A. *PLANFOR: uma avaliação preliminar dos programas de qualificação e requalificação profissional realizados em articulação com as empresas*. Instituto UNIEMP/ UNICAMP-CESIT (mimeo, dez. 1998).

FOGAÇA, A e SALM, C.L. — *Tecnologia, Emprego e Qualificação — Bases Conceituais*. Série Documentos — Instituto de Economia/UFRJ — n. 27, maio/1997.

FOGAÇA, A. Tecnologia, Emprego e Qualificação: algumas lições do Século XIX. *Revista de Economia Contemporânea —* Instituto de Economia/UFRJ, n. 4, dez. 1998, doc. 121

FOGAÇA, A. A Propósito do Seminário sobre educação, força de trabalho e competitividade, In: Reis Velloso, João Paulo e Albuquerque, Roberto C. (org.). *Um Modelo de Educação Para o Século XXI*. Rio de Janeiro: José Olympio Editora, 1999.

IVANOV,L.P. *Le Progrés Scientifique et Technique et la Qualification Professionelle -* IIPE/UNESCO, Paris, 1979 (mimeo)

As reformas em curso nos sistemas públicos de educação básica: empregabilidade e equidade social

DALILA ANDRADE OLIVEIRA

As razões que têm levado os governos a reformarem seus sistemas públicos de ensino são objeto de preocupação deste trabalho. Parte-se da constatação de que os anos 90 foram marcados por reformas educacionais em todos os âmbitos do sistema de ensino, o que tem levado a inferir que a atualidade só seja comparável à década de 60 em termos das mudanças que ensejou.

A relação educação formal e mercado de trabalho tem merecido destaque nos debates em torno das questões relativas ao sistema de emprego bem como nas reformas nos sistemas educativos. Na realidade, trata-se de nova abordagem de uma antiga relação estabelecida entre educação e economia: a preocupação com os mecanismos de distribuição de renda e equalização social.

As reformas educacionais dos anos 90 trazem como referência a preocupação com a equidade social e educação para todos. É necessário, no entanto, indagar como essa noção foi historicamente desenvolvida, culminando na tentativa de construir um consenso na relação educação e economia. Para melhor compreensão do desenvolvimento do ideário das reformas na educação nesta década é preciso proceder a uma distinção entre três períodos de importantes movimentações no campo educativo. Tais períodos tomados como referência serão assim divididos e denominados neste estudo:

- 1ª referência: anos 50 até meados de 70 — Educação e desenvolvimento;
- 2ª referência: meados de 70 até final dos 80 — Educação e democracia;
- 3ª referência: anos 90 — Educação e equidade social.

EDUCAÇÃO E DESENVOLVIMENTO

Os anos 60 refletiram no campo educativo, mais especificamente em seus aspectos jurídicos e políticos, as transformações que já vinham ocorrendo em décadas anteriores na vida econômica do país. Vários foram os eventos que marcaram essa época, entre eles: a primeira Lei de Diretrizes e Bases da Educação Nacional de 1961, a transformação de alguns colégios universitários em Faculdades de Educação no início da década e, ainda, o 1º Simpósio Brasileiro da Associação dos Professores de Administração Escolar — ANPAE, também em 1961.

A centralidade ocupada pela administração escolar no referido momento justificava-se no imperativo de organizar os sistemas de ensino de acordo com as demandas do mercado de trabalho dentro do padrão de industrialização emergente. Como muito bem demonstra Antonacci (1993), essa realidade, já vinha se delineando desde as primeiras décadas deste século, quando os princípios da chamada administração científica foram paulatinamente sendo incorporados à organização do trabalho nas indústrias paulistas.

A primeira metade deste século foi marcada pela introdução das ideias taylor-fordistas no Brasil, o que resultou na criação do SENAI em 1942, tendo à sua frente o grande industrial Roberto Simonsen. O próprio Simonsen (1973), árduo defensor da incorporação dos ensinamentos da organização científica do trabalho como forma de superação do pesado ônus imposto às nações pela Grande Guerra, acreditava que:

> Na moderna organização do trabalho, a antiga disciplina, a militar — que só se impunha pelo rigorismo dos feitores carrancudos — é substituída pela disciplina inteligente e consciente — oriunda do conhecimento exato que tem o operário da natureza do seu trabalho e da certeza do justo reconhecimento de seus esforços. (p. 436)

Considerando ser imprescindível ao desenvolvimento econômico, a colaboração de classes entre empregados e patrões, Simonsen (1973) defendeu a introdução dos princípios da Administração Científica do Trabalho como a melhor maneira de buscar o máximo barateamento da produção para o bem e interesse de todos. O industrial acreditava que para se atingir tal objetivo seria necessária a máxima eficiência do trabalho conseguida graças a uma perfeita organização, onde as perdas de tempo e os esforços não produtivos fossem reduzidos ao mínimo.

O apelo feito por Simonsen (1973) remete aos trabalhadores a responsabilidade pela satisfação dos interesses dos mesmos e do bem coletivo:

> Lembrai-vos, porém, que a melhoria das vossas condições, o vosso futuro, o vosso bem-estar, a vossa tranqüilidade só podem repousar no trabalho produtivo e organizado. (p. 437)

A responsabilização dos trabalhadores pela sua inserção no processo produtivo constitui-se característica notável do atual debate sobre educação e empregabilidade. Constatar que isso não é novidade somente confirma uma regra básica do capitalismo que é deixar a cargo dos próprios trabalhadores a luta pela reprodução da força de trabalho e, nesse sentido, a educação é condição indispensável.

Por essas razões é que considera-se aqui a década de 50 como um momento importante de síntese de uma referência de política educacional. Foi nesse período que se assistiu no Brasil a uma tentativa sem precedentes de modernização da economia através da industrialização, o que exigiu da classe trabalhadora melhores e maiores quesitos educacionais. Desde essa época, a relação entre formação e emprego passa a determinar as políticas educativas. A influência exercida pelo pensamento econômico atribuía à educação formal o *status* de investimento seguro, o que mais tarde seria conhecido como a "teoria do capital humano" nos escritos de Schultz (1967), Harbison (1967) e outros.

Esse momento muito referenciado como o pós-guerra, caracterizado pelo fortalecimento do modelo keynesiano de Estado, pela produção em série e pelo mercado de consumo de massas, também será considerado o período de pleno emprego ou, ainda, a fase de ouro do capitalismo.[1] Embora alguns autores considerem com razão, especialmente no caso do Brasil, que nunca tenha havido exatamente um período de pleno emprego, a realidade é que crescimento econômico até então representava também aumento de postos de trabalho.

Por essas razões, será desenvolvido um modelo de êxito fundado na grande corporação, ou seja, a possibilidade de ascensão social para as classes trabalhadoras, no momento em questão, repousava na via da grande corporação, do emprego formal e regulamentado. Contudo, o modelo de êxito almejado pelos trabalhadores até meados dos anos 40, sobretudo na realidade americana, era outro; centrava-se na possibilidade de criar seu próprio negócio, de vencer na vida pela via da livre iniciativa.

Foram os anos 50 que consolidaram o esgotamento da possibilidade de êxito através da pequena propriedade. Isto se deu a partir do desenvolvimento das grandes corporações, produto do capitalismo monopolista. A educação formal então passou a ser considerada, como bem observou Mills (1987), um elevador social.

O vínculo direto entre escolaridade e trabalho, em decorrência da relação educação e desenvolvimento, é forjado a partir daí, o que pode ser percebido no texto da primeira LDB-EN n.º 4024, de 1961. Tal relação intensifica-se durante o regime autoritário, que tem lugar no Brasil a partir

---
[1] Cf. HOBSBAWN (1997)

de 1964, apresentando a educação como investimento produtivo, como ficou expresso na Lei 5692, de 1971.

Educação e democracia

Em decorrência, justamente, da ampliação do direito à educação referido na Lei 5692/71, assiste-se no Brasil, na década de 70 e início dos anos 80, a um redimensionamento jamais visto da rede física de ensino público. O crescimento súbito da estrutura educacional no país se deu de maneira desordenada, pouco planejada e com todos os atropelos característicos das contradições do próprio regime autoritário, combinando elementos de descentralização administrativa previstos na reforma do Estado de 1967, através do Decreto n.º 200/67, com o planejamento centralizado. Consolida-se, assim, a organização de um sistema nacional de educação, com evidentes traços de autoritarismo e verticalismo na sua gestão. A administração da educação, no referido contexto, passa a ser entendida como atividade racional e burocrática, devendo ser completamente dissociada da política.

O planejamento econômico já vinha sendo adotado como política efetiva de governo. A gestão da educação deveria assentar-se no planejamento elaborado por especialistas no assunto. O Instituto Latino-americano de Planejamento Econômico e Social — ILPES, criado no interior da Comissão Econômica Para América Latina e Caribe — CEPAL, tinha como objetivo formar os planejadores e administradores escolares. A escola, assim como o sistema, também deveria se organizar dentro dos pressupostos da chamada administração científica do trabalho.[2]

No final da década de 70, com as manifestações políticas que deram origem ao processo de abertura no país e ao surgimento do novo sindicalismo, toma expressão o movimento em defesa da educação pública e gratuita. Tal movimento vai se contrapor à dissociação existente entre planejamento econômico e social. Os segmentos sociais organizados em defesa da escola pública e gratuita, extensiva a todos, vão denunciar o caráter centralizado dos planejamentos globais que refletem o padrão autoritário de política estatal. Reivindicando a ampliação do direito à educação, ainda limitado a oito anos de escolaridade pública e gratuita aos indivíduos entre 7 e 14 anos, tais segmentos proporão a extensão da educação para o conjunto da população.

Tal reivindicação será conhecida como a defesa do acesso e permanência na escola. Para tanto, seria necessário combater o caráter excludente da

---

[2] Cf. NISKIER, 1969. É curioso observar que no momento em que o taylorismo chega às escolas no Brasil, nos EUA sua crítica toma corpo, notadamente através da Escola de Relações Humanas.

instituição escolar que, além de muito restritiva no acesso (a inexistência de vagas para todos), ainda dificultava a permanência da maioria através do uso de formas autoritárias de ensino e avaliação. Essas formas, denominadas *cultura da repetência*, impediam que muitos conseguissem concluir sua trajetória escolar.

Foram constatações que levaram a mudanças profundas na gestão da educação, o que ficou patente na defesa de mecanismos mais coletivos e participativos de planejamento escolar. Uma gestão democrática da educação, que reconhecesse a escola como espaço de política e trabalho, era buscada nos emblemas de autonomia administrativa, financeira e pedagógica; participação da comunidade nos desígnios da escola (elaboração dos projetos pedagógicos e definição dos calendários) e a criação de instâncias mais democráticas de gestão (eleição de diretores e constituição dos colegiados). A luta pelo reconhecimento dos profissionais da educação como trabalhadores, portanto, portadores de direitos, inclusive sindicais, marcará profundamente o momento, contribuindo para o acúmulo de conquistas no tocante à educação das classes trabalhadoras no Brasil.

A Constituição Federal de 1988 consolida muitas dessas conquistas à medida em que reconhece a necessidade de ampliação da educação básica, incluindo agora a educação infantil, ensino fundamental e médio, abarcando, ainda, a gestão democrática. Em relação aos direitos dos trabalhadores da educação pública, a Carta Magna de 1988 também dispõe sobre a liberdade dos mesmos se organizarem em sindicatos.

A principal característica desse processo foi a discussão do direito à igualdade. Se a educação do ponto de vista econômico era imprescindível para o desenvolvimento do país, do ponto de vista social era reclamada como a possibilidade de acesso das classes populares à melhores condições de vida e trabalho. Essa dupla abordagem talvez tenha forjado a construção de uma nova orientação para as reformas educativas dos anos noventa.

EDUCAÇÃO E EQUIDADE SOCIAL

Em março de 1990 é realizada, em Jomtien, a Conferência Mundial Sobre Educação Para Todos, propondo maior equidade social nos países mais pobres e populosos do mundo. O Brasil, sendo signatário desta Conferência, procurou implementar reformas nos seus sistemas públicos de educação básica em consonância com os princípios da mesma.[3]

---

[3] O Plano Decenal de Educação, assinado em dezembro de 1993, é a expressão primeira desse esforço. Alguns autores consideram que este Plano nunca saiu do papel, cf. Rossa (1998).

Considerando tal Conferência o marco das reformas educacionais da década de 90, é possível afirmar que a mesma espelha orientações que se constituem em uma terceira referência das políticas públicas para educação na atualidade. O seu traço marcante será a tentativa de construção de um consenso em torno da educação para todos com equidade social. Tais orientações buscam mediar as duas referências anteriores: uma educação que responda às exigências do setor produtivo (gestão do trabalho) e outra que atenda às demandas da maioria (gestão da pobreza).

O termo equidade refere-se à disposição de reconhecer o direito de cada um, mesmo que isto implique em não obedecer exatamente ao direito objetivo, pautando-se sempre pela busca de justiça e moderação. Esse entendimento do termo sempre esteve presente nas políticas educacionais brasileiras. A noção de avaliação aliada à possibilidade de discriminação positiva reflete essa compreensão. Entretanto, não parece ser essa a conotação atribuída à equidade social no atual momento.

O conceito de equidade social, da forma como aparece nos estudos produzidos pelos Organismos Internacionais ligados à ONU e promotores da Conferência de Jomtien, sugere a possibilidade de estender certos benefícios obtidos por alguns grupos sociais à totalidade das populações, sem, contudo, ampliar na mesma proporção as despesas públicas para esse fim.[4] Nesse sentido, educação com equidade implica oferecer o mínimo de instrução indispensável às populações para sua inserção na sociedade atual.

Tal concepção difere radicalmente das motivações da defesa pela educação contidas nas referências anteriores. No primeiro caso, a educação se fazia *mister* para o crescimento econômico, para o progresso técnico e o desenvolvimento das nações. Assim, educação e trabalho constituíam faces de uma relação indissociável. Somente através da educação uma nação poderia almejar o seu desenvolvimento e o crescimento de suas riquezas. É por isso que as taxas de escolaridade passam a representar níveis de desenvolvimento.[5]

O acesso da maioria não era a principal preocupação nesse contexto, salvo pelo fato de que a classe trabalhadora era quem demandava a escola pública formadora dos exércitos industriais de reserva. O recurso à educação se dava, sobretudo, pela busca de melhores condições de inserção produtiva e carreira profissional. A escola era buscada como mecanismo para obtenção de emprego pelos trabalhadores e era ofertada pelo Estado e para as empresas como meio de formação de força de trabalho.

---

[4] Refiro-me a alguns estudos produzidos no âmbito da CEPAL, UNESCO e Banco Mundial. Ver: CEPAL (1990, 1992), CARNOY (1992), CORAGGIO (1996), entre outros.

[5] Cf. GARCIA (1971).

Nas lutas em defesa da educação pública que marcaram as décadas de 70 e 80, percebe-se inicialmente uma preocupação com o acesso, a garantia de obtenção de vagas para todos. Em seguida, verifica-se que não basta garantir o acesso, mas é necessário zelar pela permanência, tomando lugar de destaque a luta por uma educação pública de qualidade.

Na base do movimento que se desenvolveu nesse período estava justamente a preocupação com a defesa de direitos e garantias fundamentais. A marca desse momento será a busca da universalização do ensino. A ideia de que a educação constitui-se em um direito de todos e a possibilidade de uma vida melhor muda o eixo econômico da busca pela escolarização para um foco mais político centrado nas noções de sociedade civil, cidadania e participação.

No início dos anos 90, uma nova orientação será cunhada a partir da combinação das duas referências anteriores. A preocupação econômica estará resguardada pois, oferecer educação básica às populações implica em possibilitar a formação de força de trabalho apta ao mercado. A educação básica reveste-se de caráter profissional nas últimas décadas com as mudanças no processo produtivo tecnológico. As exigências de perfil profissional mais flexível e adaptável recaem sobre uma formação calcada não mais em saberes específicos, mas em novos modelos de competência.[6]

Ao mesmo tempo, a oferta de educação básica possibilita às populações terem acesso a rudimentos de instrução que favoreçam a vida em sociedade. Através da escola básica, noções de higiene, de disciplina, de civilidade, códigos indispensáveis à vida moderna são transmitidos a todos os indivíduos, inclusive àqueles alijados do emprego formal e regulamentado. Nesse sentido, a educação básica, entendida como um mínimo de escolaridade a ser oferecido pelo poder público, pode estar a serviço de contribuir na gestão do trabalho e da pobreza nos dias atuais.

As orientações para as reformas educacionais dos anos 90 resguardam a possibilidade de continuar a formar força de trabalho apta às demandas do setor produtivo, e no lugar da igualdade de direitos oferecem a equidade social, entendida como a capacidade de estender para todos o que se gastava só com alguns. O Fundo de Manutenção e de Desenvolvimento do Ensino Fundamental e Valorização do Magistério — FUNDEF parece refletir exatamente esta lógica.

EDUCAÇÃO BÁSICA E EMPREGABILIDADE

Diante do atual cenário econômico, as relações entre trabalho e educação revestem-se de um desafio imposto pela necessidade de possibilitar

---

[6] Cf. DUBAR, 1998; TANGUY (1999), entre outros.

a inclusão dos trabalhadores nos processos produtivos. Tal desafio tem encontrado difícil equação entre aumento da escolaridade e diminuição de empregos. É justamente no segmento do mercado de trabalho formal e regulamentado que se desenvolve uma relação cada vez mais desproporcional entre a oferta e a procura de empregos, o que pode estar influenciando as empresas a elevarem os níveis de exigência quanto à escolaridade de seus trabalhadores. A educação vem sendo constantemente evocada como saída para o desemprego, o que em certa medida tem provocado distorção no entendimento desta realidade.

Partindo da constatação de que o mercado de trabalho, nas economias ditas globalizadas, vem apresentando um aumento significativo do emprego precário, uma queda generalizada dos salários, um aumento do trabalho informal e uma crescente taxa de desemprego, Leite (1997) passa a discutir o recente conceito de empregabilidade como um termo criado mais para encobrir que para explicar essa realidade. Demonstra que o conceito refere-se à capacidade dos trabalhadores de se manterem empregados ou encontrar novos empregos, quando demitidos, a partir de suas possibilidades de resposta às exigências de maiores requisitos de qualificação demandados pelas mudanças tecnológicas do processo produtivo.

Assim, a referida autora nos alerta para o fato de que o princípio que está por trás desse conceito é que o desemprego tem como causa a baixa empregabilidade do trabalhador, sendo, portanto, ele mesmo o responsável por sua condição de desempregado, ou em outras palavras, por sua inadequação às exigências do mercado.

A partir da aceitação de que o momento vem reafirmar a centralidade na educação formal como uma demanda inevitável do processo produtivo, Leite (1997) alerta para a possibilidade de que o aumento dos níveis de escolaridade pode estar ocorrendo simultaneamente com uma precarização maior do emprego e com o rebaixamento salarial. Nesse sentido, considera que a realidade contradiz uma crença antiga da Sociologia do Trabalho, segundo a qual a tendência à utilização de mão de obra mais escolarizada implicaria a melhoria das condições de trabalho.

As exigências de um novo perfil de trabalhador apto e adaptável às mudanças frequentes no processo de trabalho e detentor de uma sólida formação educacional condizente aos novos padrões tecnológicos têm contribuído para a fetichização da moderna empregabilidade. Por isso, é necessário observar a distância entre o que é propagado e difundido como requisitos indispensáveis aos bons empregos e aquilo que realmente tem sido demandado dos trabalhadores empregados, além das opções e oportunidades reais de emprego.

Reside aí a importância de avaliar as políticas em torno da oferta de educação básica para todos, à luz das necessidades requeridas pela reestruturação do capital. Assim como é necessário articular as políticas de qualificação profissional com o debate em torno das mudanças no sistema educacional regular, o que implica em reconhecê-las não apenas como resposta tecnológica.[7]

O EXEMPLO DE MINAS GERAIS

Algumas iniciativas recentes de políticas educacionais no Brasil ilustram com fidelidade essas mudanças de referência. As transformações que a educação pública vive, em âmbito nacional, nos dias atuais são um exemplo disso. Existe, contudo, uma experiência, bem mais localizada, que retrata com clareza os paradigmas para a educação que consubstanciam as demandas de transformação produtiva com equidade. Trata-se da reforma educacional, que se desenvolveu de 1991 a 1998 em Minas Gerais.

Com o emblema "Minas aponta o caminho", o governo de Minas Gerais anunciou, no início dos anos 90, as mudanças que transformariam o sistema público estadual de ensino como uma grande reforma, capaz de elevar os patamares de qualidade e eficiência da educação para o próximo milênio. Foram medidas que alteraram a configuração da rede nos seus aspectos físicos e organizacionais. A reforma da educação de Minas Gerais, no entanto, não se encontra organizada e sistematizada em um único texto; ela só pode ser captada a partir do conjunto de leis, resoluções e portarias expedidas pela SEE-MG, no período. Em 1991, o então Secretário de Estado da Educação de Minas Gerais tornou públicos os compromissos e prioridades daquele governo para com a educação, sendo eles:

Compromissos com o aluno
- Garantir o seu ingresso e permanência na escola, assegurando-lhe ensino de qualidade e dando especial atenção para as séries iniciais do ensino fundamental;
- Garantir o cumprimento de currículos e programas adequados e o uso de metodologias de ensino que facilitem a aprendizagem;
- Garantir a aprendizagem de conhecimentos mínimos e implantar mecanismos de acompanhamento de rendimento do aluno que permitam corrigir deficiências durante o processo, isto é, ao longo do ano letivo, com a consequente diminuição da repetência;

---

[7] Desenvolvo melhor essa questão em minha tese de doutoramento, especialmente nos capítulos 2 e 3. CF. OLIVEIRA (1999).

- Garantir material escolar e merenda aos que deles necessitem;
- Garantir assistência aos alunos portadores de necessidades especiais de aprendizagem.

Compromissos com a família

- Assegurar aos pais informações sobre o progresso e os resultados escolares de seus filhos;
- Assegurar aos pais informações sobre a avaliação do ensino oferecido aos seus filhos;
- Assegurar mecanismos que permitam à família participar do processo educacional e da gestão da escola, através da assembléia escolar, do colegiado, da escolha do diretor, entre outros.

Compromissos com o professor, com o especialista e demais servidores da escola

- Implantar plano de carreira que estimule o aperfeiçoamento profissional;
- Oferecer oportunidades de desenvolvimento profissional na própria escola e em cursos oferecidos pela SEE-MG, diretamente ou através de instituições por ela credenciadas;
- Assegurar mecanismos que garantam a compatibilização dos direitos e interesses dos professores com a autonomia e as necessidades da escola.

Compromissos com a escola

- Prover a escola de pessoal qualificado e de recursos materiais e financeiros adequados;
- Produzir e divulgar informações necessárias para uma educação de qualidade;
- Garantir a participação da escola no processo de planejamento das ações educacionais;
- Garantir meios para prover a autonomia pedagógica, administrativa e financeira da escola. (*Minas Gerais*, 1993, p. 15-16)

Tendo por base estes compromissos, a SEE-MG elegeu cinco prioridades para realizar a reforma da educação em Minas Gerais. A Autonomia da Escola foi destacada como a primeira prioridade, compreendida em três dimensões: financeira, administrativa e pedagógica. Por autonomia financeira foi definido o repasse direto pelo Estado de recursos para a escola. Essa dimensão foi considerada no depoimento do então Secretário de Estado da Educação "a mais fácil de ser conquistada ou praticada, bastando para isso vontade política" (*Minas Gerais*, 1991, p. 11).

Para que essa dimensão da autonomia fosse plenamente satisfeita, considerou-se necessário que o diretor da escola elaborasse um plano de aplicação dos recursos e o submetesse previamente ao colegiado. Passaram a ser também da competência do colegiado a aprovação da prestação de contas da escola e seu encaminhamento direto ao Tribunal de Contas do

Estado, sem a mediação da Delegacia de Ensino, que mais recentemente se transformou em Superintendência Regional de Ensino — SRE. Quanto ao montante de recursos destinado às escolas, a SEE-MG determinou que fosse:

> ...calculado levando-se em consideração, além do número de alunos, alguns indicadores socioeconômicos das carências regionais, e a qualidade da administração da escola, *privilegiando as escolas que precisam mais e que aplicam melhor os recursos recebidos*. (*Minas Gerais*, 1991, p. 13 — grifos meus)

O objetivo era detectar o que foi considerado custo real da escola, e nesse sentido até mesmo o sistema de pessoal foi descentralizado e repassado às unidades escolares. Com a descentralização — ou autonomia administrativa —, houve um considerável esvaziamento das funções da SRE, já que o processo transferiu muitas rotinas burocráticas desenvolvidas no âmbito das antigas delegacias de ensino para as escolas.

Além do gerenciamento de pessoal, a descentralização administrativa previu ainda a possibilidade de que a escola decidisse sobre a conservação e melhoria do seu prédio, através dos recursos repassados via convênio para a caixa escolar ou para a prefeitura. Já a autonomia pedagógica foi descrita como a possibilidade de cada escola criar o seu projeto pedagógico.

A autonomia das escolas pode ser considerada, em certa medida, uma concessão política de maior liberdade administrativa pela SEE-MG aos estabelecimentos de ensino. Tendo como principal objetivo a participação da população na gestão escolar e respondendo a anseios do movimento social organizado em torno da defesa da escola pública, esse processo, contudo, não corresponde exatamente à liberdade e à autonomia das escolas para se autogerirem.

Com o processo de autonomia, foram ampliadas as responsabilidades e espaços de decisão nas unidades escolares, tais como a elaboração do calendário escolar, o orçamento anual da escola, bem como a definição de prioridades de gastos. As escolas continuam, entretanto, a pertencer a um sistema de ensino organizado na sua forma burocrática e constituído nos termos da lei.

Verifica-se que se as escolas passam a contar com maiores possibilidades de decidir e resolver suas questões cotidianas com mais agilidade, essa abertura vem estimulando-as também a buscarem complementação orçamentária por sua própria conta junto à iniciativa privada e a outras formas de contribuição da população. A maior flexibilidade com que passam a contar, fruto da descentralização administrativa, possibilita também que, diante de uma realidade de poucos recursos, a escola pública estatal passe a buscar fora do Estado meios para garantir sua sobrevivência.

Com o argumento de que o Estado não consegue financiar as políticas sociais por carência de recursos e não pode administrá-las por falta de racionalidade do sistema — como explicitado em documento oficial: "o modelo de gerenciamento do sistema educacional tem mostrado a sua inoperância através dos dados objetivos da evasão e repetência escolar" (*Minas Gerais*, 1994, p. 36) —, a SEE-MG lançou propostas de planejamento e gestão que apelavam para a participação da sociedade tanto na manutenção quanto na administração dos sistemas de ensino, buscando parcerias com setores empresariais e comunitários.

Merece ainda destaque nas políticas educacionais dos anos 90 o fato de que, procurando responder às demandas que as atuais formas de planejamento e gestão apontam, novos rearranjos nas relações entre União, Estados e Municípios vêm sendo buscados, com a preocupação de atribuir relativa autonomia aos municípios e às escolas, para que possam captar mais recursos na fonte. O já mencionado FUNDEF pode ser apontado como uma iniciativa nesta direção.

O traço marcante no planejamento adotado pela reforma em Minas Gerais foi a tentativa de descentralizar decisões de segunda ordem, repassar serviços e distribuir recursos para os municípios e para as escolas. As formas centralizadas de administração cederam lugar às metodologias de planejamento balizadas na realidade local. Em face desse contexto, os anos noventa vêm trazendo transformações profundas na política e planejamento educacional, tanto em termos do seu financiamento, através da criação de mecanismos de distribuição e vinculação de recursos, quanto em termos de mudanças na gestão do sistema de ensino.

O fortalecimento da direção da escola foi a segunda prioridade apontada pela SEE-MG. Através da mudança no processo de preenchimento da vaga do cargo de diretor escolar, pela via da seleção competitiva interna, seguida da escolha pela comunidade, entre os três primeiros colocados, daquele que irá dirigir a unidade de ensino, a SEE-MG acreditou no revigoramento da gestão da escola.

Atualmente, no Brasil, mais especificamente após a Constituição Federal de 1988, temos assistido a mudanças nas formas de escolha do diretor de escola. Isso vem ocorrendo em virtude da adoção do princípio da gestão democrática da educação nas constituições estaduais e leis orgânicas municipais, em consonância com o Art.206 da Constituição da República. Embora a disseminação desse princípio só se verifique nos anos 90, na prática, algumas mudanças já vinham ocorrendo de forma isolada em certas escolas e redes municipais de ensino, que mesmo antes da determinação legal adotaram a eleição direta.[8]

O fortalecimento da direção das escolas pressupõe, ainda, a revitalização dos colegiados, formados pela representação dos pais e alunos e dos trabalhadores da escola. O diretor é membro nato e presidente do colegiado. Os membros do colegiado são eleitos no primeiro mês de aula de cada ano letivo. Ao colegiado são atribuídas as funções de caráter deliberativo e consultivo em assuntos referentes à gestão pedagógica, administrativa e financeira da escola, respeitadas as normas legais pertinentes.

A terceira prioridade foi "o aperfeiçoamento e capacitação dos profissionais da educação". A partir de financiamento do Banco Mundial, foram previstos recursos para que, a cada três anos, todos os professores pudessem se beneficiar de programas de requalificação profissional. O desenvolvimento e a profissionalização dos professores, especialistas e demais servidores da educação, como forma de garantir-lhes uma carreira no setor público baseada no aperfeiçoamento profissional e na avaliação do desempenho de suas atividades, foram pautados como uma prioridade na reforma em Minas. Os objetivos gerais da capacitação de professores no programa foram assim definidos:

a) contribuir para a política de redução da repetência e melhoria da aprendizagem no ensino fundamental do Estado, mediante intervenção sobre a prática de sala de aula dos professores de 1ª a 4ª séries;

b) dar início a um processo de mudança de expectativas dos professores orientando para a reversão da cultura da repetência;

c) desencadear um processo de capacitação contínua, inserida no Plano de Desenvolvimento da Escola e em seu projeto pedagógico;

d) avaliar a eficácia de diferentes estratégias para desenvolver um programa de capacitação dessa natureza. (MINAS GERAIS, 1994, p. 55)

Além do Programa de Capacitação de Professores — PROCAP, foi criado ainda o Programa Estadual de Capacitação de Diretores e Vice-Diretores — PROCAD, ambos no âmbito do ProQualidade — Programa de melhoria da educação básica do estado de Minas Gerais, financiado, em parte, com recursos do BIRD.

A quarta prioridade foi a avaliação de desempenho das escolas: dos resultados acadêmicos e da autoavaliação. Esta constituía-se em instrumento importante, como pode ser observado em documento sobre avaliação do Ciclos Básicos de Alfabetização:

---

[8] Em 1986, a Escola Estadual Confrade Antônio Pedro de Castro, situada em Contagem — MG, realizou eleições diretas para escolher o seu diretor.

(...) poderoso para diagnosticar os problemas da aprendizagem, servindo de bússola para a escola e a sede da Secretaria nos trabalhos de promoção de mudanças e de elaboração de planos para a melhoria da qualidade de ensino. A avaliação serve também de referência para que os pais possam conhecer melhor a qualidade da escola em que seus filhos estudam. (MARES GUIA NETO, 1992, p. 15).

Através da avaliação dos alunos, esperava-se averiguar a "eficiência" das escolas segundo os critérios definidos por aquela administração, conforme se verifica nos documentos referentes ao assunto: "Com estes testes poderemos comparar a performance de diferentes escolas, cidades e regiões" (*Minas Gerais*, 1991, p. 31).

A avaliação de desempenho foi concebida pela SEE-MG, tendo seus objetivos explicitados no ProQualidade, como medida comparativa de eficiência das escolas. Além disso, a SEE-MG considerou que, através da avaliação de desempenho, é possível a geração de grande volume de informações sobre o desempenho acadêmico do Sistema e de dados correlatos sobre as escolas e os alunos. Nessa perspectiva, a SEE-MG esperava construir um instrumento de planejamento e monitoramento ímpar.

Buscando cumprir os princípios de políticas públicas firmados em âmbito internacional, a educação para a equidade social torna-se o principal objeto de conquista. Nesse sentido, a avaliação era ferramenta importante:

> Tendo à mão os resultados da 1ª Avaliação sistêmica do CBA, pode-se identificar as carências regionais e locais e até mesmo encontrar explicação para as mesmas. A representação detalhada dos resultados da AVA-CBA confirmou a hipótese de que, em regiões socioeconomicamente desfavorecidas, o desempenho escolar é consideravelmente inferior. Tal evidência nos aponta uma direção: para se implementar uma política de eqüidade, há de se distribuir recursos de tal forma que a quem tem menos se ofereça mais, para que tenhamos todos acesso às mesmas condições de aprendizagem. Esta distribuição eqüitativa de recursos, calcada na diversidade regional dos resultados, deve constituir a garantia do Ensino de Qualidade para Todos. (p. 7-8)

Apesar da constatação da significativa desigualdade de infraestrutura entre as escolas no Estado, muito pouco foi feito no sentido de se assegurarem as condições elementares de funcionamento desses estabelecimentos. A generalização das condições básicas de funcionamento para todas as escolas do Estado ainda é algo distante de ser conquistado.

Em Relatório do Sistema de Avaliação da Educação Básica — SAEB de 1996, que traz a situação estrutural das escolas de educação básica, é possível contrastar, numa mesma realidade, escolas com infraestrutura adequada contando até com computadores, videocassete e antena parabólica, com outras escolas no limite da completa escassez de recursos. O Relatório demonstra que, de um total de 19.770 escolas em Minas Gerais, incluindo estaduais, municipais e particulares, 1.291 escolas, ou seja, 6,53% não contam com abastecimento de água, 5.387 (27,25%) não têm energia elétrica e somente cerca de 600 têm computadores. Os números atestam a permanência de desigualdades de condições entre as escolas públicas no Estado de Minas Gerais.[9]

A quinta e última prioridade foi "a integração com os municípios", consistindo na busca de um melhor entrosamento entre Estado e municípios, de maneira mais articulada, através de convênios. Essa prioridade foi desenvolvida através de acordos entre as partes, onde se deu a transferência do atendimento no ensino fundamental, do Estado para os municípios com ênfase nas quatro primeiras séries. Através de levantamento de dados de evolução da matrícula nas redes públicas estaduais e municipais de Minas Gerais no intervalo de 1990 a 1998, foi possível detectar com nitidez essa transferência do atendimento do ensino fundamental do Estado para os municípios.

AS RAZÕES PARA REFORMAR OS SISTEMAS DE ENSINO

Na realidade, os motivos que levaram o governo de Minas Gerais a propor e realizar as mudanças que ocorreram nesse período foram de duas ordens: a necessidade de adequar a formação da força de trabalho dos mineiros às demandas do grande capital que o Estado esperava atrair; responder às exigências do movimento social organizado em defesa da escola pública. A reforma em Minas Gerais se pautou pela utilização de conteúdos e práticas trazidas pelos movimentos organizados para adequar a educação pública às atuais exigências do capitalismo.

A extensão da escolaridade para todos e a necessidade de oferecer educação básica a maiores contingentes populacionais vão orientar as mudanças propostas logo no início da década de 90. Porém, a disposição em ampliar demais os gastos públicos com educação não era grande. A máxima adotada era de que recursos não faltavam; a questão era reduzir os desperdícios. Dentro dessa perspectiva, os altos índices de evasão e repetência conhecidos como fracasso escolar serão atacados. A redução da distorção entre a idade regular do aluno e a série passa a ser o desafio a enfrentar.

Dessa maneira, o Estado pretendeu eliminar grandes "desperdícios" com alunos repetentes e evadidos e ampliar assim a oferta para novos contemplados. Tendo sido definidos como indicadores de eficiência, os índices de evasão e repetência passam a ser os critérios balizadores do su-

---

[9] Cf. Relatório de Resultados Estaduais — SAEB/INEP/MEC, 1996.

cesso ou fracasso da reforma em curso. Várias foram as atitudes tomadas no sentido de tentar atenuá-los.

A análise das taxas de defasagem de alunos, segundo a idade e a série no intervalo considerado de 1991 a 1996, em Minas Gerais, demonstra que nas redes públicas de ensino as taxas são mais elevadas que na rede particular. Dentre as redes públicas, a rede municipal (compreendendo todos os municípios do Estado) apresenta os níveis mais altos de defasagem, logo seguida pela rede estadual, e, com significativa diferença, vem a rede federal. À exceção da rede federal, os índices nas outras redes se mantêm mais ou menos estáveis, sendo que a rede estadual começa a apresentar uma tendência à queda a partir de 1993.

GRÁFICO I

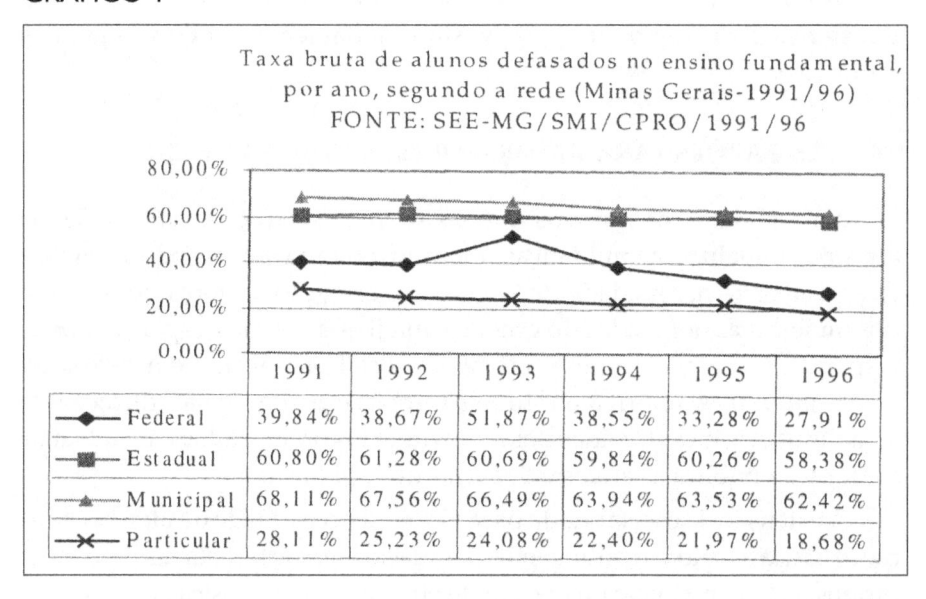

Taxa bruta de alunos defasados no ensino fundamental, por ano, segundo a rede (Minas Gerais-1991/96)
FONTE: SEE-MG/SMI/CPRO/1991/96

	1991	1992	1993	1994	1995	1996
Federal	39,84%	38,67%	51,87%	38,55%	33,28%	27,91%
Estadual	60,80%	61,28%	60,69%	59,84%	60,26%	58,38%
Municipal	68,11%	67,56%	66,49%	63,94%	63,53%	62,42%
Particular	28,11%	25,23%	24,08%	22,40%	21,97%	18,68%

Os índices de defasagem idade/série dos alunos do ensino fundamental não diferem dos encontrados nas estatísticas nacionais. A observação das taxas de defasagem idade/série em Minas demonstra a permanência de altos índices (superiores a 50%), o que evidencia a considerável distância entre as metas de universalização do ensino fundamental e eliminação do analfabetismo até o ano 2000.

Passados oito anos da introdução de mudanças na rede pública estadual de ensino, visando prioritariamente atenuar esses índices, a permanência dos mesmos, em níveis elevados, deve sugerir o pouco impacto que as medidas indiretas tomadas com esse objetivo tiveram. Apesar da grande euforia em torno dos primeiros resultados positivos nesse aspecto, a realidade vem demonstrar que os objetivos do programa não lograram os melhores retornos.[10]

A necessidade de diminuir a repetência vinha sendo colocada como um imperativo, desde a implantação do CBA, em 1985, revestindo-se de maior ênfase nas séries seguintes a partir de 1991. As razões para tanta preocupação podem ser explicadas pelo fato de que os índices de evasão e repetência passaram a ser identificados como indicadores de eficiência do sistema e, indiretamente, das escolas, mas preocupações de outra ordem também estimularam a introdução dos CBA. Desde o Congresso Mineiro de Educação, a crítica ao caráter excludente da escola pública, sobretudo para as camadas mais populares, vinha sendo explicitada.

A reforma em Minas Gerais tentou, inicialmente através da Gerência da Qualidade Total na Educação — GQTE, a SEE-MG, convencer os professores da necessidade de mudança de comportamento em relação à repetência. Começou então a constar como meta nos Planos de Desenvolvimento da Escola — PDE a redução nas taxas de reprovação dos alunos. Uma outra evidência da tentativa de reduzir os níveis de defasagem na rede foi a conduta informal, e muitas vezes disfarçada, de algumas escolas não aceitarem novos ingressos que estivessem com a idade muito acima da estimada para a série pretendida.

Em 1994, o Secretário de Educação, comentando sobre a implantação da Reforma na rede, afirmou que:

> Começam a ser notados os resultados de um trabalho realizado pela SEE/MG destinado a conscientizar os profissionais da educação sobre o problema da repetência. Várias escolas já estão aceitando o desafio de reduzir significativamente estes índices, percebendo que a reprovação significa fracasso tanto para o aluno como para a escola. As escolas estão também começando a se preocupar com a sua performance administrativa. Conceitos como eficiência, eficácia e produtividade estão sendo, pela primeira vez, incorporados ao vocabulário da escola. Estatísticas sobre evasão e repetência, até então calculadas apenas para atender a uma exigência da Administração, passam a ser objeto de análise e reflexão por parte da unidade escolar. (*Minas Gerais*, 1994, p. 40)

Com o ProQualidade, a partir de 1994, medidas efetivas foram tomadas para reverter a situação de altas taxas de repetência no Estado. Através da capacitação de professores, insistiu-se na tentativa de convencê-los de que a repetência só traz prejuízos para o aluno, para o professor e para a escola.

---

[10] Em conferência realizada em Buenos Aires, em março de 1996, no *Seminário sobre Reforma da Educação*, promovido pelo BID, o Secretário Walfrido S. Mares Guia Neto fala do sucesso da Reforma Educativa em Minas Gerais; cf. CASTRO & CARNOY (1997).

No seu último ano, o então governo tornou regra a aprovação dos alunos e, exceção, a retenção.

A partir de 1998, passa a vigorar na rede estadual de Minas Gerais o regime de progressão continuada no ensino fundamental, organizado em dois ciclos, abrangendo o primeiro os quatro anos iniciais, e, o segundo, os quatro finais.[11] Incorporando o mesmo sistema de avaliação e progressão para todo o ensino fundamental, a SEE-MG buscou reduzir os altos índices de defasagem entre idade e série dos seus alunos. A transformação do ensino fundamental em dois ciclos, podendo haver retenção somente ao final de cada quatro anos, pode ser compreendida como uma atitude mais drástica imposta pela SEE-MG para forçar a redução das taxas de repetência.[12]

Essa medida, entretanto, vem provocando resistência entre os próprios profissionais da educação, que consideram temerário adotar uma organização escolar que exige mudanças radicais nas relações entre ensino, aprendizagem e avaliação, sem construir as bases efetivas para isso. Tais bases deverão ser efetivadas a partir da capacitação dos professores, da generalização de condições materiais das escolas, do investimento em infraestrutura adequada, como biblioteca, laboratórios e outras condições indispensáveis ao bom desempenho do ensino. Sem essas bases asseguradas, corre-se o risco de se aprofundarem ainda mais as distinções no interior da rede.

Alguns problemas que os professores vêm apontando com a eliminação da repetência referem-se à questão disciplinar. Diante da possibilidade de continuarem seus estudos sem a reprovação, considerada pela maioria como uma punição pelo mau comportamento, os alunos ultrapassam os limites do respeito com os professores. Muitos profissionais, com pouca destreza e preparo para lidar com essa situação, veem-se impotentes. Um outro problema trazido pela implantação de ciclos de quatro anos está na possibilidade do resgate da noção de terminalidade a cada fase do ciclo. Depois de ampliar o ensino fundamental para oito anos de escolaridade, corre-se o risco de se retornar à velha ideia de que uma fase da escolarização está completa ao final de quatro anos, retroagindo-se ao tempo do saudoso grupo escolar e do ginásio.

A preocupação com a eliminação dos altos índices de defasagem idade e série levou ainda a SEE-MG a criar os programas especiais de aceleração

---

[11] Cf. *Minas Gerais*, 1997. Resolução n. 8086/97. Ciclos de formação básica: implantação do regime de progressão continuada no ensino fundamental.

[12] Cf. SEE-MG. *Relatório de Indicadores Globais* — RIG — Dezembro/1997

da aprendizagem.[13] Esses programas têm como fundamento as experiências de Levin & Soler (1992) e Carnoy (1992), que propunham classes aceleradas para alunos que não conseguiram concluir sua escolaridade na faixa etária correspondente.

Os programas especiais têm como objetivo eliminar a distorção idade/ano de escolaridade dos alunos da rede pública de ensino. Considerados projetos especiais, têm duração limitada, frequência obrigatória mínima de 75% da carga horária total e regime de progressão continuada, compreendendo quatro períodos letivos.

As mudanças nas formas de avaliação exigem muito dos professores, desde a transformação de sua conduta até maiores domínios e conhecimentos. Soma-se a isso a necessidade de tempo de preparo para aula e o número de alunos por turma. Esses são fatores que influem consideravelmente nessa realidade. Além destas dificuldades, é importante lembrar as disparidades de condições estruturais que a rede comporta nas diferentes regiões do Estado e a condição de instabilidade dos professores designados que são convocados a cada ano.

Não é possível pensar, de forma homogênea, uma rede pública de ensino que comporta tamanha complexidade. Além da mencionada desigualdade de condições infraestruturais nas escolas públicas do Estado, há que se considerar ainda o enorme contingente de professores designados, portanto em condições de trabalho precário, que sustentam a rede. São trabalhadores que não realizaram concurso público, por isso não são efetivos, não têm garantia de renovação de seus contratos e não gozam dos benefícios sociais dos efetivos.

As contradições demonstradas pelo modelo de reforma implantado em Minas Gerais são resultantes de uma política que, embora se justifique na busca da equidade social, acompanha o mesmo ritmo e lógica excludentes do atual padrão de acumulação. A prioridade na educação básica, entendida como uma etapa desta — o ensino fundamental — em detrimento da educação infantil e ensino médio; a transferência do atendimento ao ensino fundamental para municípios com pouca ou nenhuma capacidade de atendimento e; ainda, as condições de trabalho e remuneração dos trabalhadores de educação são apenas alguns desses aspectos.

---

[13] *Minas Gerais*, 1998. Resolução n° 8.287/98: "Institui o projeto Acertando o Passo, implantando a estratégia pedagógica de aceleração de estudos, destinada a alunos do 2° Ciclo do Ensino Fundamental fora da faixa etária.

De resto, a metodologia adotada nos modelos de planejamento e gestão do sistema público de ensino é a mesma adotada nas empresas privadas, objetivando o máximo de eficiência com o mínimo de custos. Assim, a reforma da educação em Minas Gerais segue a mesma tipologia identificada por Castro e Carnoy (1997, p. 16) nas reformas atuais na América Latina:

> Na prática, as reformas reduziram o total de recursos públicos e privados disponíveis para o financiamento da educação e da formação de professores. Mas essas reformas tinham mais um objetivo: organizar de modo novo e mais produtivo o aproveitamento escolar e as qualificações profissionais, tendo em vista, sobretudo, produzir capital humano de melhor qualidade a fim de tornar os países da América Latina e do Caribe mais "competitivos" na economia mundial.

RESULTADOS PALPÁVEIS:
RISCOS DE DUPLA ESCOLARIZAÇÃO

Apesar das prioridades estabelecidas logo no início da reforma em Minas Gerais, em dois aspectos, mais especificamente, é possível perceber uma orientação política voltada para o equacionamento da demanda escolar sem, contudo, aumentar significativamente os investimentos: o processo de transferência do atendimento da matrícula nas séries iniciais para os municípios; a adoção de ciclos na escola regular e os programas especiais de aceleração como tentativa de atenuar as distorções idade/série.

A preocupação central no programa mineiro de reforma por seus objetivos econômicos diretos e explícitos era a redução do custo aluno/ano. Para solucionar tal problema, seria necessário abaixar os altos índices de repetência e evasão escolar. Para tanto, o Estado contava com duas possibilidades: reduzir os índices de repetência nas séries regulares através do convencimento dos professores de que todos perdem com esse quadro; criar programas especiais de aceleração de aprendizagem que permitissem maior fluidez da trajetória escolar.

Desde 1991, foram muitas as iniciativas da SEE-MG para interferir na distorção idade/série presente em altos índices na rede estadual de ensino. Foram ações que procuraram motivar professores e comunidade escolar a atacarem os altos índices de repetência como indicadores de ineficiência do sistema. Ao mesmo tempo, percebe-se atuações do governo estadual buscando transferir a oferta do ensino fundamental para os municípios através da municipalização de escolas.

GRÁFICO 2

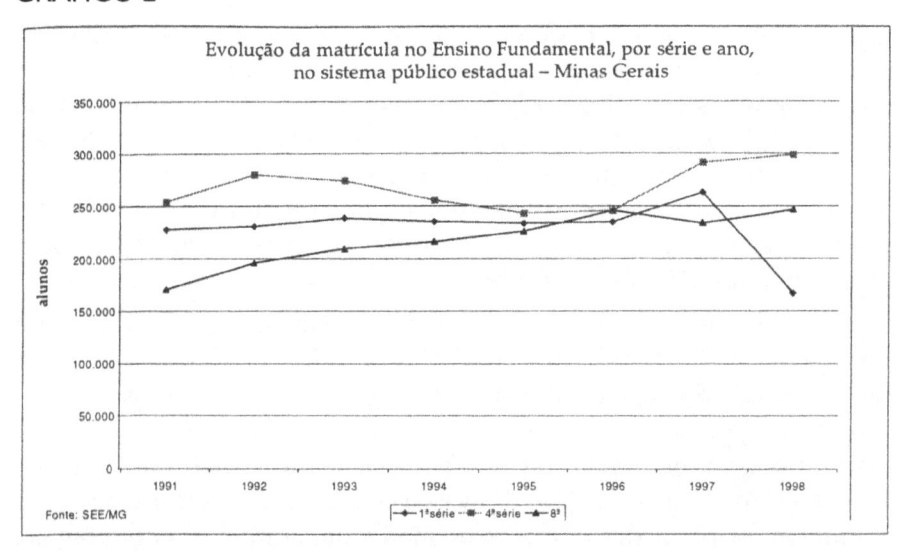

Evolução da matrícula no Ensino Fundamental, por série e ano, no sistema público estadual – Minas Gerais

(Fonte: SEE/MG — séries: 1ª, 4ª, 8ª; anos 1991 a 1998)

O gráfico "Evolução da matrícula por série/ano na Rede Estadual de Minas Gerais" expressa o fluxo escolar, seccionado em três séries: 1ª, 4ª e 8ª, no período de 1991 a 1998, e demonstra que essa rede apresenta uma tendência de decréscimo no atendimento aos alunos nas séries iniciais do ensino fundamental.

Em contrapartida, as redes municipais revelam uma tendência de crescimento no que se refere ao atendimento de alunos em todas as séries. Na 1ª série, em 1991, os municípios atendiam 80.987 alunos, passando em 1998 a atender 335.854 alunos, o que pode ser considerado um crescimento estrondoso. É o que se observa no gráfico 3 abaixo:

GRÁFICO 3

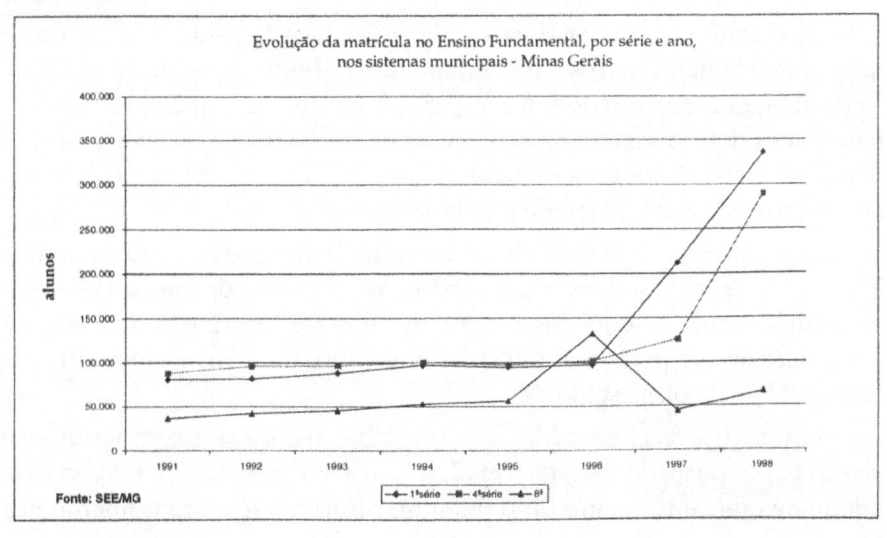

Evolução da matrícula no Ensino Fundamental, por série e ano, nos sistemas municipais - Minas Gerais

(Fonte: SEE/MG — séries: 1ª, 4ª, 8ª; anos 1991 a 1998)

Já a evolução da matrícula por ano na 4ª e 8ª séries na rede pública de Minas Gerais, no mesmo período, demonstra que a rede estadual apresenta uma queda na matrícula da 4ª série enquanto cresce na 8ª. Ao mesmo tempo, nas redes municipais de ensino, observa-se um crescimento real no atendimento aos alunos, sendo o mesmo gradativo. Situação peculiar é a que ocorre na 8ª série, que é aquela que apresenta um crescimento maior. Na rede estadual, verifica-se um aumento de aproximadamente 40% no atendimento. De 170.808 alunos efetivamente matriculados em 1991, passou-se a atender 246.181 alunos em 1998.

Esses dados demonstram uma tendência em Minas Gerais, comum em outros estados brasileiros, de diminuição do fluxo escolar ao longo das oito séries do ensino fundamental. Tal fato se evidencia pelos altos índices de repetência nas séries iniciais, o que justifica, em parte, a grande concentração da matrícula nas primeiras séries do ensino fundamental. Pode também ser um indicativo da evasão escolar, que vai se tornando mais significativa a partir dos dez anos de idade, quando muitas crianças são forçadas a deixar a escola para recorrer ao mercado de trabalho em busca da sua sobrevivência e de sua família.

Entretanto, o que salta a vista nas informações que os gráficos revelam é o ajuste no fluxo escolar. A partir do intervalo histórico considerado, 1991-1998, percebe-se nitidamente um crescimento homogêneo da matrícula em todas as séries nas duas redes selecionadas. O corte na 1ª, 4ª e 8ª séries evidencia a evolução no fluxo escolar. Esta constatação recente pode estar demonstrando os efeitos de políticas de aceleração da escolaridade mediante a adoção de mecanismos de avaliação que privilegiam a promoção automática e refutam a retenção dos alunos.

O ajuste do fluxo é, sem dúvida, objetivo almejado por todos que criticaram o caráter excludente da escola pública. A já mencionada cultura da repetência não interessa absolutamente a ninguém. O que se destaca, contudo, como preocupação é a rapidez com que esse ajuste vem sendo feito e seus determinantes. A aceleração da aprendizagem também é algo desejável, mas não deve ser jamais confundida com a aceleração da escolarização ou da certificação de escolaridade.

O crescimento da matrícula nas redes municipais de ensino em todo o Estado pode ser ainda explicado pelo intenso processo de municipalização de escolas estaduais que vem ocorrendo, sobretudo, a partir de 1994, em Minas Gerais. No período de 1994 até novembro de 1998 foram municipalizadas 2.863 escolas estaduais.

A municipalização em Minas nestes últimos anos teve como principal objetivo, por parte do Estado, transferir para os municípios a responsabilidade de oferta de ensino fundamental, priorizando o atendimento das quatro primeiras séries. O processo foi realizado a partir de negociações entre o governo estadual e as prefeituras, onde em alguns casos o Estado comprometia-se a oferecer o ensino médio, através da nucleação, em troca da transferência do atendimento ao ensino fundamental para o município.[14]

GRÁFICO 4

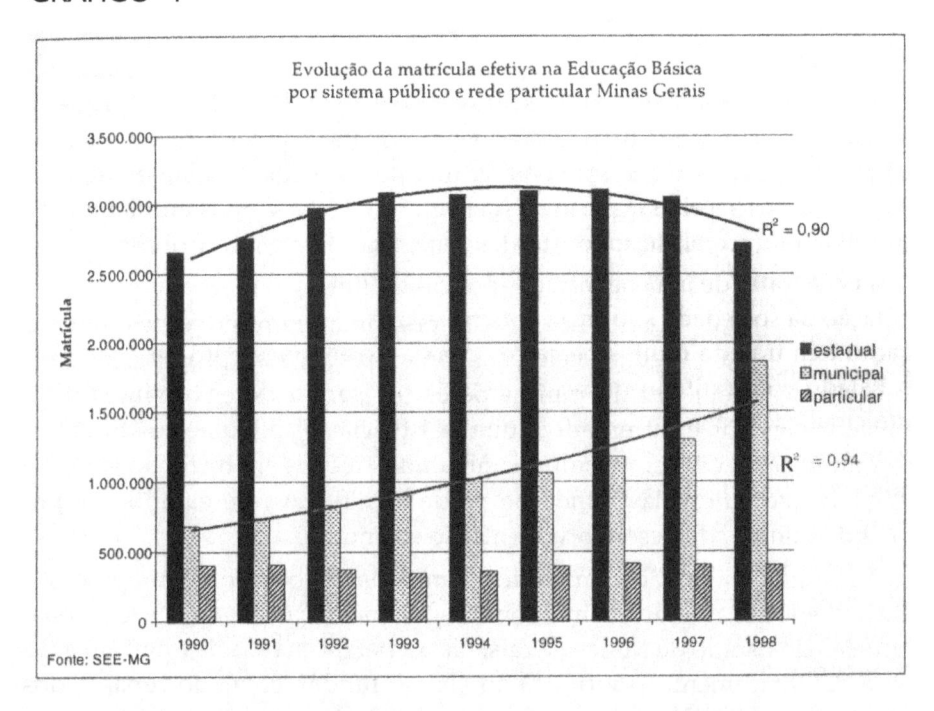

Evolução da matrícula efetiva na Educação Básica por sistema público e rede particular Minas Gerais

Fonte: SEE-MG

Pelo gráfico acima é possível observar a evolução da matrícula efetiva nas três redes de ensino de Minas Gerais. A matrícula efetiva na rede particular permanece praticamente inalterada no intervalo considerado. Esse fator pode estar indicando a permanência da mesma clientela nessa rede, apesar das mudanças ocorridas na economia brasileira.

Já a realidade no sistema público tem sido outra. Observa-se um movimento de crescimento da matrícula nas redes municipais e um decréscimo na rede estadual. A rede municipal vem apresentando um crescimento gradual da matrícula ao longo do intervalo, sendo mais significativo o salto de 1997 para 1998. A rede estadual, no mesmo período, apresenta um crescimento lento até 1993, começando a decair a partir daí, exibindo queda substantiva de 1997 para 1998.

---

[14] Cf. *Minas Gerais*, 1996. Resolução n° 7.884/96: *"dispõe sobre a expansão e reorganização do atendimento escolar na rede estadual de ensino."*

É importante observar que o último gráfico traz dados de matrícula na educação básica, compreendendo a pré-escola, o ensino fundamental e o ensino médio. O movimento, observado através da leitura dos dados, indica mudanças ocorridas na configuração das redes públicas de ensino de Minas Gerais nos anos 90. Tais alterações podem ser atribuídas à transferência do atendimento ao ensino fundamental para os municípios, conforme já demonstrado, e o aumento da matrícula no ensino médio oferecido pelo Estado.

A redistribuição de recursos através do FUNDEF e da Lei Robin Hood, no caso específico de Minas Gerais, veio cooperar também para convencer as prefeituras a arcarem com o atendimento ao ensino fundamental, pelo menos nas suas primeiras séries. A esperança dos governos municipais de ampliarem suas receitas, a partir dessa negociação, vem contribuindo para uma certa municipalização forçada ou induzida.

Por se tratar de uma negociação por cima, entre governos, onde a participação da sociedade não está contemplada, esse processo de municipalização tem trazido muitos percalços para o desenvolvimento do ensino no Estado e enfrentado muita resistência das populações atingidas. A municipalização tem resultado em alguns recuos em torno da gestão e organização da escola e ainda na perda significativa de garantia de um padrão mínimo de desenvolvimento do ensino.

A municipalização vem sendo estimulada também como um processo de descentralização do ensino, como regulamentação ao Art. 197 da Constituição do Estado de Minas Gerais. Nessa perspectiva, a descentralização visa ao atendimento prioritário ao ensino fundamental, ao repasse dos recursos do FUNDEF e à transferência de escolas de ensino pré-escolar e fundamental da rede pública do Estado aos municípios.[15]

Tal processo tem ainda provocado alterações na composição do quadro de pessoal docente nos sistemas públicos de Minas Gerais. Ao municipalizar escolas estaduais em municípios com poucos recursos e baixa capacidade de atendimento, os trabalhadores dessas escolas veem-se diante de uma situação de instabilidade, podendo ser transferidos, colocados em adjunção ou mesmo demitidos, se sua situação funcional assim o permitir.[16]

Esse conjunto de situações pode estar contribuindo para a degradação do ensino fundamental público, comprometendo ainda mais o futuro dos alunos, dos profissionais e das próprias escolas municipalizadas. Duarte

---

[15] *Minas Gerais*. Lei n.º 12.768 de 22/01/1998.

[16] Cf. *Minas Gerais*, 1996. Resolução n. 7.788/96. Dispõe sobre a adjunção e disposição de pessoal às prefeituras municipais, mediante ato de adjunção ou disposição. Os designados são convocados anualmente, tendo seus contratos a vigência de no máximo 12 meses. Ver: *Minas Gerais*, 1993. Resolução n. 7.165/93.

(1998) demonstra que, no total dos 853 municípios existentes em Minas Gerais, somente cerca de 20 têm receita suficiente para aplicar o equivalente a U$1000 defendido pelo PNE/CONED como custo aluno/ano. Outros 40 municípios, situados em regiões mais pobres do Estado, apresentam desde 1991 sua capacidade de atendimento esgotada, tendo como referência o custo aluno/ano mínimo definido pelo MEC para os recursos do FUNDEF, ou seja, R$ 315,00.

Tal processo pode resultar na constituição de duas redes de escolarização formal. No caso brasileiro, especificamente, a duplicidade de objetivos está implícita na lógica da exigência de dois níveis de educação: uma que forma o trabalhador apto para o emprego formal e regulamentado e outra que transmite os códigos básicos e elementares para a vida em sociedade.

Esses parecem ser os reais motivos que vêm levando os sistemas públicos de ensino a se reformarem. Muito mais que equidade social, as expectativas giram em torno de adequar os sistemas de ensino às reais demandas do capital hoje. Essa adequação, no entanto, não pressupõe uma formação de trabalhadores homogênea. Os requisitos educacionais variam de acordo com o modelo de exploração adotado, ou ainda com as possibilidades ou não de inserção no mercado de trabalho.

Nesse sentido, parece ser preciso pensar em sistemas de ensino que ofereçam uma base educacional para todos, mas que possibilitem o desenvolvimento desigual de capacidades inerentes às exigências do atual estágio das Condições Gerais de Produção.[17] É o que expressa a fala, mais uma vez, do então Secretário de Educação:

> Diante da redução das barreiras nacionais para o capital e para a tecnologia, cresce a importância da educação universalizada e de qualidade como pré-requisito para o desenvolvimento. Em adição, a qualificação do trabalhador, a competitividade internacional exigirá também sistemas educacionais capazes de gerar competência para a produção de ciência e de tecnologia. (*Minas Gerais*, 1994, p. 7)

Diante dessas constatações, é quase impossível negar a articulação existente entre a importância depositada na educação básica formal para todos — com ênfase no ensino fundamental — e os propósitos de contenção social, a que se assiste atualmente no Brasil. Que outros motivos poderiam estar reforçando políticas de acesso e permanência à educação básica para todos, em meio a uma realidade tão excludente, senão a necessidade de responder, por um lado, às pressões em torno da ampliação do direito à educação e, por outro, à manutenção da estrutura vigente?

---

[17] Refiro-me a um conceito formulado por BERNARDO (1991) que designa as condições necessárias ao pleno desenvolvimento do modo de produção capitalista no seu atual estágio.

O discurso sobre a educação para a empregabilidade está intimamente relacionado com a necessidade de se justificarem a exclusão social e a segmentação do mercado de trabalho. Fica difícil saber se a maior exigência de escolaridade foi imposta pela alteração do padrão tecnológico de produção ou se resulta justamente da ampliação da oferta de força de trabalho mais escolarizada num mercado cada vez mais restrito, ou se são as duas coisas ao mesmo tempo.

Estaríamos, assim, diante de duas possibilidade colocadas pela e para a educação básica: de elevador social, como preconizada por Mills (1987) na década de 50, ou como passaporte para a vida, como foi chamada por Carnoy (1992) em recente estudo para a UNESCO.

Tais exigências têm levado a mudanças pedagógicas que enfoquem mais as competências e habilidades dos indivíduos que a apropriação de saberes específicos, quer para atender ao ritmo do processo tecnológico no trabalho quer para capacitar os não inseridos à busca de "soluções criativas para sua sobrevivência" (CARNOY, 1992).

Essas são basicamente as orientações que vão marcar as reformas dos sistemas públicos de educação básica no Brasil, nos anos 90, e o caso de Minas é emblemático.

REFERÊNCIAS

ANTONACCI, M. A. M. *A vitória da razão: o IDORT e a sociedade paulista*. São Paulo: Editora Marco Zero/MCT/CNPq, 1993.

ARROYO, M. *Mestre, educador e trabalhador: organização do trabalho e profissionalização*. Belo Horizonte: FAE/UFMG, 1985. (Tese, concurso de professor titular).

BERNARDO, J. *Economia dos conflitos sociais*. São Paulo: Cortez, 1991.

BRASIL. *Constituição da República Federativa do Brasil*. 18. ed., atualizada e ampliada. São Paulo: Saraiva, 1998.

BRASIL. Lei nº 9424 – 24 dez. 1996. Dispõe sobre o Fundo de Manutenção e Desenvolvimento do Ensino Fundamental e de Valorização do Magistério, na forma prevista no art. 60, § 7º, do Ato das Disposições Constitucionais Transitórias, e dá outras providências.

BRASIL. Lei De Diretrizes e Bases da Educação Nacional. Lei nº 4.024 de 20 dez. 1961.

BRASIL. Lei De Diretrizes e Bases da Educação Nacional. Lei nº 5.692/72.

BRASIL. Lei De Diretrizes e Bases da Educação Nacional. Lei nº 9.394 de 20 dez. 1996.

BRASIL. *Plano Decenal de Educação para Todos*. Brasília, 1993.

BRASIL. *Plano Nacional de Educação — proposta do Executivo ao Congresso Nacional.* Brasília: MEC/INEP, 1998.

BRASIL. SAEB/95; resultados estaduais. Brasília: INEP, 1997.

CALAZANS, M. J. C. Planejamento da educação no Brasil — Novas estratégias em busca de novas concepções. In: KUENZER, A., CALAZANS, M. J. C. & GARCIA, W. *Planejamento e educação no Brasil.* São Paulo: Cortez, Autores Associados, 1990.

CARNOY, M. *Razões para investir em educação básica.* Brasília: UNICEF/MEC, 1992.

CASTRO, C. M. & CARNOY, M. *Como anda a reforma da educação na América Latina?* Rio de Janeiro: FGV, 1997, p. 9-99. A melhoria da educação na América Latina: e agora, para onde vamos?

CEPAL. *Transformación productiva con equidad.* Santiago, 1990.

CEPAL/UNESCO. *Educación y conocimiento: eje de la transformación productiva con equidad.* Santiago, 1992.

CONGRESSO NACIONAL DE EDUCAÇÃO – CONED, II. *Plano nacional de educação – proposta da sociedade brasileira.* Belo Horizonte, 1998.

CONSELHO ESTADUAL DE EDUCAÇÃO. Parecer nº 1132/97 de 13 nov. 1997. Dispõe sobre a Educação Básica, nos termos da Lei 9394/96. *Minas Gerais*, Belo Horizonte, 21 nov. 1997.

CORAGGIO, J. L. Economia y educación: nuevos contextos y estratégias. *Ceaal*, Santiago, 1992.

Declaração mundial sobre educação para todos e plano de ação para satisfazer as necessidades básicas de aprendizagem. Nova York: UNICEF, 1990.

DELORS, J. *Educação: um tesouro a descobrir.* São Paulo: Cortez; Brasília: MEC, UNESCO, 1998.

DUARTE, M. R. T. *Políticas locais e reforma do ensino.* Belo Horizonte, 1998. (Mimeogr.).

DUBAR, C. A sociologia do trabalho frente à qualificação e à competência. *Revista Educação e Sociedade.* Campinas, ano XIX, n. 64, set. 1998, p. 87-104.

FONSECA, M. O Banco mundial e a gestão da educação. In: OLIVEIRA, D. A *gestão democrática da educação: desafios contemporâneos.* Petrópolis: Vozes, 1997, p. 46-63.

GARCIA, P. B. *Educação: modernização ou dependência?* Rio de Janeiro: Francisco Alves, 1977.

GOULART, I. B. O ciclo básico de alfabetização: lição de uma avaliação. *Estudos em avaliação educacional.* São Paulo, Fundação Carlos Chagas, n. 6, jul./dez. 1992, p. 3-8.

HARBISON, F. H. *Mão-de-obra e desenvolvimento econômico: problema e estratégia.* In: PEREIRA, L. Desenvolvimento, trabalho e educação. Rio de Janeiro: Zahar Editores, 1967, p. 151-165.

HOBSBAWM, E. *Era dos extremos: o breve século XX - 1914-1991.* 2. ed. São Paulo: Cia das Letras, 1998.

KOWARICK, L. *Estratégias do planejamento social no Brasil.* Centro Brasileiro de análise e planejamento, São Paulo. Caderno 2, 1973.

LAUGLO, J. Crítica às prioridades e estratégias do Banco Mundial para educação. *Cadernos de Pesquisa*, São Paulo, n. 100, 1997, p. 11-36.

LEITE, M. P. Qualificação, desemprego e empregabilidade. *São Paulo em perspectiva.* São Paulo: Fundação SEADE, v. 11, n. 1, jan./mar. 1997, p. 64-69.

LEVIN, H. M. & SOLER, P. *Escolas aceleradas: podem elas ser bem-sucedidas no Brasil?* Brasília: INEP, 1992.

MARES GUIA NETO, W. S. Educação e desenvolvimento: conscientização, vontade política e participação. *Estudos em avaliação educacional.* São Paulo: Fundação Carlos Chagas, n. 9, jan./jul. 1994, p. 5-16.

MARES GUIA NETO, W. S. A realidade da educação em Minas Gerais. *Estudos em avaliação educacional.* São Paulo: Fundação Carlos Chagas, n. 6, jul./dez. 1992, p. 9-28.

MARES GUIA NETO, W. S. A reforma educativa em Minas Gerias. In: CASTRO, C. M. & CARNOY, M. *Como anda a reforma da educação na América Latina?* Rio de janeiro: FGV, 1997, p. 105-120.

MILLS, W. Educação e classe social. In: PEREIRA, L. & FORACCI, M. M. In: *Educação e sociedade: leituras de sociologia da educação.* 13. ed. São Paulo: Nacional, 1987, p. 268-286.

MINAS GERAIS. Lei 12.678. 22 jan. 1998. Regulamenta o artigo 197 da Constituição do Estado, o qual dispõe sobre a descentralização do ensino, e dá outras providências. *Minas Gerais*, Belo Horizonte, 1998.

MINAS GERAIS. Secretaria de Estado da Educação. *Aceleração da aprendizagem.* Belo Horizonte, 1997.

MINAS GERAIS. *Acertando o passo: aceleração da aprendizagem para alunos do 2° Ciclo de Ensino Fundamental.* Belo Horizonte, 1998.

MINAS GERAIS. *Avaliando no ciclo básico de alfabetização.* Belo Horizonte, 1997.

MINAS GERAIS. *Bases para a cooperação Estado-Município.* Belo Horizonte, 1997.

MINAS GERAIS. *Ciclos de formação básica; implantação do regime de progressão continuada no ensino fundamental.* Resolução n° 8.096/97. Belo Horizonte, 1997.

MINAS GERAIS. *Compromissos e prioridades da atual administração.* Belo Horizonte, 1991.

MINAS GERAIS. *Diretrizes para a formação de professores da rede pública estadual de Minas Gerais.* Belo Horizonte, 1994.

MINAS GERAIS. *Diretrizes para elaboração do Plano Municipal de Educação.* Belo Horizonte, 1997.

MINAS GERAIS. *Integração com os municípios.* Belo Horizonte, 1997. (Relatório)

MINAS GERAIS. *Relatório de Indicadores Globais —RIG.* Belo Horizonte, 1994.

MINAS GERAIS. Resolução n° 6.907/92 de 23 jan. 1992. Estabelece normas complementares para instituição e funcionamento do colegiado nas unidades estaduais de ensino. *Minas Gerais*, Belo Horizonte, 24 jan. 1991.

MINAS GERAIS. Resolução n° 7.120/93 de 25 fev. 1993. Institui o programa de "Gerência da Qualidade Total" no sistema estadual de educação de Minas Gerais. *Minas Gerais*, Belo Horizonte, 26 fev. 1993.

MINAS GERAIS. Resolução n° 7.915/96 de 20 dez. 1996. Estende a estratégia do Ciclo Básico de Alfabetização — CBA. — à 3ª série do ensino fundamental, nas escolas da rede estadual de Minas Gerais, e dá outras providências. *Minas Gerais*, Belo Horizonte, 24 dez. 1996.

MINAS GERAIS. Resolução n° 8.287/98. Institui o Projeto "Acertando o Passo", implantando a estratégia pedagógica de aceleração de estudos, destinada a alunos do 2° Ciclo do Ensino Fundamental fora da faixa etária. *Minas Gerais*, Belo Horizonte, 1998.

NISKIER, A. S. *Administração escolar.* Rio de Janeiro: Tabajara, 1969.

OLIVEIRA, D. A. *Educação básica e reestruturação capitalista: gestão do trabalho e da pobreza.* (Tese de doutorado). São Paulo: FE. USP, 1999.

OLIVEIRA, D. A. *CEPAL e educação: ingerência política como orientação metodológica.* CONGRESSO DA ALAS, XXI, São Paulo, 1997.

OLIVEIRA, D. A. A qualidade total na educação: os critérios da economia privada na gestão da escola pública. In: BRUNO, L. (Org.). *Educação e trabalho no capitalismo contemporâneo.* São Paulo: Atlas, 1996, p. 57-90.

OLIVEIRA, D. A. & SOUSA S. M. Z. L. Currículo nacional e avaliação: elementos para uma discussão. *Revista de Educação AEC*, Brasília, v. 25, n. 100, jul./set. 1996, p. 148-166. (Neoliberalismo e Educação)

OTTONE, E. Educação e conhecimento: eixo da transformação produtiva com eqüidade (uma visão síntese). In: PAIVA, V. e WARDE, M. (Org.). *Transformação produtiva e eqüidade: a questão do ensino básico.* Campinas: Papirus, 1994, p. 41-50.

PAIVA, V. & WARDE, M. Novo paradigma de desenvolvimento e centralidade do ensino básico. In: PAIVA, V. (Org.). *Transformação produtiva e eqüidade: a questão do ensino básico.* Campinas: Papirus, 1994, p. 9-40.

ROSSA, L. Plano nacional de educação: descentralizando responsabilidades, concentrando recursos. *Revista de Educação AEC*, Brasília, v. 27, n. 108, jul./set. 1998, p. 45-56. (Um balanço educacional brasileiro)

SCHULTZ, T .W. Custos da educação. In: PEREIRA, L. (Org.). *Desenvolvimento, trabalho e educação.* Rio de Janeiro: Zahar, 1967.

SIMONSEN, R. C. *Evolução industrial no Brasil e outros estudos.* São Paulo: Nacional, EDUSP, 1973. (Coleção Brasiliana, v. 349).

TANGUY, L. Do sistema educativo ao emprego. Formação: um bem universal? *Revista Educação e Sociedade.* Campinas: CEDES, ano XX, n. 67, agos.1999.

Descentralização:
crise do planejamento central?

Descentralização da educação no Brasil: uma abordagem preliminar

MARIA DO CARMO LACERDA PEIXOTO

A DESCENTRALIZAÇÃO DA EDUCAÇÃO NO BRASIL

A descentralização do ensino, processo que tem a municipalização como uma de suas formas de realização, não é uma ideia nova no Brasil, estando já incluída, por exemplo, dentre as práticas educacionais americanas que aqui foram difundidas nas décadas de 20 e 30 pela Associação Brasileira de Educação. Como produto mais significativo desse momento da história da educação no Brasil, o Manifesto dos Pioneiros da Educação Nova vai contemplar, de modo explícito, a necessidade da descentralização. Nele, afirma-se que a organização da educação brasileira unitária não implica em centralismo, porque unidade não significa uniformidade, não sendo "na centralização, mas na aplicação da doutrina federativa e descentralizadora, que teremos de buscar o meio de levar a cabo, em toda a República, uma obra metódica e coordenada, de acordo com um plano comum, de completa eficiência, tanto em intensidade como em extensão" (MANIFESTO, 1992, p. 65).

Retomada na década de 40, com o fim do Estado Novo, e na de 70, com o golpe militar de 1964, a descentralização do ensino foi sempre apresentada como portadora de um conjunto de vantagens, nem sempre totalmente verdadeiras. Ela seria propiciadora de uma ação de política educacional menos burocratizada, permitiria maior flexibilidade nas mudanças curriculares e possibilitaria uma gestão mais democrática das escolas. Nesse sentido, é possível observar, por exemplo, que, conforme as circunstâncias, a maior proximidade da população em relação ao poder público municipal em comparação com o estadual ou federal tanto pode proporcionar oportunidades de uma gestão mais democrática quanto de uma gestão subordinada às oligarquias locais.

Quando se considera a aplicação de medidas de política, verifica-se que essa municipalização começa a se concretizar efetivamente na década de 70, conforme dispositivos firmados na Lei 5692/71, que reformulou a Lei 4024/61 de diretrizes e bases da educação nacional nos aspectos relacionados ao ensino de 1º e 2º graus. Naquela Lei foi definida a vinculação, à educação, dos recursos do Fundo de Participação dos Municípios, além de ter sido aplicado um reforço às estruturas técnica e administrativa municipais para atuar na educação. Configurou-se, desse modo, uma política educacional traçada no âmbito dos projetos federais, implantados sobretudo em estados do Nordeste, induzindo à municipalização do ensino através da transferência de encargos para o município, sem o correspondente investimento financeiro neste nível do sistema. A atividade mais importante realizada nesse período foi o Projeto de Coordenação e Assistência Técnica no Ensino Municipal (Promunicípio), com início em 1974, tendo por objetivo central aperfeiçoar o ensino fundamental, através de ações articuladas entre as administrações estaduais e municipais.

A concepção e a implementação do Promunicípio foram marcadas por uma política que pretendia estruturar um sistema educacional que fosse, ao mesmo tempo, adequado aos interesses econômicos vigentes, mantendo, porém, uma absorção controlada da demanda pelo ensino público em todos os níveis. Em consequência, os investimentos da União reduziam-se em lugar de crescerem e a responsabilidade pelo ensino de 1º grau passava à esfera que dispunha de menor volume de recursos. Dessa forma, o Promunicípio caracterizou-se como uma "descentralização centralizada, que pretendia concretizar uma política de distribuição de recursos com a garantia de manter o controle sobre os estados e os municípios" (ROSAR, 1997, p. 115).

Ainda na década de 70, foram realizados diversos programas com objetivos similares, como o Programa Nacional de Ações Sócio-Educativas e Culturais para o Meio Rural (Pronasec), o Programa Nacional de Ações Sócio-Educativas e Culturais para as Populações Carentes Urbanas (Prodasec) e o Programa de Expansão e Melhoria da Educação no Meio Rural do Nordeste (Edurural), este último contando com recursos de convênio firmado entre o MEC e o Banco Mundial.

Cabe fazer aqui um comentário especial acerca do financiamento desse tipo de atividade pelo Banco Mundial. A cooperação técnica e financeira desse Banco ao setor social brasileiro iniciou-se na primeira metade da década de 70, tendo por base o entendimento de que a educação era fator de crescimento econômico à medida em que formava técnicos de nível médio para o setor produtivo.

No final da década de 70, sua ação direcionou-se para a então denominada educação primária, segmento considerado como mais apropriado para assegurar às massas um ensino mínimo e de baixo custo, que permitisse atingir suas novas diretrizes de estabilização econômica: a educação primária vista

> enquanto medida de caráter compensatório para 'proteger ou aliviar os pobres' durante períodos de ajustamento, (...) e enquanto fator de controle do crescimento demográfico e de aumento da produtividade das populações mais carentes (FONSECA, 1998, p. 232),

consideradas, ambas, condições indispensáveis para alcançar o desenvolvimento sustentável.

É possível sintetizar em duas as premissas que vêm orientando, desde então, a concessão de créditos pelo Banco Mundial para o setor educacional. Em primeiro lugar, integrar os objetivos dos projetos educacionais à política de desenvolvimento do Banco para a comunidade internacional, dentre os quais se situam os projetos setoriais específicos de desenvolvimento rural. Em segundo lugar, atribuir à educação um caráter compensatório como alívio à situação de pobreza do mundo, especialmente em períodos de ajustamento econômico.

Já na década de 80, o Projeto Nordeste de 1982, definido como um esforço de avaliação e redefinição da política e estratégia de desenvolvimento regional, do qual a educação rural era um dos componentes, é outra ação a ser destacada. Cabe salientar que as regiões Norte e Nordeste foram alvo de uma atenção especial, sob esse ponto de vista, em razão da gravidade dos problemas educacionais ali acumulados, mormente no meio rural e para os quais a descentralização era apontada como uma das soluções viáveis e imediatas. Além disso, merece registro o fato de que todos esses programas foram deflagrados em consonância com a definição dos Planos Setoriais de Educação e Cultura.

É necessário observar que, nessas duas décadas, o país viveu sob a égide dos grandes planos nacionais de desenvolvimento, desdobrados por sua vez em planos setoriais, todos eles forjados na crença do poder do planejamento para a consecução dos objetivos propostos para o desenvolvimento econômico (PEIXOTO, 1998). Nas orientações previstas nesses planos para a descentralização do ensino, chama a atenção a ênfase particular que era posta sobre a necessidade de participação da comunidade. Vista como elemento essencial para o êxito desse processo, mesmo quando os planos incluíam populações que viviam em condições socioeconômicas que as impossibilitavam de exercer essa participação, permite perceber um certo mecanicismo inerente a esse planejamento.

Na década de 90, vai acentuar-se o apoio do Banco Mundial a medidas educacionais de caráter descentralizador. As análises do Banco apontavam a organização dos sistemas de ensino como um dos principais obstáculos para a melhoria da sua qualidade, tendo em vista principalmente os custos, considerados elevados, de manutenção de um sistema centralizado. No Informe de 1990 da Divisão de Educação do Banco Mundial, Vesrpoor destacava dois eixos essenciais para a melhoria da qualidade das escolas fundamentais. O primeiro deles era considerar a escola como unidade de transformação do processo de aprendizagem e o segundo, ter "a descentralização como estratégia de construção de escolas eficazes", fortalecendo-se sua autonomia, a despeito da manutenção de estruturas centralizadas responsáveis por determinados aspectos da administração escolar como currículos, pagamento de professores etc. (apud ROSAR, 1997, p. 134).

Os novos marcos legais, propostos a partir da Constituição de 1988, vão colocar a questão no centro das atenções, à medida em que são introduzidas alterações significativas no quadro de distribuição de poderes, responsabilidades e recursos entre as esferas governamentais. Deve ser destacado que a descentralização passa a ser apontada, nesse contexto, também como saída para o impasse político-institucional do Estado brasileiro, acusado de excessivamente centralizado e de incapaz, por isso, para responder às mais prementes e agudas demandas de boa parte da população, principalmente com relação ao atendimento de suas necessidades básicas.

A DESCENTRALIZAÇÃO DA EDUCAÇÃO BRASILEIRA: UM DESAFIO A SER ENFRENTADO

Procedendo-se a um balanço de todo esse processo vivido pelo sistema educacional brasileiro, podemos identificar dois resultados principais:

1- a descentralização pela via da municipalização que foi induzida pelo governo federal teve, de modo geral, um efeito desagregador sobre as redes municipais, afetando diretamente a sua expansão e a qualidade do ensino e não representando uma possibilidade efetiva de democratização do ensino. Parte dela realizou-se, inclusive, através da transferência de redes de ensino, sem conexão com a necessária transferência de recursos.

É preciso ressaltar que o panorama municipal no caso brasileiro é hoje muito variado, havendo redes públicas com níveis elevados de ensino e escolas municipais da zona rural com apenas um professor e instalações precárias. E é justamente nas regiões mais pobres, onde se concentra a maioria dos alunos matriculados e de docentes não titulados, que o ensino é mais municipalizado, numa indicação de que esse processo até hoje não representou a implementação de uma política que beneficiasse o sistema educacional brasileiro. Desse modo, a municipalização do ensino fundamental tem resultado, à exceção, talvez, do ocorrido nas capitais dos estados, numa falsa solução. Em consequência, oferece às populações mais pobres um ensino de baixa qualidade.

2 - dado que a descentralização pode, muitas vezes, ser um elemento que contribui para aumentar a participação nos processos decisórios de determinados indivíduos ou grupos em detrimento da população em geral, a política de descentralização aqui realizada favoreceu a concentração de recursos e de poder e não a democratização da gestão da educação. A despeito das vantagens arroladas como inerentes a ela, é interessante registrar que a experiência internacional evidencia não haver uma relação necessária entre a responsabilidade nominal pela escolaridade obrigatória, sua democratização e sua boa qualidade. França e Itália mantêm sistemas de ensino de boa qualidade, centralizados nacionalmente. Inglaterra, Alemanha e Estados Unidos, por sua vez, têm a escola fundamental administrada local ou municipalmente, com garantia de acesso democratizado a um bom ensino. No Canadá, o Québec possui uma administração da educação regional e autônoma, diretamente eleita pela população, financiada pelo governo estadual e que apresenta resultados positivos (HAGUETTE, 1989, p. 24-25). Na América Latina, Cuba, através de um sistema centralizado, tem obtido êxito na realização de uma educação efetivamente democratizada.

Se, por um lado, a formação histórica desses países levou-os à adoção de diferentes alternativas de organização dos seus sistemas de ensino, essas experiências mostram que há um elemento comum entre eles. Uma real e eficaz participação da população nas decisões educacionais e um processo contínuo de fiscalização e controle sobre o serviço público prestado tem sido os determinantes na garantia da qualidade do ensino. No caso brasileiro, é necessário contemplar a influência exercida pelas relações clientelistas, cujo peso é mais determinante na inibição do confronto, elemento importante na educação da população para defesa de seus direitos, principalmente quando se está tratando de cidades de pequeno porte.

O grande desafio que a questão da descentralização pela via da municipalização vem propor para o nosso país é, portanto, o de buscar construir um sistema educacional no qual os três níveis governamentais atuem de forma integrada, com o objetivo de concretizar uma escola pública destinada a todos os cidadãos brasileiros. Nesse sentido, o município deve ser compreendido como parte integrante de um sistema mais amplo. Fica, assim, inserida a estruturação e o funcionamento de um sistema nacional de educação no âmbito das lutas políticas em prol da educação das classes populares.

Referências

FONSECA, Marília. O financiamento do Banco Mundial à educação brasileira: vinte anos de cooperação internacional. In: TOMMASI, Lívia De , WARDE, Miriam e HADDAD, Sérgio (org.) — *O Banco Mundial e as políticas educacionais*. São Paulo: Cortez, 1998.

HAGUETTE, André. Da municipalização à ação federativa coordenada. In: *Em Aberto*, ano 8, n. 44, out./dez. 1989.

PEIXOTO, Maria do Carmo de Lacerda. Política de ciência e tecnologia e formação do pesquisador. *Cadernos de Sociologia*, Programa de Pós-Graduação em Sociologia da UFGRS, v. 8, dez. 1998.

ROSAR, Maria de Fátima Félix. A municipalização como estratégia de descentralização e de desconstrução do sistema educacional brasileiro. In: OLIVEIRA, Dalila Andrade (org.). *Gestão democrática da educação, desafios contemporâneos*. Petrópolis: Vozes, 1997.

A descentralização dos sistemas de educação básica: crise do planejamento central?

OSMAR FÁVERO

DE QUE DESCENTRALIZAÇÃO SE TRATA?

Um breve retrospecto histórico nos ajudará a colocar o problema central. A descentralização dos sistemas de educação básica, no caso brasileiro, está referida a uma questão muito mais ampla: a própria definição da federação brasileira, na qual a educação situa-se como um dos pontos nevrálgicos.

Após o Ato Adicional de 1834, referendado pela Constituição de 1891, assim como pela Revisão de 1926, estabeleceu-se um *federalismo educacional*, pelo qual o ensino das primeiras letras ficou a cargo primeiro das Províncias, depois dos Estados recém-criados. Na verdade, durante todo o Império e na Primeira República, essa "descentralização" significou verdadeiramente uma omissão da União em relação à educação popular, tal como era entendida na época, ou seja, extensão do ensino elementar às camadas populares.

O ciclo das reformas dos sistemas estaduais de educação, compreendendo basicamente o ensino primário e o ensino normal, realizados nos anos 20 e início dos anos 30, em vários estados (Bahia, São Paulo, Rio de Janeiro, Minas Gerais, Ceará...), e a atuação dos Pioneiros da Escola Nova conseguiram inscrever na Constituição Federal de 1934 alguns princípios básicos relativos ao papel diretor da União, à vinculação de recursos orçamentários para a educação, ao lado da autonomia dos sistemas estaduais, em termos de legislação própria, estabelecimento de conselhos estaduais de educação etc. No entanto, desde o Governo Provisório de Vargas, nos primeiros anos da década de 30, iniciou-se um processo de centralização dos sistemas de ensino, através da criação do Ministério da Educação e Saúde Pública e da legislação promulgada por iniciativa de Francisco Campos. Logo a seguir, no entanto, o Estado Novo abafou de vez as primeiras conquistas, repondo a pesada centralização por parte da União, especialmente durante a longa gestão do ministro Gustavo Capanema (1934-1945).

Importante marcar a criação, em 1942, do Fundo do Ensino Primário, que deu origem aos mecanismos de controle da União no uso de verbas orçamentárias vinculadas à expansão e ao desenvolvimento do ensino. Pelo Convênio Nacional de Ensino Primário, assinado com a União, os Estados se comprometiam a utilizar 15% de seus orçamentos, no mínimo, em educação, no ano de 1944, acrescendo esse índice de 1% ao ano até alcançar o total de 20%. Em contrapartida, a União comprometia-se a cooperar financeiramente, nos limites dos recursos do Fundo, para o desenvolvimento do ensino primário, subsidiando, quando necessário, os recursos dos Estados. O Convênio previa ainda que as unidades federadas estabelecessem convênios com os municípios, nos mesmos termos, ou seja, comprometendo verbas orçamentárias com o ensino inicialmente, com o índice de 11% até alcançar o limite de 15% (ROCHA, 1992, p. 133).

Na oportunidade da criação do Fundo Nacional do Ensino Primário e do início da implantação dos convênios, embora o então Ministro da Educação, Gustavo Capanema, falasse em termos de planejamento democrático — o que se justificava, na época, pela conjuntura internacional, em especial pelo alinhamento do Brasil com as forças aliadas na 2ª Grande Guerra, pela circulação das ideias de Mannheim sobre a necessidade da intervenção do Estado nas sociedades liberais e, internamente, pelo impacto do Manifesto dos Mineiros, em 1943 —, o período é de ferrenha centralização político-administrativa.

Esse mecanismo de convênios gerou uma forma específica de cooperação entre a União e os Estados, a ser estendida entre os Estados e os Municípios, que perdurou até recentemente. O Fundo Nacional de Ensino Primário previa, em sua origem, a criação de um tributo específico para a educação, o que veio a ser feito apenas em 1964: o salário educação. Este tributo, principalmente após a criação do Fundo Nacional de Educação em 1968, generalizou o uso dos convênios, criando inclusive uma sistemática operacional própria, revista ano a ano. Essa sistemática introduziu uma prática de "planejamento" do ensino fundamental extremamente empobrecida, mesmo em termos técnicos, porque reduzida a uma programação financeira, sustentada por uma assistência técnica, também ela extremamente rasteira. Por lado, na esfera da política educacional, de acordo com a orientação vigente, ao longo do regime militar implantado em 1964, configurou-se como uma grande fonte de financiamento do ensino privado.

Em síntese, desde a constituição do Estado Nacional, que se fez a partir dos anos 30 com a primazia do Poder Executivo sobre os outros poderes, introduziu-se explicitamente a definição das políticas educacionais pelo arsenal das leis de reforma do ensino, às quais se acoplou o mecanismo de distribuição e controle do uso das verbas orçamentárias vinculadas para a expansão do ensino primário, depois de 1º grau, hoje ensino fundamental.

Mesmo após a Constituição liberal de 1946, que definiu constitucionalmente a vinculação de verbas para a educação e que introduziu a obrigação da Lei de Diretrizes e Bases da Educação Nacional e do Plano Nacional de Educação, a União não abriu mão de seu poder centralizador. Nas palavras de Celso de Rui Beisiegel (1983, p. 72):

> Assim, gradualmente, vieram se constituindo, ao longo dos anos 30 e nos inícios da década de 40, as condições políticas, jurídicas, técnicas e administrativas capazes de suportar uma atuação mais ampla do Governo Federal no campo da educação. E, curiosamente, um esquema de atuação centralizada, elaborada sob a égide do poder executivo, de autoridade incontrastável, viria a persistir, mesmo após a liberação política do país.

São desse período, nos anos 40 e 50, as grandes campanhas nacionais de alfabetização de adolescentes e adultos e de educação rural, definidas pelo MEC em colaboração com outros ministérios e realizadas por convênios em todos as entidades federadas e praticamente em todos os municípios. O mesmo Celso Beisiegel considera esse movimento como de extensão da educação comum, via ensino supletivo, não raro reduzido ao início da alfabetização, à população que não havia frequentado os bancos escolares, ou os havia frequentado parcialmente na idade convencional.

DE QUE PLANEJAMENTO SE FALA?

A LDB de 1961 foi considerada por alguns educadores, principalmente Durmeval Trigueiro Mendes, como marco instaurador do planejamento educacional brasileiro. Ela teria feito surgir vinte e um sistemas estaduais, rompendo o monolítico sistema montado pela União e capitaneado pelo MEC. Esperava-se um papel destacado do Conselho Federal de Educação como órgão técnico-normativo e desejava-se que o MEC assumisse a função primordial de assistência técnica e financeira, no apoio ao esforço dos Estados e em cooperação com os Municípios.

Não foi isso o que ocorreu, apesar dos esforços de um grupo de educadores que tentou, ao final dos anos 60, uma competente assistência técnica aos Estados, através dos Colóquios Estaduais de Organização dos Sistemas de Ensino (FÁVERO, 1999). Na verdade, a LDB fez nascer a exigência de planos estaduais de educação, elaborados segundo um manual divulgado pelo MEC, para a utilização dos recursos vinculados. Nesse movimento, a assistência técnica, por sua vez, converteu-se numa assessoria para a elaboração de planos, de acordo com o referido manual, e de preenchimento dos formulários definidos em nível central.

A experiência de planejamento dos anos 60 e 70 está bastante bem estudada, em particular por Durmeval Trigueiro Mendes (1972) e por José

Silvério Baía Horta (1982, 1998). Vale lembrar que o único cometimento do CFE foi na elaboração do Plano Nacional de Educação de 1962, impropriamente designado de plano, pois apenas disciplinava a utilização das verbas orçamentárias federais reservadas à educação. O que marcou o período, em termos políticos, a partir de 1964, foi a elaboração dos diagnósticos e dos planos setoriais de educação, no bojo dos planos nacionais de desenvolvimento. Mesmo tendo sido subordinado, no que diz respeito à proposição desses planos, pelo Ministério do Planejamento, num esquema fortemente tecnocrático, o MEC, em nível de procedimentos, nunca abriu mão de seu poder centralizador, expresso na legislação, na definição de amplos programas nacionais e nos mecanismos de utilização das verbas.[1] No auge do período militar, procurando definir o papel do Ministério de Educação no que dizia respeito à política educacional, afirmei:

> tem-se não projetos dos estados, mas projetos federais nos estados. (FÁVERO, 1981, p. 35)

Em meados dos anos 70, no vigor da tecnocracia e do autoritarismo, tiveram início as propostas de municipalização do ensino de 1º grau. Em alguns estados, passou a ocorrer um início de desconcentração administrativa, entendida como uma delegação na execução de tarefas, mas não como possibilidade de redistribuição de poder e de autonomia administrativa. A proposta de municipalização do ensino não encontrou condições de se efetivar na maioria dos municípios, por falta de recursos, quadros e incentivos. As fortes redes de escolas estaduais jamais puderam ser absorvidas pelos poderes municipais.[2]

TEM SENTIDO FALAR EM CRISE DO PLANEJAMENTO CENTRAL?

Se entendermos planejamento como o conjunto de mecanismos legais (leis e normas) e de instrumentos técnicos (convênios, sistemáticas operacionais, projetos e programas elaborados e implantados segundos diretrizes e procedimentos estabelecidos pelo poder central), mecanismos e instrumentos que garantem a intervenção da União na educação, inclusive no setor privado, não considero que haja crise. Pelo contrário, o MEC vem articulando, nos últimos anos, um poderoso arsenal de leis e sistemáticas de estatísticas e de avaliação educacionais, atualizando, com redobrada eficácia,

---

[1] Abstenho-me de referir essas iniciativas, porque Maria do Carmo Lacerda Peixoto já colocou, na abertura da mesa, uma síntese dos programas mais fortes desenvolvidos pelo MEC no período.

[2] O sempre lembrado caso do Município do Rio de Janeiro é a única exceção, mas que não confirma a regra, por ter sido, desde o Império, criado como sistema municipal.

procedimentos implantados a partir dos anos 30. Este é bem o caso da atual LDB, esvaziada pelo Executivo em acordo com o Legislativo, na fase final de discussão e sobretudo da legislação que a complementou.[3]

Se adotarmos outra definição de planejamento, — comportando diagnóstico da realidade, fixação de objetivos para uma intervenção intencionada e integrada sobre essa realidade, objetivos estes desdobrados em metas, prazos e sobretudo recursos, assim como controle e avaliação das ações realizadas —, é necessário trabalhar com outros critérios.

Em primeiro lugar, distinguir política e planejamento, reservando para a esfera da política a definição dos objetivos (à luz ou não de um diagnóstico) e mesmo das estratégias (registradas ou não em um plano). No caso atual, podemos afirmar com segurança que os objetivos educacionais não foram produto de um processo de planejamento; foram prefixados, inclusive por compromissos e intervenções internacionais —, revelados, como no caso do Plano de Educação para todos, de 1993, elaborado em decorrência da Conferência de Jontiem, realizada em 1990, ou não revelados, por decorrerem de acordos tácitos com os bancos internacionais. As estratégias também foram preconcebidas, e, de acordo com as conveniências e possibilidades, expressas em leis e normas, como foi o caso recente do Fundo de Desenvolvimento do Ensino Fundamental e Valorização do Magistério, dos Parâmetros Curriculares Nacionais e das reformas dos ensinos médio e profissional, por exemplo.

Desse ponto de vista, não há crise do planejamento central. Simplesmente não precisa haver planejamento central, se entendido naquela segunda acepção. Em minha opinião, os planos nacionais e setoriais de educação pouco significaram na experiência brasileira. É temerário considerá-los mais que discursos sobre a educação, embora seja importante analisá-los enquanto tal, porque reveladores do entendimento do papel atribuído à educação no "desenvolvimento". O que sempre configurou a intervenção do Estado, em termos gerais, foram as leis e as normas, bem como os mecanismos de incentivo/coerção, que disciplinam os financiamentos, sempre dirigidos e controlados pelo poder central, de acordo com sua política.

A contenção do ensino público e a primazia dada ao ensino privado, em todos os níveis, não foram objeto de nenhum plano, no sentido técnico--normativo, embora possam ser revelados pelo discurso dos planos. Foram fruto de uma decisão política, tradicional no Brasil desde o Império, e executadas por estratégias nem sempre imediatamente reveladas.[4]

---

[3] Ver, em particular, Dermeval Saviani. *Da nova LDB ao novo Plano Nacional de Educação; por uma outra política educacional*. Campinas: Autores Associados, 1998.

[4] Importante a contribuição de Marlos Rocha para o entendimento dessa questão, no que diz respeito à abertura do ensino médio para a iniciativa privada, nos anos 40 (ROCHA, 1990), e de José Silvério Baía Horta, no que diz respeito à abertura do ensino superior para a mesma iniciativa privada, nos anos 60 (HORTA, 1975).

A educação brasileira está mergulhada neste processo desde sempre. Recentemente, a mobilização para que a Constituição Federal de 1988 incorporasse avanços significativos na educação das classes populares foi golpeada pela Emenda Constitucional 14/96, que redefiniu radicalmente o papel da União na política educacional: atualmente ela é responsável pela formulação, implementação, acompanhamento e avaliação da política nacional de educação.

Não se trata, em minha opinião, de crise do planejamento central, mas de outra forma de entender, definir e implementar a política educacional, sempre sobre a égide do Poder Executivo. Ou então, de outro modo de entender e praticar o planejamento, típico do autoritarismo tecnocrático. É o que gostaria de discutir nesta mesa redonda.

REFERÊNCIAS

BEISIEGEL, Celso de Rui. *Estado e educação popular*. São Paulo: Pioneira, 1983.

FÁVERO, Osmar. Política educacional brasileira: a competência, o poder e as limitações do Ministério da Educação e Cultura. *Fórum Educacional*, Rio de Janeiro: FGV/IESAE, v. 5, n. 2, abr./jun. 1981, p. 29-38.

FÁVERO, Osmar. *CEOSE—Colóquios estaduais sobre a Organização dos Sistemas de Educação (1967-1968)*. Editora da Universidade Federal de Juiz de Fora: Educação em Foco, v. 4, n. 1, mar./ago. 1999, p. 39-50.

HORTA, José Silvério Baía. *Liberalismo, tecnocracia e planejamento educacional no Brasil*. São Paulo: Cortez Ed. e Autores Associados, 1982.

FÁVERO, Osmar. Plano Nacional de Educação: da tecnocracia à participação democrática. In: CURY, Carlos Roberto Jamil et al. *Medo à liberdade e compromisso democrático: LDB e Plano Nacional de Educação*. São Paulo: Ed. do Brasil, 1997.

FÁVERO, Osmar. Expansão do ensino superior no Brasil. *Revista de Cultura Vozes*, v. 69, n. 6, ago. 1975, p. 29-48.

ROCHA, Marlos Bessa Mendes da. *Educação conformada: a política pública de educação (1930-1945)*. Campinas, SP: Unicamp, 1990. Dissertação de mestrado no Programa de Pós-Graduação em Ciência Política (em processo de edição em livro pela Editora da Universidade Federal de Juiz de Fora).

TRIGUEIRO MENDES, Durmeval. *Toward a theory of educational planning — the Brazilian case*. Publicado em 1972 pelo Latin American Center da Michigan State University (original em português, em processo final de edição na Editora da Universidade do Estado do Rio de Janeiro, sob o título Para uma teoria do planejamento educacional).

As fronteiras do público e do privado na educação brasileira

"Novas" estratégias da gestão privada da educação pública

GERALDO MAGELA PEREIRA LEÃO

A relação público e privado é uma questão recorrente em variados momentos de disputas em torno da normatização da educação brasileira. Tal embate, que envolve o papel do Estado, a liberdade de ensino e mais precisamente o destino dos recursos públicos para a educação no momento, parece consolidado na atual legislação.

A Constituição Federal de 1988 reafirmou o caráter público da educação ao definir sua gratuidade em todos os níveis e o dever do Estado em sua oferta. Ao mesmo tempo, reconhece a convivência entre diversas modalidades de instituições: públicas, privadas lucrativas e privadas não lucrativas (confessionais, comunitárias e filantrópicas).[1]

Durante a elaboração da LDB 9394/96, as disputas acerca da liberdade de ensino manifestavam-se nos debates travados entre *publicistas* e *privatistas*. Embora não apresentassem uma posição homogênea em seu próprio interior, tais correntes procuraram garantir seus interesses quanto a aspectos como o caráter público ou não da educação, o seu controle por parte do Estado, o destino das verbas públicas e a gestão democrática das instituições de ensino.[2]

Grande importância tiveram as mobilizações populares pelo direito à educação pública de qualidade, principalmente nas décadas de 70 e 80. A noção predominante na legislação atual do caráter público da educação nacional deve ser imputada, em grande parte, à pressão dos movimentos sociais pela defesa da escola pública e pela sua democratização, tanto no que se refere ao acesso quanto à sua gestão. Essa é uma das razões pelas quais propostas privatizantes quanto à oferta de serviços educacionais,

---
[1] Cf. Cury 1992.
[2] Cf. Brito (1991).

segundo o receituário neoliberal, não tenham se tornado hegemônicas no Brasil, como no Chile, por exemplo.[3]

Nos marcos da legalidade, portanto, as fronteiras entre o público e o privado parecem claramente demarcadas, pelo menos no que se refere à educação básica. É correto dizer que disputas se travam no âmbito da regulamentação e interpretação da legislação, mas não se vislumbra nenhum movimento no sentido de questionar as suas bases legais.

Sendo assim, somos convocados a pensar a relação público e privado na educação brasileira com novos enfoques, tendo em vista a sua redefinição por parte do capital interessado em ampliar as possibilidades de sua realização. Há uma complexidade grande nesse campo, tendo em vista que as estratégias de privatização do setor público passam por uma gama variada de ações, tanto em sua forma quanto em sua intensidade, que vão desde a transferência direta de propriedade a formas como "financiamento público de prestação privada de serviços, financiamento pelo usuário com fornecimento público, parcerias etc."[4] Interessa-nos então, analisar como novas estratégias de ampliação dos interesses privados na educação básica estão sendo ativadas no seio da gestão da educação pública.

A "NOVA FACE" DO CAPITAL PRIVADO NA EDUCAÇÃO BÁSICA NOS ANOS 90

Os debates sobre uma agenda de reformas educacionais no Brasil são intensos, mobilizando diferentes setores da sociedade civil em torno de questões referentes aos fins e à organização da educação nacional. Há uma clara polarização entre um setor identificado com o mercado e outro mais próximo a interesses democráticos. Tais setores buscam consolidar suas propostas para a educação como hegemônicas na sociedade brasileira.[5]

Nos anos 90, com a emergência de um novo padrão de modernização capitalista, os conflitos entre as esferas pública e privada transferem-se, a meu ver, para o campo da gestão e administração dos recursos educacionais. A lógica do mundo privado, com sua ênfase no mercado, no individualismo e no consumismo, instaura-se no interior do espaço público escolar. Tal redirecionamento parece incorporar-se ao movimento mais ampliado

---

[3] A respeito da reforma educacional chilena, confira FIGUEROA, Alfredo Rojas. Da resignação ao consentimento? Privatização da educação básica e média no Chile. *Cadernos de Pesquisa*, n. 100, mar. 1997, p. 57-78.

[4] Cf. DRAIBE (1993), GENTILI (1998).

[5] Cf. SINGER (1996).

da redefinição e ampliação das condições de acumulação capitalista nos marcos da globalização econômica que presenciamos no limiar deste século.

Ao capital, me parece, não interessa mais a oferta direta de bens e serviços educacionais, nem concorrer com o público em termos da propriedade das instituições que fornecem tais serviços. A exploração direta dos serviços públicos por capitalistas privados permanece apenas residualmente. É o caso da Educação Infantil e da Educação de Jovens e Adultos. A privatização dessas duas modalidades de ensino tem se caracterizado pelo desengajamento estatal, estratégia que alguns autores chamam de "privatização implícita" ou "privatização por atribuição".[6] Ao não ampliar a sua oferta para esses dois setores o Estado induziu empresários do ensino a fazê-lo.

Gostaria de assinalar três âmbitos da gestão educacional, separados aqui apenas para efeitos de compreensão, nos quais interesses privatizantes se explicitam em diferentes estratégias de ação. Tais estratégias do capital para a realização do lucro se enquadram em um mesmo movimento em que as fronteiras entre público e privado na educação são redimensionadas.

O primeiro deles refere-se à passagem de um modelo centralizado de gestão da educação para novos moldes calcados no paradigma da flexibilidade, onde a escola transforma-se em seu próprio "núcleo de gestão".[7] Propostas como autonomia e descentralização, historicamente defendidas por setores progressistas e publicistas, passam a ser incorporadas nesse movimento e são ressignificados de acordo com interesses que se voltam para a realização do capital.

Uma iniciativa mais radical implementada em alguns países, embora não tenha se consolidado no Brasil, é o da criação de uma nova modalidade de regulamentação entre as unidades escolares e os governos centrais, caracterizada pela "flexibilização da oferta" por meio da concessão de vales educacionais. As escolas passam a ser unidades autogeridas pelos professores, que vendem serviços educacionais no mercado escolar aos pais de alunos. Assim, acredita-se que a competição entre as escolas e as exigências dos consumidores obrigam as instituições de ensino a buscarem a "excelência do produto". O controle passa a ser operado naturalmente pelos consumidores. Esse modelo foi implementado na Inglaterra pelos governos Thatcher e Major durante as décadas de 80 e 90, quando se desenvolveu o que alguns autores estão chamando "quase-mercados"[8] educacionais. É importante notar que

---

[6] Cf. DRAIBE (1993).

[7] Cf. OLIVEIRA (1997).

[8] De acordo com WHITTY (1998), os *quase-mercados* são regulamentados por meio de sistemas de avaliação, fiscalização e financiamento governamental. O que distingue um *quase-mercado* é a separação entre comprador (Estado), fornecedor (escolas) e usuários (pais e alunos), com a possibilidade de escolha por parte destes últimos.

isto não desincubiu o Estado de um forte controle sobre o ensino por meio de um sistema centralizado de avaliação, da regulamentação da formação docente e da prescrição de um currículo nacional comum. O modelo inglês contempla a liberdade de mercado, pela delegação da oferta dos serviços educacionais às escolas e pela possibilidade de escolha dos pais, sem se esquivar de um elevado grau de controle estatal.

Uma segunda estratégia de ampliação dos interesses do capital privado no âmbito educacional é a inserção, no próprio interior da administração escolar, de novos modelos de gestão escolar implementados em empresas capitalistas. Ao demarcar este âmbito da administração das unidades escolares, não pretendemos separá-lo das orientações e políticas implementadas na gestão dos sistemas de ensino em um nível macroinstitucional. É apenas para efeito de uma melhor compreensão da questão que assinalamos a emergência de um novo paradigma de qualidade transferida do mundo dos negócios privados, com sua lógica pautada pelo mercado, para incorporar-se à administração e à organização do trabalho escolar.[9]

Assim, parece-me de fundamental importância investigar a relação público e privado do ponto de vista das tentativas de consolidação em novos moldes, no interior da gestão das escolas públicas, de um referencial onde predomina a visão de que o paradigma da modernidade é a empresa privada e seu ideal de excelência e competitividade. Para além das lutas que se travaram nas duas últimas décadas em torno do controle público e do destino das verbas estatais para a educação, os anos 90 trazem esta inflexão em direção à emergência da lógica privada na administração do ensino.

Uma experiência exemplar de tal postura foi a tentativa de se introduzir nas escolas mineiras um modelo de organização do trabalho que se espelhava na Gestão da Qualidade Total. Embora tenha sido uma experiência passageira e que abrangeu um universo reduzido de escolas, o exemplo demonstra como formas de gestão dos negócios privados, com sua ênfase na eficiência e na produtividade, podem ser adotadas por um determinado governo como o melhor método de gestão escolar.[10] A adoção da Qualidade Total como modelo de organização do trabalho escolar não se dá de forma neutra, mas significa a afirmação do projeto educacional de uma classe social específica.

---

[9] A ideia de transpor modelos de gerenciamento dos negócios privados para o interior das administrações públicas, em particular para as escolas, não é nova. No campo curricular americano, por exemplo, alguns autores, no início desse século, já propunham uma organização do currículo nos moldes das Teorias da Administração Científica do Trabalho. É interessante observar que muitos elementos que compõem as críticas atuais à escola pública estavam presentes naquela ocasião como os perigos da fragmentação social e as necessidades de qualificação para o mundo do trabalho. Cf. MOREIRA, Antônio F. e SILVA, Tomaz T. (Org.) *Currículo, cultura e sociedade*. São Paulo: Cortez, 1995.

[10] Cf. OLIVEIRA (1996) e SILVA (1996).

As incursões do privado pelas teias da administração pública usam de artifícios sutis, os quais é necessário desvelar. Uma estratégia amplamente difundida tem sido caracterizar a educação pública como naturalmente ineficiente, ancorada em um discurso sobre a crise na educação que legitima proposições privatistas. Candeias (1995) nos chama a atenção para o caráter ideológico de um discurso que intencionalmente superestima a crise, com o intuito de legitimar o princípio da "eficiência da educação como forma de promover a eficiência da economia". É ilustrativo o trecho citado pelo autor do relatório norte-americano "*a Nation at Risk*":

> ...os alicerces educativos da nossa sociedade têm vindo a ser submersos por uma camada de mediocridade que ameaça o nosso futuro como Nação e povo. (...) Se um poder hostil tivesse tentado impor à América o medíocre nível educativo que entre nós prevalece, poderíamos ter encarado tal fato como um ato de guerra. Da forma como as coisas estão é, no entanto, necessário reconhecer que fomos nós que permitimos que isto nos acontecesse a nós próprios... (p. 156)

O tom alarmante do relatório é um bom exemplo de um discurso sobre a crise educacional que pretende construir as bases para a imposição de soluções privatizantes. Em que pese serem reais as dificuldades pelas quais passam as escolas públicas, a difusão de uma interpretação fatalista para a crise produz uma segunda realidade mais drástica, impondo-se à sociedade e legitimando a ideia de que a racionalidade tecnocrática é a mais adequada para lidar com seus problemas. A democracia se submete ao pragmatismo, a urgência de soluções impede o diálogo, o discurso econômico sufoca a possibilidade da emergência de novas interpretações para a crise.

Por fim, uma terceira estratégia é a difusão da oferta de produtos educacionais para as escolas, uma esfera promissora para a expansão do capital. Em face de uma escola pauperizada, sem recursos didáticos e pedagógicos adequados, fadada a sobreviver no contexto da crise fiscal do Estado, editoras e empresas de produtos didáticos e paradidáticos vislumbram boas possibilidades de realização dos lucros. Este é um campo vasto, pois a comercialização de produtos educativos pode ser realizada diretamente com o Estado, como também junto aos usuários e professores. O atual paradigma de desenvolvimento tecnológico permite também uma profusão desses materiais, que deixam de se restringir ao livro texto para abranger a produção de softwares, vídeos, jogos etc.

Um bom exemplo da nova atuação dos "capitalistas no ensino"[11] nos é dado por Apple (1998) ao analisar a difusão do *Channel One* nas escolas ame-

---

[11] Considero importante utilizarmos a expressão *capitalistas no ensino* em contraposição a *capitalistas do ensino*. Estes envolvem-se diretamente com a oferta de serviços educacionais, tendo a posse dos meios de produção. Aqueles exploram o mercado da educação, oferecendo produtos e serviços a serem consumidos por escolas e estudantes.

ricanas. O *Channel One* é um noticiário de dez minutos, com dois minutos de comerciais, produzido pela *Whittle Communications*, hoje transmitido para milhares de escolas norte-americanas. De acordo com os dados fornecidos pelo autor, o faturamento da *Whittle Communications* saltou de US$ 153 milhões em 1989 (ano inicial do projeto) para *a casa dos US$ 300 milhões* em 1998. O programa atingia em 1991 5,4 milhões de estudantes, abrangendo 8.700 escolas em 47 estados. Os equipamentos de vídeo, antena parabólica e TV (uma por sala) são fornecidos "gratuitamente" às escolas "durante a vigência do contrato com a escola", desde que estas se comprometam a fazer com que um certo número de alunos assista a um determinado tempo da programação do *Channel One*.

O programa só pôde ser bem sucedido porque a empresa soube articular muito bem o discurso da crise econômica e fiscal do Estado, a crise educacional e a oferta de serviços de muito boa qualidade. A expansão da acumulação capitalista para o interior dos sistemas públicos de ensino tem, assim, outro desdobramento que é, do meu ponto de vista, muito nocivo à defesa de uma educação pública e democrática. Junto com os ganhos prometidos a uma escola em crise, paralelo às parcerias empresa/escola e suas promessas tentadoras aos olhos de diretores de escolas funcionando em condições precárias, o capital colhe seus frutos ao tornar-se hegemônica a sua interpretação não só da realidade educacional mas do mundo e das relações entre os homens. Trata-se então da possibilidade de uma parcela minoritária da sociedade legitimar o seu discurso sobre as razões dos problemas educacionais e suas soluções. Como nos lembra Apple (1998, p. 23):

> Não é apenas no nível das metas sociais ou do currículo e do ensino que a "industrialização da educação" tem avançado. O Channel One está também na interseção de outras tendências. A Direita tem tentado até alterar até nossa percepção da própria escolarização, afastando-a da idéia de um terreno comum no qual a democracia é forjada (uma idéia intensamente política, que envolve noções interativas de cidadania numa sociedade politicamente organizada). Ao contrário, o terreno comum da escola deixa de se basear num conjunto de compromissos políticos democráticos (não importando sua fraqueza anterior) e é substituído pela idéia de um mercado competitivo. Perde-se o cidadão como ser político com direitos e deveres recíprocos. Em seu lugar, fica o indivíduo consumidor. A escolarização (e os estudantes) torna-se um "produto de varejo".

Embora prevaleça um tom pesado na advertência do autor, este nos lembra com muita propriedade o fato de que a entrada do capital privado nas escolas por meio do fornecimento de materiais didáticos e pedagógicos, através de parcerias e contratos aparentemente despojados de interesses, não se faz também sem a importação de relações sociais capitalistas para o seio do espaço público.

O exemplo do *Channel One* nos alerta para uma questão mal resolvida na LDB 9394/96. A Educação à Distância acha-se frouxamente regulamentada,[12] talvez em função do seu alto potencial de uso pelo mercado. O texto legal permite a redução de custos de transmissão em rádios e TVs comerciais e a concessão de canais. Ao mesmo tempo, os educadores do campo democrático têm uma grande resistência em discutir novas modalidades de ensino que prescinda da presença de alunos e professores no mesmo ambiente escolar. Cury (1992) parece conclamar a uma reflexão em torno dessa questão, ao nos lembrar a necessidade de

> dominar com compromisso e competência os recursos que a tecnologia vai disseminando na área da produção e do consumo.

Conclusão

Ao analisar as relações entre o público e o privado na gestão da educação, procurei lançar um olhar sobre diferentes estratégias de ampliação do poder privado nas escolas, seja por meio da exploração direta do mercado educacional, seja por meio da imposição de uma lógica administrativa que legitima os interesses do capital. Estamos no seio de uma complexidade em que o capital adquire novos contornos e legitima a sua interpretação sobre a crise educacional, aliando discurso conservador e soluções pseudodemocráticas.

Neste percurso não investigamos as possibilidades da reafirmação da escola como uma esfera pública, na qual interesses mais amplos da sociedade possam ser contemplados. Sem dúvida, é possível uma atuação política dos profissionais da educação que não se esquive de dialogar com a sociedade, de ouvir as críticas que pais e alunos têm à gestão da escola pública. É necessário construir estratégias de modernização da educação segundo interesses progressistas, que reafirmem a predominância da modernidade cultural em contraposição à modernização econômica, dos interesses da coletividade em contraposição aos interesses de uma parcela da sociedade. Certamente, essa não é uma questão meramente de eficiência técnica, mas que diz respeito às relações de poder mais amplas. O que significa dizer que não há como sermos modernos negando a esfera da política e da democracia.

---

[12] Cf. art. 80 das Disposições Gerais da LDB 9394/96.

Referências

APPLE, Michael W. Construindo a audiência cativa: neoliberalismo e reforma educacional. WARDE, Mirian Jorge. (Org.) *Novas Políticas Educacionais: críticas e perspectivas.* São Paulo: PUC/SP, 1998.

BRITO, Vera L. F. O debate sobre a escola pública/particular nas propostas para a LDB. *Educação em Revista*, Belo Horizonte, n. 13, jun. 1991, p. 91-94.

CANDEIAS, Antônio. Políticas educativas contemporâneas: críticas e alternativas. *Educação e Realidade.* Porto Alegre, v. 20, n. 1, jan./jun. 1995, p. 155-189.

CURY, Carlos R. J. O público e o privado na educação brasileira contemporânea: posições e tendências. *Cadernos de Pesquisa.* São Paulo, n. 81, mai. 1992, p. 33-44.

DRAIBE, Sônia. As políticas sociais e o neoliberalismo. *Dossiê Liberalismo/Neoliberalismo. Revista da USP*, n. 17, 1993, p. 86-101.

GENTILI, Pablo. A complexidade do óbvio: a privatização e seus significados no campo educacional. In: SILVA, Luiz Heron (Org.). *Escola cidadã no contexto da globalização.* Petrópolis: Vozes, 1998.

OLIVEIRA, Dalila A. A Qualidade Total na educação: os critérios da economia privada na gestão da escola pública. In: BRUNO, Lúcia. (Org.) *Educação e trabalho no capitalismo contemporâneo.* São Paulo: Atlas, 1996.

OLIVEIRA, Dalila A. Educação e planejamento: a escola como núcleo de gestão. In: ___. (org.) *Gestão democrática da educação: desafios contemporâneos.* Petrópolis: Vozes, 1997.

SILVA, Tomaz T. *O projeto educacional da nova direita e a retórica da qualidade total.* In: SILVA, Tomaz T. e GENTILI, Pablo. (Org.) *Escola S. A.* Brasília: CNTE, 1996.

SINGER, Paul. Poder, política e educação. *Revista Brasileira de Educação.* São Paulo, n. 1, fev./abr. 1996, p. 5-15.

WHITTY, Geoff. Controle do currículo e quase-mercados: a recente reforma educacional na Inglaterra e no País de Gales. WARDE, Mirian Jorge. (Org.) *Novas Políticas Educacionais: críticas e perspectivas.* São Paulo: PUC/SP, 1998.

O público e o privado no Brasil: fronteiras e perspectivas

CARLOS ROBERTO JAMIL CURY

Eis que a "grande dicotomia: público/privado", tal como intitulada por Bobbio (1987), passa a conhecer no Brasil tantas referências que nos devem fazer refletir sobre o assunto: recuperar, mesmo que de forma reiterativa, um tema tão central para a área de educação sempre guarda a possibilidade de novos enfoques. No entanto, aqui gostaria de tomar um outro ponto de partida: retomar o meu próprio discurso no seu percurso de reflexão sobre o tema. Ou seja, tentar flagrar-me, como uma terceira pessoa, olhando-me a mim mesmo por trás dos ombros, nos diferentes momentos da escrita. Se, ao exercer a capacidade de criticar, usamos os textos quer no seu sentido estrito, como referências teóricas e históricas indispensáveis, quer no sentido mais lato do social, como um texto que se apresenta à leitura e às nossas intervenções, criticar o próprio discurso coloca-nos em cena enquanto sujeito textual e coloca a nossa reflexão enquanto texto historicizado sempre aberto à réplica.

Para tanto, não ignorando a grande produção da área sobre o assunto, em especial a produção dos pesquisadores da Associação Nacional de Pós-Graduação e Pesquisa em Educação (ANPEd), gostaria de me rever nesta questão retomando alguns temas aos quais me dediquei com atenção e retomar como fulcro desta intervenção o conceito de hegemonia.

Já antes da nova Constituição de 1988, Cunha (1985) havia organizado um livro dedicado ao assunto, em cuja coletânea de artigos pode se retirar ainda preciosas indicações de problemas e mesmo de caminhos tomados pelos vários autores ali existentes. Num dos capítulos deste livro, Nogueira e Cury buscavam captar o "discurso dos protagonistas da rede de ensino", onde se contextualizava tal discurso face às diferentes posições assumidas por educadores e pesquisadores diante desta "grande dicotomia". Ali se pode encontrar a referência de um texto de Luiz Pereira onde a definição de público já incluía a noção de transparência. A intermediação da Constituição Federal, cujas singularidades foram destacadas por muitos autores, também conheceu novidades no campo do público e privado. Logo após a promulgação da Constituição, Cury (1989) propõe uma análise da educação no âmbito da lei maior recém advinda. Um ponto a se destacar é o reconhecimento das instituições privadas como coexistentes às instituições públicas no campo da educação escolar. Decorre daí a polêmica em torno do conceito de concessão. Outro ponto a se destacar é o reconhecimento da lucratividade como componente do segmento empresarial da liberdade de ensino. Este reconhecimento implicava, além da bipartição lucrativo X não lucrativo, a tripartição no interior desse último em subsegmentos como os confessionais, comunitários e filantrópicos. É destes segmentos que desponta a noção de público não estatal. Mais uma vez, procurando identificar como estava então posto o discurso dos protagonistas da educação em termos de posições e tendências, Cury (1992a) volta ao assunto e ali propõe a consideração da "grande dicotomia" à luz do conceito gramsciano de hegemonia. Ao lado da tradicional polêmica família X Estado, a hegemonia cultural seria um novo componente tendencial junto aos já consagrados temas, entre os quais a destinação de recursos e a laicidade. Esse componente se deve à consolidação do segmento não confessional da iniciativa privada, que assinala a importância de padrões empresariais de qualidade à educação escolar. Ainda que hoje se deva rever um outro conceito componente desta relação público/privado, Cury (1992b) analisa o princípio da concessão da educação como serviço público junto ao sistema privado de ensino. Apesar da Constituição estar já em vigor desde 1988, o conceito de concessão não deveria ter sido utilizado para toda a iniciativa privada. A noção de concessão faria mais jus ao segmento não lucrativo. Mais recentemente, uma incursão no campo específico do ensino superior propiciou uma leitura cronológico-histórica das reformas deste nível de ensino (CURY, 1998) à luz da legislação brasileira.

Deste conjunto de aproximações, gostaria de destacar alguns pontos advindos da legislação face a esta "dicotomia" :

1- a legislação brasileira sempre reconheceu a liberdade de ensino, expressão consagrada nas diferentes normas jurídicas para assinalar o ensino privado;

2- a legislação brasileira sempre firmou o Estado como poder concedente ou autorizatório da educação escolar regular;

3- a legislação brasileira sempre revelou algum grau de restritividade com relação à liberdade de ensino;

4- a legislação brasileira existente na Constituição Federal e a partir dela traz novos contornos com relação a esta questão.

Certamente, a questão dos recursos financeiros públicos e sua destinação, a questão da laicidade, a questão do princípio fundante da educação ainda continuarão a compor importantes núcleos de definições substantivas nas políticas concernentes ao assunto.

A destinação de recursos conheceu um importante parecer do Pleno do Conselho Nacional de Educação (Parecer CP 26/97), e a lei de diretrizes e bases, nem bem aprovada, teve significativas alterações no que tange ao ensino religioso (art. 33) nas escolas públicas de ensino fundamental.

O ponto 4, acima citado, implica em mudanças significativas no âmbito desta questão. Assim, a Constituição Federal consagra como princípio da educação o pluralismo, inclusive ao admitir a coexistência de instituições públicas e privadas. Esta coexistência admitida conduz a substituir a noção de concessão pela de autorização no âmbito da educação regular. A admissão da lucratividade e da não lucratividade do ensino conduziu não só a uma explícita divisão da iniciativa privada segundo a natureza do estabelecimento como também ao Decreto nº 2.207/97, alterado pelo Decreto nº 2.306/97. Esse último regula a forma de ser das instituições lucrativas e não lucrativas, além de classificar as instituições de ensino superior quanto à sua organização. Algo similar se dá pela lei nº 9.732/98 pela qual se limita o grau de isenção de que gozam as instituições sem fins lucrativos. Este grau dependerá da proporção da gratuidade face às vagas cedidas a estudantes carentes.

Fazem parte destas alterações os pareceres e as resoluções do Conselho Nacional de Educação, cuja produção tem sido enorme em vista da existência do novo ordenamento jurídico da educação brasileira trazido pela lei 9.394/96.

Do ponto de vista estatístico, não resta dúvida que o ensino público é amplamente dominante no âmbito do ensino fundamental e do ensino médio. Esse último deve conhecer mesmo uma grande expansão, inclusive de sua rede física junto aos Estados. A tendência do ensino privado é de se manter nos seus atuais níveis de oferta.

O ensino superior, contudo, nos revela outras dimensões. Tudo indica que os governos públicos hoje existentes não estão com caixa para bancar a expansão desta rede e nem mesmo interessados nesta expansão. Ao que parece, esgotou-se o crescimento desta rede por parte dos Estados. Os Municípios, pela lei de diretrizes e bases, estão proibidos de investir neste segmento. A União, de longa data, insiste no aproveitamento mais intensivo e extensivo de seus *campi* sem adição de novos recursos. A questão do financiamento das redes públicas de ensino superior vem sendo objeto das maiores polêmicas quanto a montantes, distribuição, repartição e proposições sobre outros assuntos de natureza jurídica. Assim, nada indica uma expansão da rede física dos estabelecimentos públicos de ensino superior que seja superior a um crescimento residual.

Por outro lado, a pressão cada vez mais ascendente por vagas no ensino superior tem sido acolhida pela rede privada, cujo crescimento, desde a década de 70, é incontestável. Por aqui o ensino privado tem tido as suas mais fortes motivações, mesmo quando a Constituição impõe a todas as modalidades de ensino o princípio da avaliação de qualidade.

Postas estas considerações preliminares, a questão da "dicotomia" vem se impondo sob a égide do conceito de hegemonia. Este, como se sabe, não se confunde com a dominação política ou com a dominância quantitativa. Ele é um modo de ser pelo qual um grupo social consegue, pelo convencimento, imprimir a sua direção sem desconhecer os interesses de um grupo concorrente. Hoje em dia, o sistema privado de ensino, sobretudo no âmbito da rede em que ele não possui mais a dominância quantitativa, tende a se afirmar pelo conceito de qualidade e, no espaço em que ele é dominante, emite sinais que pretende também se afirmar por este conceito.

O conceito de qualidade é bastante complexo e comporta até mesmo uma grande polissemia. Mas, de modo direto e um tanto rude, pode-se dizer que ele aponta para uma realidade que "é ou está melhor do que " uma outra semelhante e para uma realidade que se efetiva como sendo ou estando melhor do que uma outra. Se este conceito já vinha sendo trabalhado, após os documentos exarados pela Conferência de Jomtien, pelos relatórios de múltiplas agências internacionais de fomento sobre a situação da escolarização de vários países, após o reconhecimento da importância da escola na formação de habilidades e competências junto com o domínio de conhecimentos e na constituição de valores, a qualidade deixou de ser um conceito abstrato para tomar conta de vários aspectos da realidade educacional. Neste caso, cresce a importância da produção de novos materiais didáticos, a importância de novos aportes na forma e no conteúdo dos currículos, da entrada em redes próprias da "sociedade da informação", da rapidez na tomada de decisões, da melhoria da formação continuada dos docentes e da exposição de resultados significativos em processos de avaliação.

A produção de material torna-se crucial na disputa de um mercado que cresce a olhos vistos e em várias dimensões. Do lado estrutural, tem-se o crescimento em quantidade e em importância do ensino não presencial onde a presença das novas linguagens, para além da escrita, joga um papel crucial. Os docentes sentem a necessidade imperiosa de se atualizar, seja pelos limites trazidos por uma formação especializada, seja pela necessidade de trabalho interdisciplinar. Esta necessidade se amplia para o setor administrativo, onde se postulam novos modos de gestão com os funcionários, com os alunos, com as famílias e com o corpo docente. Produzir material didático, kits pedagógicos pode se transformar em símbolos e signos de uma experiência exitosa e que se alastra em fórmulas de marketing e de expansão por *franchising*. Hoje não se pode mais falar só em projetos de produção de materiais didáticos. Já há muita coisa neste mercado e muito ainda está se produzindo.

Além disso, o sistema privado vem se candidatando à utilização da eletrônica como meio de difundir cursos e programas através do ensino semipresencial, e à distância e paralelamente ao que as agências de fomento fazem com os programas acadêmicos, há uma busca da internacionalização de cursos e programas mais voltados para o mercado.

Na questão do público e do privado, não é de hoje que se denuncia a dupla rede do sistema brasileiro de escolarização. A rede positivamente discriminada começa no privado e prossegue no superior público, enquanto a rede negativamente afirmada segue a rota contrária. Ora, no momento em que as escolas públicas querem se afirmar sob o prisma da qualidade, a compra deste material pedagógico produzido por parte dos poderes públicos tende a explicitar "quem é melhor".

Se a disputa pela qualidade em termos da efetivação de produtos concernentes parece estar se definindo em termos do sujeito da mesma (privado no ensino fundamental e médio e público no ensino superior), isto não quer dizer que não haja experiências significativas junto ao ensino básico público ou junto ao ensino superior privado. O que está em questão é a disputa pela capacidade de direção. Talvez o conceito de hegemonia possa trazer algum outro ponto de vista que possa ser considerado também nas iniciativas do governo federal, dos governos estaduais e mesmo de instâncias municipais na proposição de parâmetros e referenciais curriculares. Aqui também se deve ter cuidado em não incidir em dicotomias dualistas e maniqueístas. Mas não deixa de ser significativo, *quae sera tamen*, que instâncias públicas se interessem e passem a fazer da produção didático-pedagógica um campo de atuação.

Outro ponto a se destacar, e que ainda se encontra em processo, é a disputa pelo campo da avaliação. Na medida em que o sistema nacional de avaliação do rendimento escolar se tornou um imperativo legal e na medida em que se desenham espaços de avaliação segundo as etapas e os níveis da educação nacional, torna-se estratégico saber que "escolas de avaliação" (formação de gestores, domínio de competências, por exemplo) conseguirão convencer os poderes públicos responsáveis pela direção a ser dada ao teor e natureza da avaliação. É significativo que o poder público federal tenha se mobilizado no sentido de dotar seu governo de "marcas" nesta área (Provão, ENEM, SAeb), de organizar um conjunto invejável de dados estatísticos (sobretudo os do INEP) e de investir na avaliação dos livros escolares, com a elaboração da classificação decorrente.

Esta inflexão sobre a hegemonia como campo de disputa no interior da "grande dicotomia" não retira a importância das pesquisas e estudos que investiguem o Estado como fornecedor de recursos públicos para determinados setores privados. Ela apenas aponta um outro campo ou mesmo uma área dentro deste campo que evidencia um processo cambiante de troca de posições.

Referências

BOBBIO, Norberto. *Estado, Governo, Sociedade: para uma teoria geral da política*. Rio de Janeiro: Paz e Terra, 1987.

CURY, Carlos Roberto Jamil e NOGUEIRA, Maria Alice. O atual discurso dos protagonistas das redes de ensino. In: CUNHA, Luiz Antônio (coord). *Escola pública, escola particular e a democratização do ensino*. São Paulo: Cortez e Associados, 1985.

CURY, Carlos Roberto Jamil e NOGUEIRA, Maria Alice. A educação e a nova ordem constitucional. *ANDE*, n. 14, ano 8, São Paulo, 1989.

CURY, Carlos Roberto Jamil e NOGUEIRA, Maria Alice. O Público e o privado na educação brasileira contemporânea: tendências e posições. *Cadernos de Pesquisa*. São Paulo, n. 81, mai. 1992.

CURY, Carlos Roberto Jamil e NOGUEIRA, Maria Alice. A educação escolar como concessão. *Em Aberto.*, Brasília, n. 50/51, ano X, abr./set. 1992.

CURY, Carlos Roberto Jamil e NOGUEIRA, Maria Alice. A evolução da educação superior no Brasil: a participação do setor público e da iniciativa privada. *Revista Brasileira de Política e Administração da Educação.* v. 13, ANPAE, jan./jun. 1997.

O público, o privado
e as políticas educacionais

VERA LÚCIA ALVES DE BRITO

As mudanças que estão ocorrendo nas atuais políticas educacionais tornam crucial perceber o significado de um espaço público, repensando as modalidades de combinações entre estatal e privado na formação do Estado no Brasil.

De um lado, há uma articulação complexa entre Estado, Mercado e Sociedade. Ao reconhecermos a complexidade destas relações, afirmamos, de início, que o espaço público não pode ser reduzido ao conceito restrito de estatal. A dimensão do estatal certamente não abrange a totalidade das práticas sociais que podem ser incluídas na concepção de espaço público. Por outro lado, as práticas sociais que se realizam no âmbito da sociedade civil não podem ser reduzidas à esfera do mercado.

A constituição de espaços públicos significa, na vida social como um todo e no campo da educação, em especial, a constituição de espaços nos quais valores circulam, argumentos se articulam, opiniões se formam, no dizer de Vera Silva Telles (1994), para criar uma ética pública na qual os conflitos são debatidos, valores e opiniões diversas têm acolhida e interesses da população são reconhecidos como direitos.

É nesta perspectiva que se pode pensar o campo educacional, com suas lutas, reivindicações, conflitos. A questão da educação pode ser analisada, por este ângulo, como uma trajetória de luta por direitos em que se retomam reivindicações de privilégios e exigências dos diversos atores sociais, entre os quais sobressaem os setores operários.

Quando nos perguntamos qual o critério utilizado historicamente para atender às reivindicações de determinados segmentos da sociedade no campo da educação, estamos questionando a equidade e a justiça da oferta educacional e portanto, a ética pública que prevaleceu em dado contexto histórico. Estamos indagando sobre o que consideramos legítimo ou ilegítimo na distribuição de bens educacionais, tendo como medida o atendimento ou a exclusão de amplos segmentos da sociedade brasileira ao acesso a estes bens. Esta problemática, que diz respeito às formas como a sociedade brasileira tem equacionado seus problemas sociais, aponta para as desigualdades sociais criadas e consolidadas historicamente. As políticas públicas podem ser lidas neste quadro como expressões de atendimento ou de negações de direitos. A legislação que resulta do embate entre forças e interesses contraditórios não pode ser entendida de modo linear. A legislação pode ser visualizada como um artifício que, embora não responda de modo inequívoco às demandas sociais, resulta da correlação de forças que predominam em um contexto social e político.

É recente a ótica de análise de política educacional como política pública. Este enfoque poderá ampliar a reflexão sobre a educação, situando-a no contexto de atuação do Estado face a políticas que se destinam a outras áreas sociais. Encarar a educação como uma das políticas públicas significa analisá-la no conjunto das intervenções do Estado na área social, abordando os objetivos políticos, as formas de distribuição de recursos e as relações com as classes que dão sustentação a determinado projeto político.

É relevante a análise de Offe (1986), que aponta a tensão em que se situa a ação do Estado: de um lado é impelido a buscar legitimidade junto às massas e de outro não pode subestimar sua função de acumulação de capital, o que produz, nas decisões dos seus próprios gestores, uma margem da autonomia relativa.

No caso de sociedades de capitalismo tardio, Offe enfatiza as dificuldades do Estado em responder às questões sociais em face da prioridade das pressões decorrentes da estabilização e expansão do crescimento econômico. O Estado tende então a responder aos focos de tensão, entregando para a periferia da ação governamental aqueles setores que não são imprescindíveis à acumulação ampliada do capital, deixando amplas áreas da vida social sem a cobertura exigida por demandas da população. A insuficiência de serviços públicos é a outra face da pauperização do proletariado e se manifesta no que é considerado periferia do sistema, tal como atendimento a idosos, educação infantil e outras áreas de assistência social. Por outro lado, o sistema educacional, situado no contexto das políticas públicas, é responsável tanto pela criação de condições profissionais, para que os sujeitos se predisponham a inserir-se na força de trabalho, como pela socialização dos jovens e pela regulação de sua entrada no mercado de trabalho. Estas funções do sistema educacional não são periféricas ao processo de realização do capital, segundo Offe. Pelo contrário, as políticas sociais têm, em relação ao sistema produtivo, funções estruturais, não se limitando a funções econômicas. A dimensão propriamente política é destacada por Offe, na ação do Estado, mediatizada pelos agentes governamentais que priorizam ações que garantem a manutenção institucional, ao mesmo tempo em que orientam suas decisões no atendimento a demandas que legitimam o papel do Estado.

Analisar as políticas públicas para a educação pública e privada significa, na perspectiva teórica assinalada, entender o Estado brasileiro e o processo histórico de sua formação. A abordagem teórica deste trabalho procura situar a política educacional como parte integrante das políticas sociais, situando-se no campo das estratégias de consolidação de um modelo de Estado capitalista periférico.

É neste contexto que o Estado brasileiro exerceu um papel central na implementação de políticas convergentes para viabilizar o desenvolvimento econômico. Para isto constituiu um conjunto de instituições político--administrativas responsáveis pela "modernização" capitalista. As políticas sociais vão expressar, deste modo, a capacidade interna dos mecanismos de formulação de políticas de decodificar as demandas das classes sociais e inseri-las na pauta de respostas governamentais. É importante assinalar que serão inseridas aquelas que asseguram as bases de sustentação política para garantir a continuidade da realização do capital.

A análise histórica é, portanto, essencial para esta compreensão.

POLÍTICAS EDUCACIONAIS NO BRASIL: O PAPEL DO ESTADO

Um ponto de partida para esta análise é a compreensão do patrimonialismo que tem caracterizado o Estado brasileiro.

A privatização é intrínseca ao formato que o Estado assumiu, desde o início do processo de desenvolvimento capitalista. A análise histórica tem documentado a ausência de uma dimensão pública nas instituições estatais, tanto na esfera política como na administrativa e em suas relações com a sociedade.

No campo educacional, nem a separação Estado/Igreja na República rompeu com a hegemonia do setor privado/confessional instalado no Brasil desde a Colônia. As pressões da Igreja Católica para manter sua prevalência no ensino vão marcar este período e vão se estender até as primeiras décadas deste século.

São recorrentes as análises da delegação de poderes que ensejaram uma dominação patrimonial que deixou raízes profundas na estrutura política e social brasileira (FARO, 1975, VIANNA, 1987, DUARTE, 1939).

A política do favor, base e fundamento do Estado brasileiro, não permite nem comporta a distinção entre o público e o privado (MARTINS, 1994).

Desta forma, o processo de modernização capitalista prolongou formas coloniais de estruturação do Estado, ao mesmo tempo em que reformulou sua atuação para intervir ativamente no processo de expansão capitalista.

A não ruptura com o passado faz com que este se apresente com roupagem nova, mas a oligarquia não perde todo seu poder e moderniza-se para enfrentar a transição para a modernidade. É o que Florestan Fernandes afirma ao analisar a revolução burguesa brasileira (FERNANDES, 1975).

No campo educacional, os anos 20 vão ser palco de um confronto aberto entre a Igreja Católica e educadores "publicistas". Este processo conflituoso tem como pano de fundo as demandas públicas de educação que correspondessem às exigências da vida econômica, política e social. Educadores publicistas denunciavam a instrumentalização da máquina pública pelas oligarquias e pelos grupos econômico-sociais. Educação não é privilégio, afirmava Anísio Teixeira. A denúncia da imbricação do setor público com interesses do setor privado e a denúncia das deficiências do aparelho estatal significam uma exigência de racionalidade e de eficiência da rede pública estatal.

O período dos anos 30 configura uma etapa importante na modernização econômica, política e social articulada pelo Estado. A formação de uma sociedade capitalista vai se dar com características próprias: não há ruptura com padrões anteriores de organização social, mas há conciliação entre interesses econômicos e políticos tradicionais e as novas forças econômicas, que exigem padrões de organização, gestão e legislação favoráveis ao desenvolvimento econômico.

O pleno desenvolvimento do Estado, nos anos 30, propiciou também a expansão da rede pública de educação, aliando exigências de desempenho de papéis específicos da educação na ordem econômica a exigências de atendimento às demandas da sociedade por expansão da rede pública em todos os níveis.

É a partir de 1930 que se consolida uma política educacional com características de um incipiente sistema educacional.

Embora políticas para o ensino sejam anteriores a esta data, é neste momento que, ao lado das outras formas de intervenção do Estado na vida social, a política educacional pode ser enquadrada na regulação estatal e na prevenção de conflitos entre capital e trabalho (FLEURY, 1994).

O conceito de cidadania regulada, utilizado por Wanderley Guilherme dos Santos, pode ser estendido à política educacional que é implementada naquele momento. O autor distingue três parâmetros definidores da cidadania regulada: a regulamentação das profissões, a carteira profissional e o sindicato público. É, entretanto, neste momento que a obrigatoriedade escolar é constitucionalizada e torna-se um elemento definidor do cidadão: ocupação e direito ao sufrágio articulam-se à alfabetização e à frequência obrigatória à escola.

A organização de políticas sociais, nas quais podemos localizar a política educacional, correspondeu à criação, pelo Estado, de rede de intervenção estatal, articulada a determinadas correlações de força política que criam bases de sustentação para mediar demandas políticas que atuam fora do aparelho do Estado, na sociedade civil.

Segundo Wanderley Guilherme dos Santos:

> são cidadãos todos aqueles membros da comunidade que se encontram localizados em qualquer uma das ocupações reconhecidas e definidas em lei. (SANTOS, 1987, p. 69).

É desta forma, portanto, que a lei define o que é ser cidadão (HORTA, 1998).

A característica básica das políticas sociais, desde seu início, é a fragmentação da oferta e a seletividade.

A implantação de um sistema educacional seletivo e excludente não destoa das demais políticas sociais brasileiras. De início, o sistema educacional é dualista e mantém uma profunda diferenciação interna: de um lado, a qualificação das classes médias e altas, de outro, a exclusão de amplas camadas da população da escolarização. A partir da década de 50, as teses da CEPAL reforçam a intervenção do Estado na economia como eixo impulsionador de um projeto desenvolvimentista embasado na industrialização, considerado como mecanismo suficiente para promover o desenvolvimento e corrigir as desigualdades sociais.

Naquele momento, a busca de superação do atraso e as teses desenvolvimentistas reforçavam a intervenção do Estado como produtor de mercadorias e serviços. O Estado torna-se elemento central de acumulação e expansão do capital em detrimento do acesso da população a bens e serviços e excluindo dos direitos básicos grande parte da população.

Quem se beneficiou da intervenção do Estado na economia? Certamente não foi a classe trabalhadora, mas os diversos grupos empresariais. Estes grupos, apesar de sua heterogeneidade, articularam-se politicamente num processo que tem semelhança com a "modernização conservadora", expressão utilizada por Barrington Moore para analisar o desenvolvimento tardio no século XIX. Esta expressão, quando aplicada ao processo político brasileiro, enfatiza o processo de intervenção do Estado, maximizando os interesses da burguesia nacional e mantendo as classes dominadas numa situação de exclusão das decisões políticas e da cidadania civil e social.

É esta análise do papel do Estado no Brasil que nos autoriza a afirmar que a base do Estado brasileiro não permite nem comporta uma distinção nítida entre o público e o privado (MARTINS, 1994).

O que esteve em jogo no processo de atuação estatal eram relações de poder associadas a mecanismos de acumulação capitalista. Deste modo, a modernização conservadora associou de modo reiterado patrimonialismo e poder, resultando em apropriação do público pelo privado. Analisar a atuação do Estado significa pensá-lo nas suas relações com a sociedade; é o que afirma Francisco Oliveira: o Estado "não tem uma medida em si mesmo, ele tem que estar sempre em relação com a sociedade civil, o que lhe dá a medida, a profundidade, o alcance, os seus limites" (OLIVEIRA, 1995, p. 7).

No Brasil, o Estado intermediou os interesses das classes dominantes, associando-se a eles e criando condições para a reprodução da força de trabalho dentro de regras de submissão. As políticas educacionais tiveram papel importante na manutenção da ordem social, na dominação de corpos e mentes e na exclusão social.

A exclusão social, que hoje é muitas vezes considerada algo natural e banal, torna-se opaca à realidade do abismo que separa pobres e ricos.

Os dados de 1996 mostram que esta desigualdade não tem diminuído.

A renda média dos 10% mais ricos é 30 vezes maior que a renda dos 40% mais pobres. Os 10% mais ricos detêm quase metade de toda riqueza. Em 1990, havia no Brasil 42 milhões de muito pobres, ou 30% da população, e 16 milhões de miseráveis sem condições de escapar da fome.

Este perfil é estrutural na sociedade brasileira; a maioria da população vive em condições de pobreza e uma minoria aproxima-se do padrão europeu.

O quadro educacional mostra que as classes médias e altas têm conseguido qualificar seus filhos e escolarizá-los e as camadas populares têm que se valer do ensino público existente. O quadro hoje ainda é preocupante: dos 33 milhões de alunos matriculados no 1º grau (1996), 88% provinham de escolas públicas (Anuário Estatístico, IBGE 1996). A iniciativa privada não investiu e não investe maciçamente na educação das camadas populares. Os empresários educacionais investem prioritariamente onde pode ser garantido o retorno do seu investimento, e as escolas comunitárias e confessionais disputam com as instituições recursos públicos sob a forma de subsídios diretos, isenções fiscais ou créditos educativos.

A partir da década de 80, a questão educacional, antes de ser uma proposição ligada ao crescimento econômico, passa a ser uma questão política no momento em que as instituições autoritárias, que atravessavam a sociedade, foram sendo denunciadas e uma concepção de direitos de cidadania passa a colocar em questão a atuação do Estado. Com a transição do autoritarismo para o Estado de Direito, o balanço realizado pelos movimentos sociais e pelos cientistas sociais analisa os ganhos da modernização autoritária de modo pessimista. As políticas sociais não conseguem atingir a universalização pretendida, resultando em *déficits* sociais dramáticos.

Constata-se, entretanto, que no período autoritário houve, sim, consolidação de uma rede de escolas públicas.

A ampliação dos serviços públicos, aí incluídas as redes educacionais, complexificou-se e tecnificou-se,

> em decorrência da necessidade de ordenação, pelo estado, do montante de rendimentos disponíveis, dado o seu aumento inusitado em função da Constituição de uma massa assalariada urbana de grandes proporções, e menos como resultado de características inerentes ao próprio modelo autoritário-burocrático de governo. (DRAIBE, 1987)

O período militar contribuiu tanto para o fortalecimento do Estado como para fortalecer o modelo político de modernização conservadora.

O Estado, neste período, caracterizado por O'Donnell como burocrático-autoritário (O'DONNELL, 1986), incorpora a burguesia oligopolizada como principal base social. O Estado colabora para a instalação de um sistema de exclusão da cena política de organizações de trabalhadores e de movimentos políticos.

Como se processa a elaboração de políticas sociais e educacionais? As políticas sociais são definidas de forma autoritária e centralizadora, tendo como objetivos: regular o conflito social, difundir a ideologia da segurança nacional e abrir o campo dos investimentos privados na área social. Os recursos destinados às políticas sociais foram restringidos e as áreas de educação, saúde, previdência, subvenções sociais foram utilizadas para estimular a iniciativa privada (ABREU, 1993).

A área de educação, bem como outras áreas sociais, reitera neste período padrões de seletividade, fragmentação e heterogeneidade, embora simultaneamente se consolida um sistema educacional regulado pelo Estado.

O sistema educacional no período passa por grande expansão, modernização e tecnificação. Entretanto, o padrão de intervenção do Estado não chega a assumir o padrão dos Estados capitalistas modernos.

Incapaz de compensar os efeitos do modelo econômico,

> as políticas sociais figuram como caudatárias do desenvolvimento econômico e terminam por beneficiar sobretudo as classes médias e alguns segmentos dos trabalhadores assalariados que, incorporados de forma subordinada ao projeto hegemônico, ofereceram sustentação política ao governo. (BARRETO, 1990)

A transição conciliatória que marcou a Nova República recebe como herança dos governos militares uma enorme dívida social nas áreas de saúde, habitação e educação.

As lutas pela democratização da sociedade brasileira, os movimentos em prol da educação pública, a organização do setor de saúde, os movimentos sociais vão expressar uma negação da identificação público-estatal e reivindicar um conjunto de políticas sociais, articuladas com a inserção dos brasileiros na sociedade, enquanto portadores de direitos.

Redefinem-se as relações Estado/sociedade civil no momento em que os movimentos sociais pressionam por novos projetos de políticas sociais e se afirmam como interlocutores na definição de políticas públicas.

Enfatizam-se a importância e a necessidade do fortalecimento da sociedade civil contra o Estado. A satanização do Estado (BORÓN, 1995) ocorre nos discursos de vários protagonistas, identificando o Estado como responsável por todos os problemas que acomele a sociedade.

Os novos personagens que entram na cena política com o processo de redemocratização (organizações de professores, de empresários de ensino, de instituições confessionais, de setores e níveis educacionais) introduzem novas contradições na dicotomia público-privado.

Na área educacional, o debate que se travou na Constituinte introduziu novas formas de articulação entre Estado e sociedade civil.

Nesta perspectiva, pode-se perguntar se há um esgotamento da dicotomia público-privado e se o conceito de público abrange hoje o universo das práticas sociais contidas na ideia de público.

A Constituição de 1988 inovou, explicitando a existência de escolas privadas estrito senso diferenciadas das escolas privadas não lucrativas, que abrangem as escolas comunitárias e confessionais. Esta explicitação permite à escola privada uma nova identidade. As instituições confessionais têm procurado, a partir da Constituição de 88 e da LDB/96, delimitar a sua identidade como não lucrativa, com propostas de políticas educacionais concretas. Organizadas em associações e sindicatos (especialmente para o ensino superior), procuram intervir na formulação de políticas, pleiteando lugar no Conselho Nacional de Educação e elaborando propostas concretas que as diferenciem das instituições privadas em sentido estrito.

Constata-se que as políticas educacionais atuais do governo federal têm incorporado as pretensões das entidades não lucrativas em suas políticas.

É o que afirma Luís Antônio Cunha ao analisar o Decreto 2306/97, que regulamenta as entidades mantenedoras das instituições privadas de ensino superior no sentido estrito e estabelece diferenças substanciais entre as duas.

Em tudo convergente com essa pretensão identitária das instituições não lucrativas, o poder normalizador do governo federal projetou importantes modificações no quadro até então existente no que diz respeito à fronteira entre as esferas públicas e privadas (Cunha, 1998).

A exigência de conselho fiscal, demonstrativos financeiros anuais, auditorias, percentagens de recursos para remuneração docente, não remuneração de dirigentes, submetem as instituições privadas lucrativas à legislação que rege as sociedades mercantis e, por outro lado, credencia as não lucrativas a receberem recursos públicos para o ensino e, especialmente, para a pesquisa.

Qual o sentido destas políticas educacionais para o ensino superior? O autor é comedido em suas conclusões:

> ...parece que a orientação expressa pelo Ministério da Educação é no sentido de que a legislação no campo educacional acabe com o capitalismo patrimonial vigente em todo o período republicano, em especial desde o Estado Novo e estabeleça um capitalismo concorrencial, no qual os investimentos realizados deixem de usufruir de condições acintosamente privilegiadas quando comparadas a qualquer outro setor:
>
> No discurso hoje dominante no campo, a linha principal de demarcação interna (no ensino superior) deixaria de passar pela divisão entre o estatal e o privado para delimitar a diferença específica entre a excelência e a mediocridade. (Cunha, 1998)

Para chegar a esta conclusão, o autor argumenta que, na prática, o embate está sendo decidido no âmbito do Ministério da Educação e do Conselho Nacional de Educação, alvo das disputas dos protagonistas de diversas posições.

Mas, se no ensino superior a redefinição público/privado tem interlocutores reconhecidos e aceitos, não é o que parece estar acontecendo nos outros níveis de ensino.

Diante de propostas concretas do Banco Mundial para os diversos níveis de ensino que propõem a revisão do papel do Estado na educação, deixando de ser o principal executor e passando a constituir uma instância coordenadora e controladora, o Ministério da Educação tem apresentado propostas nem sempre convergentes, nas quais alguns princípios do Banco Mundial, entretanto, têm encontrado acolhida nas propostas educacionais.

Entre estes, o princípio de que mecanismos de mercado são indispensáveis para a melhoria da escola pública. Para conseguir atingir estes mecanismos concorrenciais, preconiza-se a descentralização administrativa, pedagógica e financeira das unidades escolares, entendendo-se por descentralização uma forma de atingir público específico e uma forma de redução de responsabilidades e de gastos.

A iniciativa privada só é voltada para aqueles que podem assegurar retorno ao investimento. Não há, na educação fundamental, participação relevante das escolas comunitárias e filantrópicas. Isto nos dá a dimensão da importância da escola pública no ensino fundamental e das formas de seu financiamento. As políticas educacionais atuais atuam na contracorrente da afirmação da cidadania e da construção de um espaço público. No âmbito das políticas educacionais, constata-se a ausência de discussão das prioridades educacionais pela sociedade civil e pelos interlocutores qualificados: educadores, dirigentes municipais, movimentos sociais. Políticas educacionais estatais, mas não públicas, no sentido de garantir um espaço de interlocução, que afirmem os direitos sociais e que reconheçam direitos da criança ao acesso à educação infantil e à educação básica, que afirmem os direitos dos portadores de deficiências e dos jovens e adultos. Não considerando-as carentes e atuando na compensação de ausências, mas pela afirmação de que todos são cidadãos brasileiros, e, portanto, têm direito a uma educação básica de qualidade.

Nos anos 90, em função das transformações das relações produtivas e no modelo econômico, as políticas educacionais para o setor têm inovado em sua formulação e em sua prática.

A pressão do Banco Mundial, de um lado, e as pressões populares por educação fundamental e média vão pressionar por mudanças na administração e no financiamento.

A alegada falência do Estado brasileiro para financiar políticas educacionais para todos não se restringe à ausência de recursos econômicos. Toda a argumentação que estabelecemos neste trabalho enfocou a privatização do Estado brasileiro e a ausência de uma esfera pública de decisões na elaboração das políticas educacionais.

A argumentação coloca em evidência os fatores econômicos e sociopolíticos que caracterizaram a formação de um Estado com características específicas de imbricação do público e do privado.

As atuais propostas de políticas educacionais têm enfatizado a eficiência e a redução de gastos públicos, de um lado, e a municipalização, de outro.

Ao definir, em 1988, que as verbas públicas seriam destinadas prioritariamente à escola pública, a Constituição Federal estabeleceu um parâmetro importante na questão do financiamento das políticas públicas. Instaurou-se, a partir desde marco legislativo, a definição de políticas educacionais que têm reformado a educação brasileira, em todos os níveis. A Emenda Constitucional nº 14/96 que criou o FUNDEF (Fundo de Desenvolvimento do Ensino Fundamental e Valorização do Magistério), ao invés de aumentar os recursos para o financiamento do ensino fundamental, reduz o investimento da União.

O Governo Federal já havia reduzido sua participação em 1996. Pois, naquele ano, o governo deixou de aplicar 1,7 bilhão de reais neste nível de ensino. O FUNDEF, implantado em 1998, desobriga a União de aplicar pelo menos metade dos gastos previstos na Constituição de 1988 para o ensino fundamental.

É importante ressaltar que a educação infantil e o ensino de jovens e adultos estão excluídos do FUNDEF. A forma autoritária de implantação do FUNDEF exclui as relações educacionais, a ideia de direitos já conseguidos anteriormente, consolidando uma direção para a política educacional que Evaldo Vieira denominou "Política educacional sem direitos sociais".

O autor é incisivo em sua crítica:

> Em nenhum momento histórico da república brasileira os direitos sociais sofrem tão clara e sinceramente ataques da classe dirigente do Estado e dos donos da vida em geral, como depois de 1995. (VIEIRA, 1995)

Quanto ao processo de municipalização, constata-se que a transferência de responsabilidades educacionais ao município é hoje irreversível. O que não é irreversível é a formulação de políticas educacionais que coloquem em prática o princípio constitucional de colaboração entre os poderes públicos estatal, federal e municipal. Deste modo, poderiam ser sustados os atuais processos de desresponsabilização dos diferentes níveis de governo com a educação, seja quanto aos ensinos fundamental, médio, profissional, infantil e de jovens e adultos, sob a justificativa de que não são de sua competência específica.

REFERÊNCIAS

ABREU, H. *A trajetória e o significado das políticas públicas: um desafio democrático.* In: Proposta. Rio de Janeiro: Fase. n. 59, dez. 1993.

BARRETO, E. Políticas públicas de educação: atuais marcos de análise. *Cadernos de Pesquisa*, São Paulo, n. 90, ago. 1998.

BORON, A. A sociedade civil depois do dilúvio neoliberal. In: SADER, E. & GENTILI, P. (orgs.). Pósneoliberalismo: as políticas sociais e o estado democrático. Rio de Janeiro: Paz e Terra, 1995.

CUNHA, L. A. *O público e o privado no ensino superior brasileiro: fronteira em movimento?* Mimeo, 1998.

DRAIBE, S. M. As políticas sociais e o neoliberalismo. In: *Revista USP.* São Paulo, n. 17, mar./mai. 1993.

DUARTE, N. *A ordem privada e a organização política nacional*. São Paulo: Companhia Editora Nacional, 1939.

FAORO, R. *Os donos do poder: formação do patronato político brasileiro*. São Paulo: USP, 1975.

FLORESTAN, F. *A revolução burguesa no Brasil*. Rio de Janeiro: Zahar Editora, 1975.

HORTA, J. S. B. Direito à educação e obrigatoriedade escolar. *Cadernos de Pesquisa*, 104, São Paulo: Cortez. jul. 1998.

MARTINS, J. S. O poder do atraso: ensaios de sociologia da história lenta. São Paulo: Hucitec, 1994.

O'DONNELL, G. *Autoritarismo e democratização*. São Paulo: Vértice, 1886.

OLIVEIRA, F. *Quem tem medo da governabilidade*. In: Novos estudos CEBRAP. São Paulo, n. 41, mar. 1995.

OFFE. C. *Problemas estruturais do Estado capitalista*. Rio de Janeiro: Tempo Brasileiro, 1984.

SANTOS, W. G. *Cidadania e justiça: a política social na ordem brasileira*. Rio de Janeiro: Campus, 1987.

TELLES, V. S. Sociedade Civil e a construção de espaços públicos. In: DAGNINO, E. (Org.) *Anos 90: política e sociedade no Brasil*. São Paulo: Brasiliense, 1994b.

VIANNA, O. *Instituições políticas Brasileiras*. São Paulo: EDUSP, 1987.

VIEIRA. E. *Política social*. São Paulo: Cortez, 1996.

Experiências de gestão pública em Educação Básica

Escola cidadã: a experiência de Porto Alegre

José Clóvis de Azevedo

O Projeto Escola Cidadã, desenvolvido atualmente pela Secretaria Municipal de Educação de Porto Alegre — SMED, é produto histórico da construção social das lutas pela afirmação democrática do direito à educação pública de qualidade. Educadores e educandos afirmaram seus princípios, refletiram suas práticas, nas academias, nos sindicatos e nos diversos movimentos sociais. A articulação das experiências democráticas e dos fazeres pedagógicos alternativos fertilizaram o campo progressista em décadas de lutas, que semearam e acalentaram o sonho embrionário de uma educação emancipadora, associada a um projeto sociocultural voltado para a formação de sujeitos históricos capazes de, conscientemente, produzir e transformar a sua existência.

Esta caminhada do campo democrático amadureceu e possibilitou que, neste momento, sejamos autores apaixonados do que estamos experienciando na educação pública municipal de Porto Alegre — maior município e capital do Rio Grande do Sul, extremo sul do Brasil, com 1,3 milhão de habitantes, distribuídos em 85 bairros. Em 1989, a esquerda organizou-se através da Frente Popular, hegemonizada pelo Partido dos Trabalhadores — PT. A Frente Popular foi reeleita em 1992 e 1996, estando atualmente na terceira gestão. A Administração Popular tem como ponto central de sua política a radicalização da democracia através da participação popular. Para viabilizar a participação popular, foi instituído o Orçamento Participativo, como instrumento para discussão, deliberação e elaboração do plano de investimento a ser realizado a cada ano com a efetiva participação da população.

O processo do Orçamento Participativo envolve mais de 35 mil pessoas nas 16 regiões político-administrativas e nos cinco grupos temáticos que discutem as prioridades da cidade.

Aspectos do contexto histórico do Brasil

O Estatuto Colonial produziu uma sociedade hierarquizada, homogeneizada por um segmento minoritário que, no processo histórico, instituiu-se como elite dirigente. Essa elite, cujo papel era o de produzir bens que respondessem aos interesses comerciais da metrópole portuguesa, apropriou-se das fontes geradoras de riqueza e excluiu a maioria da população do acesso aos benefícios do desenvolvimento material e cultural. O monopólio do poder e da riqueza desenvolveu mecanismos de dominação política que possibilitaram um permanente processo de exclusão social. A organização do poder que se desenvolveu no interior do aparelho estatal reflete este tipo de formação social que caracteriza historicamente a sociedade brasileira. Grosso modo, podemos considerar que, desde os primórdios da colonização portuguesa até o século XX, cujo marco referencial é a Revolução de 1930, o poder emanou da elite agrária. Neste período, foram mantidos subjugados milhões de trabalhadores escravos. Na última fase, na chamada República Velha (1889/1930), apesar da abolição da escravatura ocorrida no final do Império, o poder político foi distribuído entre os grandes proprietários de terras, que instituíram o chamado poder local. Através do mandonismo, do coronelismo, submeteram à exploração e à ignorância a maioria da população.

A partir da década de 30, a urbanização acelerada e a industrialização desencadearam um processo de modernização que mudou o perfil da sociedade brasileira. No entanto, apesar da incorporação de parcelas significativas da população ao mercado de trabalho, a ampliação do acesso a equipamentos sociais (educação, cultura, saúde etc.) não alterou a estrutura básica da pirâmide social. Os movimentos, visando a sua transformação, foram contidos pela violência ou pela cooptação política. Os períodos ditatoriais revelam o uso da violência estatal como instrumento de inibição e repressão do potencial transformador de determinados segmentos sociais historicamente discriminados. Nos chamados "períodos democráticos", as elites legitimaram-se no poder pela representação formal constituída nos processos eletivos. Assegurar o sistema de privilégios e a exclusão da maioria foram, portanto, tarefas historicamente exercidas pelas ações autoritárias de um Estado privativo das elites. "Isto gerou uma cultura autoritária que impregnou as instituições e o conjunto das relações em nossa sociedade, o que é absolutamente incompatível com o exercício da democracia e da cidadania".

Apesar das diferentes tipificações históricas, o autoritarismo, o verticalismo, a exclusão, as relações clientelísticas com a sociedade, a hegemonia dos interesses privados no seu interior e a sua apropriação pelas elites são traços permanentes do Estado brasileiro. Assim, podemos identificar o Estado oligárquico controlado pelas elites agrárias; o Estado intervencionista, que mesclou aspectos keynesianos e fascistas, representado pelo período varguista (1930/1945); o Estado liberal-populista (1946/1964); o Estado militarista e autoritário (1964/1985) e o Estado neoliberal, cujas políticas estão em pleno desenvolvimento.

A ADMINISTRAÇÃO POPULAR
E A DEMOCRATIZAÇÃO DO ESTADO

A proposta central da Administração Popular é a radicalização da democracia, estabelecendo uma relação entre o Estado e o conjunto da população. Trata-se de uma proposta de participação que visa reverter o caráter autoritário e privado do Estado brasileiro, no âmbito da esfera municipal. A Administração Popular experiencia um novo conceito de Estado em que democratização implica também em desprivatização. Isto é, significa reverter a hegemonia dos interesses privados na definição das políticas. A participação popular redefine o conteúdo político do velho Estado privativo das elites, transformando-o em instrumento dos interesses da cidadania. Para democratizar e desprivatizar o Estado, a Administração Popular construiu mecanismos de participação que permitem à população induzir a formulação das políticas públicas, decidir e fiscalizar a sua aplicação.

Os conselhos setoriais fiscalizam, normatizam a aplicação das políticas, participando da elaboração das diretrizes gerais, seguidas pelo executivo na administração das diversas frentes.

Contudo, o projeto mais emblemático da participação popular em Porto Alegre é o Orçamento Participativo. Através dele, desenvolve-se um intenso processo participativo, em que diversos fóruns caracterizam as diversas etapas do seu funcionamento. O Orçamento Participativo discute todo o orçamento da prefeitura e delibera sobre a aplicação das verbas destinadas a investimentos. Cerca de 35 mil pessoas participam das plenárias, elegendo os seus representantes para as diversas instâncias, colocando suas reivindicações, discutindo as políticas públicas, estabelecendo prioridades e decidindo onde e em que investir.

O Orçamento Participativo, os Conselhos Setoriais e os demais mecanismos de participação caracterizam uma gestão participativa, em que a cidadania constitui uma esfera pública de decisão não estatal, que exerce controle sobre as políticas e as ações da esfera governamental (prefeitura), possibilitando a cada cidadão ser sujeito político ativo, capaz de induzir as ações do Estado na direção dos interesses coletivos. Portanto, a participação popular radicaliza a democracia, possibilita o gradativo controle social do Estado, cria uma esfera pública não estatal, desenvolve experiências concretas de democracia direta, aprofundando a democratização e a desprivatização do Estado.

AS DIMENSÕES DA DEMOCRATIZAÇÃO DA ESCOLA

A política educacional desenvolvida pela Secretaria Municipal de Educação de Porto Alegre constitui o desdobramento, na esfera educacional, do projeto de radicalização da democracia na Administração Popular de Porto Alegre. Esta política privilegia a participação dos seus usuários na formulação, gestão e participação das políticas públicas para o setor. Trata-se de construir e consolidar, na dimensão educacional, uma esfera pública de decisão, fortalecendo o controle material do Estado, garantindo que a escola seja realmente pública. A partir desta concepção, praticamos uma educação popular que tem na democratização da escola o eixo central do qual deriva o compromisso político com a viabilização de um intenso processo participativo, para concretizar um ensino de qualidade, vinculado à realidade e articulado com o projeto de desenvolvimento da cidade.

No início da segunda gestão da Administração Popular, em 1993, propusemos à Rede um processo coletivo — a Constituinte Escolar, com a participação de todos os segmentos da comunidade escolar, pais, alunos, funcionários e professores, com vistas a definir princípios que orientassem a construção de uma escola não excludente, democrática, emancipadora, formadora de sujeitos históricos, autônomos, uma escola cidadã. Inicialmente, realizou-se um diagnóstico da Rede e o debate foi proposto a partir de duas questões básicas: "a escola que temos e a escola que queremos". A Constituinte Escolar foi então projetada para um período de 18 meses, com discussões nas escolas, em encontros regionais (nas sete regiões) e no Congresso Constituinte. Os Encontros Regionais e o Congresso Constituinte foram compostos por delegados eleitos, garantindo a participação de pais, alunos, professores e funcionários. Para organizar a discussão, optou-se pela delimitação de eixos temáticos, entendidos como capazes de dar conta do debate, do conteúdo da escola, da sua estrutura institucional e das relações de poder no seu interior. Daí resultou a organização de quatro eixos temáticos: Currículo e Conhecimento, Gestão, Avaliação e Normas de Convivência.

Como questão fundamental, a Constituinte Escolar reafirmou a democratização radical da escola, vista em três dimensões: a democratização da gestão, a democratização do acesso à escola e a democratização do acesso ao conhecimento.

Princípios básicos

A Constituinte Escolar aprovou 94 diretrizes e princípios que se tornaram a base organizativa e filosófica da Escola Cidadã. Ratificou-se a educação pública, democrática e de qualidade como direito dos cidadãos e dever do Estado; a democracia como princípio viabilizado pela participação dos usuários na gestão da escola e no acesso ao conhecimento; a eleição dos dirigentes escolares e a consolidação do Conselho Escolar como órgão máximo de decisão, principal instrumento de democratização das relações de poder na escola e a definição dos quatro segmentos (professores, pais, funcionários e alunos) com os principais sujeitos de direitos e deveres na constituição e no funcionamento da comunidade escolar.

Consolidou-se a visão da produção do conhecimento como um processo de construção permanente, interdisciplinar; o currículo como instrumento de compreensão do mundo, de transformação social e de cunho político-pedagógico; a avaliação como um processo de responsabilidade coletiva (educador-educando-família), emancipador, voltado para o sucesso escolar do educando, e a não exclusão, como um princípio e compromisso social que transversaliza todas as atividades da escola. Desta forma, a Escola Cidadã reafirma o aprofundamento do caráter humanista da escola pública; da sua consolidação como espaço público, no qual a construção do conhecimento produz valores e forma sujeitos históricos conscientes de seus direitos, atores de seus destinos.

Na Escola Cidadã, o conhecimento é concebido como processo que se constrói e reconstrói permanentemente, fruto da ação individual e coletiva dos sujeitos, e que aponta para a necessidade e a possibilidade de sua democratização. Um conhecimento socialmente útil, que respeita as questões culturais, socioantropológicas, os saberes e as experiências das comunidades, colocando em questão o senso comum, criando condições para a produção e acesso de novos saberes e ao conhecimento socialmente produzido e sistematizado. Superando-se, desta forma, o caráter artificial e abstrato do ensino tradicional, articulando-se organicamente com o sistema produtivo, com o mundo do trabalho, entendendo o trabalho como um valor fundamental à sociedade humana, ligando a ação pedagógica à compreensão do funcionamento do sistema produtivo e dos instrumentos tecnológicos. Contrapondo-se, portanto, à concepção de conhecimento pronto e acabado, que pode ser guardado, transmitido e manipulado, como pretendem os neoliberais, quando tentam impor um currículo hegemônico. A Escola Cidadã contrapõe-se à escola de mercado, à "mercoescola", cujos princípios baseiam-se no paradigma neoliberal. A "mercoescola" caracteriza-se pela submissão a valores de mercado, com a preocupação única de formar consumidores e clientes, tornar a educação uma mercadoria submetida à lógica empresarial, naturalizando o individualismo, o conformismo, a competição, a indiferença e, consequentemente, a exclusão. O currículo da "mercoescola" é uma estratégia para integrar as novas gerações às demandas do mercado. O objetivo é "apagar do imaginário social a idéia da educação pública como direito social e como conquista democrática associada às lutas no processo social de construção da cidadania". Os autores da "mercoescola" consideram a desigualdade um valor positivo e natural. O mérito natural aos "melhores" estimula a competição, a liberdade dos cidadãos e a concorrência necessária para a prosperidade de "todos".

Esta visão de escola, portanto, produz um currículo homogêneo que não contempla as necessidades dos desiguais, daqueles que estão socialmente em desvantagem. Trabalha um conhecimento padronizado, a partir da ótica e dos interesses sociais dos grupos dominantes. Nesta concepção não cabem os ideais de solidariedade e igualdade. A padronização aumenta e consolida a exclusão dos setores sociais em desvantagem. Daí a preocupação permanente com o controle da qualidade através da avaliação externa. Através de um instrumento técnico-burocrático é aferida a "qualidade", isto é, procura-se demonstrar quem conseguiu apropriar-se do conhecimento oferecido pelo currículo hegemônico. O sucesso individual, avaliado à luz das referências mercadológicas, expressará a reconversão cultural daqueles que assimilam os ensinamentos e os comportamentos requeridos pela "nova ordem".

A Administração Popular, enquanto poder público, tem a responsabilidade de garantir o ensino de qualidade para todos. A Escola Cidadã é a materialização da possibilidade histórica de constituir o contraponto à mercoescola. A Escola Cidadã é a afirmação da escola como espaço público, onde a construção do conhecimento está a serviço da produção de valores emancipatórios, libertadores, formadores de sujeitos históricos críticos e conscientes, capazes de conquistar e exercer a cidadania. Não se trata de resgatar a escola pública tradicional com seus limites e insuficiências. Trata-se de ressignificar o seu caráter humanístico; a educação pública como direito social e como conquista democrática associada à luta pela cidadania.

A DEMOCRATIZAÇÃO DA GESTÃO

Processo que já estava em curso na Rede, a democratização da gestão foi legitimada pela Constituinte Escolar. Institui-se a eleição direta uninominal dos diretores e vice-diretores, com mandato de três anos dos Conselhos Escolares, com mandato de dois anos. Constituído por representantes eleitos (pais, alunos, funcionários e professores), o Conselho Escolar é o órgão máximo da escola, com poder deliberativo sobre os assuntos administrativos, financeiros e pedagógicos. Embora a eleição de diretores e a de Conselhos Escolares não garantam a democratização da escola, é importante afirmar o papel fundamental desses mecanismos para democratizar e redefinir as relações de poder no interior dela. Nas escolas onde o processo é mais avançado, tende a haver uma ação articulada e complementar entre Conselho e Equipe Diretiva. O Conselho define as questões mais globais da escola, as linhas básicas da administração, a definição da aplicação de recursos; e a Direção, que faz parte do Conselho, responsabiliza-se pela execução das políticas. Para socializar, na comunidade escolar, os conhecimentos necessários à gestão da escola, são realizados os encontros dos Conselhos Escolares. Estes encontros possibilitam a explicitação das diferenças de interesse entre os diversos segmentos. Permite, principalmente aos alunos, professores e pais, a apropriação de conhecimentos que os instrumentalizam para o exercício do poder no interior da escola. É também o espaço privilegiado, onde os segmentos podem desenvolver concepções mais universais e menos corporativas em relação à educação. Outra questão estimulada pela SMED é a organização dos segmentos, a necessidade de os Conselheiros representarem as posições de seus pares e não as suas posições pessoais. Para viabilizar essa sistemática, é fundamental que cada segmento tenha a sua entidade organizada. À Administração Popular interessa que os professores e funcionários estejam organizados em seus sindicatos, os alunos no Grêmio Estudantil e os pais nas Associações de Pais. Tanto para a eleição de diretores quanto para o Conselho Escolar, o processo desenvolvido na Rede gestou antídotos para combater o clientelismo, o fisiologismo e a troca de favores como instrumento de poder. O grau de mobilização da maioria das comunidades escolares obriga os candidatos a apresentarem o programa de gestão da escola. Toda proposta, para viabilizar-se, necessita da adesão da maioria do coletivo da escola a um conjunto de princípios, procedimentos e normas, pactuadas entre os diversos segmentos, que serão norteadores das relações administrativas, pedagógicas desenvolvidas no interior das escolas, durante esse período de gestão. Outro mecanismo de democratização é o processo de Planejamento e Orçamento Participativo nas escolas. Inspirado no Orçamento Participativo da Cidade, dele se diferencia na medida em que, enquanto aquele tem caráter global com relação às demandas de toda a população da cidade, este agora em foco limita-se a atender às demandas nos limites da rede educacional em seu âmbito interno. O Planejamento e Orçamento Participativo nas Escolas tem por objetivo a democratização das decisões e informações no contexto da unidade de ensino, bem como prover essa unidade de autonomia financeira no que se refere aos gastos com material e serviços.

Nessa concepção, que se caracteriza como um desdobramento do Plano Plurianual da SMED e do Projeto Político-Pedagógico das Unidades de Ensino, a deliberação sobre a aplicação dos recursos financeiros ocorre em três instâncias do Orçamento na comunidade escolar: na Escola, no Fórum Regional e na Comissão de Delegados, cujos principais elementos do processo sumariamos a seguir: Assembleia Escolar — 1ª Instância: todos os segmentos de cada unidade, sob coordenação do Conselho Escolar e com a assessoria da mantenedora (SMED), participam da elaboração do Planejamento Político-Administrativo e Cultural anual de sua escola. As comunidades escolares, neste planejamento, priorizam um projeto que é aprovado pela Assembleia Escolar. A mesma Assembleia elege os delegados para o Fórum Regional, onde os projetos das escolas serão submetidos à deliberação. O projeto priorizado na Escola deverá observar critérios pré-acordados. Para subsidiar a proposta da escola poderão ser previstos recursos conforme as necessidades, isto é, para material de consumo permanente e serviços. Fórum Regional — 2ª Instância: as unidades de ensino se organizam previamente, com o apoio dos Conselhos Escolares e com assessoria da mantenedora, apresentando nessa instância seus respectivos projetos. A plenária geral desse Fórum — devidamente representada por todos os segmentos de todas as comunidades escolares da região, através dos delegados eleitos nas assembleias escolares — elege os três projetos que julgar mais relevantes e que são indicados para avaliação na instância seguinte.

Comissão de delegados — 3ª Instância: composta por representantes paritários definidos previamente em igual número por escola, essa Comissão tem as atribuições de avaliar as possibilidades de execução dos projetos mais votados no Fórum Regional, à luz dos critérios técnicos pré--acordados entre as escolas e de critérios técnico-institucionais propostos pela mantenedora, além de considerar as pontuações obtidas no Fórum. Essa avaliação permite selecionar e classificar os projetos por região que receberão os recursos adicionais.

Como forma de viabilizar relações políticas e administrativas democráticas entre a mantenedora e as escolas, foi realizada uma profunda reforma no organograma da Secretaria, através da qual foram desmontados os mecanismos verticalizados, constituindo-se órgãos horizontalizados, mediadores das dimensões pedagógicas, dos atos administrativos e vice-versa, demarcando as atividades administrativas como meios a serviço das atividades-fim, as pedagógicas. A cidade foi dividida em sete regiões e para cada região foi formado um Núcleo de Ação Interdisciplinar — NAI, cuja função é assessorar quotidianamente as escolas da respectiva região. Os NAIs devem desempenhar papel fundamental no assessoramento pedagógico e institucional às escolas e na articulação com o conjunto da Administração e a sociedade civil. Destacamos ainda a existência do Conselho Municipal de Educação, órgão fiscalizador do ensino municipal, com representação majoritária de órgãos da sociedade civil vinculados à educação, e a existência legal do

Sistema Municipal de Ensino, que compreende a Rede Pública Municipal e as instituições privadas de atendimento à infância, de zero a seis anos.

A DEMOCRATIZAÇÃO DO PROCESSO DE CONHECIMENTO

Uma escola democrática, voltada para a formação de sujeitos cidadãos, emancipadora, participativa, competente na construção de conhecimentos e que responda aos desafios do nosso tempo, não cabe na estrutura de uma escola tradicional que foi pensada e organizada para ser uma instituição de transmissão de conhecimento e não um espaço de potencialização da criatividade humana, da ludicidade, do prazer do saber, do exercício da inteligência e da construção do conhecimento. A escola tradicional, referência de muitas gerações, foi influenciada pelo modelo de organização do trabalho taylorista-fordista: o trabalho na escola é segmentado e fragmentado; os indivíduos trabalham isoladamente, com funções especializadas que se expressam nas chamadas grades curriculares e nas velhas disciplinas. Isto dificulta ou até mesmo impossibilita a compreensão do processo de trabalho, inibe a capacidade de estabelecer relações, de produzir sínteses, produzindo um conhecimento parcializado da realidade, formando indivíduos com dificuldades para uma leitura global dos diferentes contextos. A produção fabril em série, com atividades especializadas, teve como correspondente, na educação, a escola seriada e monodisciplinar, com conteúdos repetidos em sequências, formando uma cadeia linear com pré-requisitos e com espaços e tempos predeterminados, inerentes à instituição e sem nexos com as características de aprendizagem nas diferentes fases do ser humano. A escola com estas características tornou-se repetitiva, ritualística e artificial, desvinculada da realidade e socialmente ineficiente.

A Escola Cidadã rompe com esta lógica, desconstitui o modelo tradicional de escola, utiliza-se do acúmulo científico oferecido pela pesquisa do desenvolvimento humano na idade escolar, pelas teorias da aprendizagem, referenciando-se em teóricos como Wallon, Vigotsky, Piaget e Paulo Freire. Surge um novo modelo de organização escolar, onde os tempos e os ritmos de aprendizagem dos indivíduos são considerados e trabalhados. Os alunos são organizados por idade, novos espaços são criados (laboratório de aprendizagem, professor itinerante, turmas de progressão, sala de integração de recursos), o trabalho é interdisciplinar e coletivo. Aboliu-se o conceito de aprovação e reprovação; trabalha-se com a noção de aprendizagem para todos e a avaliação é emancipatória, pois seu objetivo não é classificar ou selecionar, mas identificar e responder a desafios pedagógicos que garantam o sucesso da aprendizagem de cada indivíduo.

A Escola por Ciclos cria espaços para a formação de sujeitos cidadãos, na dimensão política da pedagogia da participação, enquanto na dimensão pedagógica tende a romper os "muros culturais" que isolam a escola da comunidade, possibilitando a articulação do trabalho pedagógico com o contexto cultural dos usuários.

A identidade cultural entre a comunidade e as ações pedagógicas ressignifica a escola, contribuindo para a consolidação da responsabilidade pela garantia da aprendizagem. Além dos mecanismos de participação, que possibilitam que os diferentes sujeitos envolvidos com a escola articulem suas energias na busca da aprendizagem dos alunos, cada escola realiza uma pesquisa socioantropológica na sua comunidade. Através desta pesquisa, a escola conhece as formas de organização desta comunidade, suas aspirações, sua história, suas lutas, seu circuito religioso e de lazer. A pesquisa constitui-se no instrumento mediador para a construção do conhecimento a partir dos saberes preexistentes no contexto cultural em que a escola está inserida.

A partir do material levantado na comunidade, os professores selecionam as falas mais significativas, transformando em foco o fenômeno que expressa com mais relevância as questões inerentes à comunidade. O momento seguinte é a definição dos conceitos que se relacionam com o foco e as falas. Este conjunto é denominado de Complexo Temático. Constituído o Complexo Temático, cada campo do conhecimento trabalha os conceitos a partir do seu olhar sobre o fenômeno que constitui o foco do complexo. Estabelece-se, então, dois momentos importantes: a interdisciplinaridade, uma vez que o trabalho coletivo, a partir do mesmo fenômeno, possibilita a identificação das interfaces das diferentes áreas do conhecimento. Ao mesmo tempo, a problematização das falas da comunidade possibilita a interação entre o local e o universal e a sistematização dos conhecimentos preexistentes, superando o senso comum e construindo novos conhecimentos. Na Escola por Ciclos de formação, a avaliação é concebida como um processo contínuo e participativo, supera a visão tradicional de seleção e classificação, não se desvincula do processo de aprendizagem e é fonte de reflexão do trabalho do aluno, do professor e da escola. Tem a característica de avaliação formativa (inclui relatório de desempenho individual, autoavaliação e participação dos pais), avaliação somativa (acontece ao final do ano letivo e ao final de cada ciclo) e avaliação especializada (voltada para os alunos que necessitam de apoio especial).

Para garantir a qualidade do processo educativo na Escola Cidadã, a Administração Popular pratica uma política de formação permanente dos seus educadores. Esta política desenvolve-se em três níveis: os grandes seminários (nacional e internacional), que visam criar um clima de sensibilidade e motivação para o estudo e debate das questões inovadoras desenvolvidas pela pesquisa nos principais centros universitários do Brasil e do mundo; os pequenos e médios seminários e cursos, que possibilitam o aprofundamento de temas específicos e de questões relativas à determinada área do conhecimento; e a formação em serviço desenvolvida no cotidiano das escolas pelos Núcleos de Ação Interdisciplinar — NAIs.

A ressignificação da escola estabeleceu uma nova relação entre o espaço escolar e a comunidade. A escola passa a ser identificada como um local de sucesso, de promoção da autoestima dos alunos que descobrem as suas potencialidades, individuais e coletivas. Os resultados são eloquentes por si sós: em 1996, a evasão escolar na Rede Municipal de Ensino de Porto Alegre foi de 5,06%, e de 2,46% e 0,96%, respectivamente em 1997 e 1998.

Por último, é importante ressaltar que a democracia na escola, além de ser um instrumento de aprendizado de participação e do exercício da cidadania, é um importante instrumento pedagógico. Através da participação, é possível a articulação entre os saberes da comunidade e o conhecimento científico acumulado, possibilitando a construção de novos conhecimentos, através dos quais os diferentes sujeitos que se relacionam com a escola articulam suas capacidades, suas experiências, seus saberes, contribuindo para que a escola seja um espaço onde todos aprendem e ensinam. Por outro lado, a prática interativa e participativa desenvolve a capacidade e o gosto pela observação, pela investigação, transformando a escola em lugar estimulante para o desenvolvimento do conhecimento científico.

A DEMOCRATIZAÇÃO DO ACESSO À ESCOLA

Para os excluídos da escola, vítimas da exclusão social, a Administração Popular desenvolve projetos de inclusão, com propostas específicas para cada categoria.

Para os jovens e adultos que não tiveram acesso à escolarização básica, foi instituído o Serviço de Educação de Jovens e Adultos (SEJA), em 1989, com uma proposta pedagógica adequada às necessidades do jovem e do adulto trabalhador.

O Movimento de Alfabetização Porto Alegre (MOVA) é um projeto de alfabetização em massa que pretende reduzir o analfabetismo a índices inferiores a 2% até o ano 2000. O trabalho do MOVA funciona com educadores populares indicados pelas entidades comunitárias, que recebem formação pedagógica e assessoria permanente da Secretaria Municipal de Educação. Também o atendimento à Educação Infantil foi expandido através de convênios. Além das 33 escolas da rede Municipal de Educação Infantil, a SMED repassa recursos, através de convênios, mensalmente, às creches com caráter comunitário e sem fins lucrativos, indicadas pelas comunidades e aprovadas no Orçamento Participativo. Além do repasse de verbas, a SMED presta assessoria pedagógica e administrativa, contribuindo para a formação dos educadores e para a qualificação destes espaços educativos.

O projeto para meninos e meninas de rua também é um projeto emblemático e de inclusão social. Através da Escola Porto Alegre, são atendidas 150 crianças de rua com uma proposta de aprendizagem que visa a reconstrução dos vínculos destas crianças e a sua reintegração na vida social. Finalmente é preciso ressaltar o projeto das escolas para Crianças Portadoras de Necessidades Especiais de Aprendizagem. Estas escolas fazem um trabalho psicopedagógico, visando a integração das crianças na sociedade. Através do estímulo de suas possibilidades e potencialidades, desenvolve-se um processo educativo não discriminador e voltado à integração, tendo hoje, inclusive, em torno de 800 crianças com necessidades educativas especiais, frequentando escolas regulares da rede municipal.

A democratização do acesso transcende, portanto, os padrões de ensino regular, passando por grandes investimentos, voltados aos segmentos normalmente esquecidos e excluídos: os analfabetos, os portadores de deficiências, as crianças de rua e os trabalhadores que não tiveram acesso à escolarização básica.

REFERÊNCIAS

AZEVEDO, José Clóvis de. *Educação e neoliberalismo*. In: Paixão de aprender. Porto Alegre: Secretaria Municipal de Educação, n. 9, dez. 1995.

AZEVEDO, José Clóvis de. *Escola cidadã: construção coletiva e participação popular*. In: SILVA, Luiz Heron da (org.). A escola cidadã no contexto da globalização. Petropólis: Vozes, 1998. p. 308- 319.

AZEVEDO, José Clóvis de. *Escola, democracia e cidadania*. In: Paixão de Aprender. Porto Alegre: Secretaria Municipal de Educação, n. 5, out. 1993, p. 34-38.

CADERNOS DO MOVA. Porto Alegre: Secretaria Municipal de Educação, n. 1, 2, 3, 4, s.d.

CADERNOS PEDAGÓGICOS. *Congresso constituinte: eixos temáticos*. Porto Alegre: Secretaria Municipal de Educação, n. 4, abr. 1995, p. 46.

CADERNOS PEDAGÓGICOS. *Ciclos de formação: proposta político-pedagógica da escola cidadã*. 2 ed. Porto Alegre: Secretaria Municipal de Educação, n. 9, abr. 1999, p.111

CADERNOS PEDAGÓGICOS. **Proposta pedagógica da educação infantil.** Porto Alegre, Secretaria Municipal de Educação, n. 15, 1999.

CADERNOS PEDAGÓGICOS. *Falas do cotidiano: vivências nos ciclos de formação*. Porto Alegre: Secretaria Municipal de Educação, n. 12, jul. 1998, p.94.

CADERNOS PEDAGÓGICOS. *Em busca da unidade perdida: totalidade de conhecimento, um currículo em educação popular*. Porto Alegre: Secretaria Municipal de Educação, n. 8, jun. 1996, p. 44.

PAIXÃO DE APRENDER. *Escola cidadã: aprendizagem para todos.* Porto Alegre: Secretaria Municipal de Educação, n. 10, mar. 1996.

PAIXÃO DE APRENDER. *Escola cidadã: construindo sua identidade.* Porto Alegre: Secretaria Municipal de Educação, n. 9, dez. 1995.

PAIXÃO DE APRENDER. *Escola, conhecimento e cidadania.* Porto Alegre: Secretaria Municipal de Educação, n. 5, out. 1993.

ROCHA, Sílvio (Org.). *Turmas de progressão: a inversão da lógica da exclusão.* Porto Alegre: Secretaria Municipal de Educação, 1999, p. 144. SILVA, Luiz Heron da (Org.). *Escola Cidadã: teoria e prática.* Petrópolis: Vozes, 1999, p.177.

SILVA, Luiz Heron da (Org.). *A Escola cidadã no contexto da globalização.* Petrópolis: Vozes, 1998, p. 452.

SILVA, Luiz Heron da e AZEVEDO, José Clóvis de (Orgs.). *Reestruturação curricular: teoria e prática no cotidiano da escola.* Petrópolis: Vozes, 1995, p.234.

SILVA, Luiz Heron da e SANTOS, Edmilson Santos dos (Orgs.). *Identidade social e construção do conhecimento.* Porto Alegre: Secretaria Municipal de Educação, 1997, p. 366.

Experiência de gestão na Secretaria Municipal de Educação de Belo Horizonte

GLAURA VASQUES DE MIRANDA

Passados dois anos e meio do término do período de gestão do Prefeito Patrus Ananias, da Frente BH-Popular, e de nossa saída da Secretaria Municipal de Educação de Belo Horizonte, considero ser este um momento importante para reflexões.

Meu ponto de partida é o Relatório final de gestão, que contém os dados das realizações. Mas acrescentei ao texto interpretações que somente hoje consigo fazer da nossa gestão.

Gostaria de enfatizar que todo o trabalho que aqui será relatado só foi possível graças à colaboração experiente e entusiasmada de muitos companheiros. Entre eles, Miguel Arroyo, meu colega de Departamento na UFMG, que aceitou o convite para ser o Secretário Adjunto e compartilhar comigo os desafios. O trabalho foi uma construção coletiva que contou, também, com a inestimável colaboração de muitos professores da rede municipal de educação.

Vou tratar, inicialmente, do contexto que encontramos na rede municipal, dos principais desafios que tivemos de enfrentar, dos eixos de atuação, entre os quais a gestão pedagógica e administrativa e a escola plural.

O CONTEXTO DA PREFEITURA

A rede municipal de ensino vinha de uma experiência anterior bem sucedida, por várias razões: havia promovido uma grande expansão de matrículas, implantado os colegiados de escola, realizado eleições para diretores de escolas, com voto universal; introduzido a metodologia de projetos pedagógicos nas escolas e feito outras inovações.

Encontramos uma rede municipal de ensino com um corpo docente bastante qualificado, porque não admite profissionais em caráter temporário e porque realiza concurso público para admissão de professores há mais de 30 anos. É importante acrescentar que, como o plano de carreira permite a remuneração segundo a habilitação profissional, há um estímulo permanente à qualificação do corpo docente. Com isso, 75 % dos professores já tinham curso superior (licenciatura ou pedagogia).

Além disso, os professores vinham participando do movimento de renovação pedagógica da década de oitenta, o que os levou a reflexões muito sérias sobre os mecanismos de exclusão a que são submetidas as crianças e jovens das classes trabalhadoras nas escolas públicas.

Os desafios encontrados

Vários foram os desafios que enfrentamos. O primeiro e maior era construir um projeto político-pedagógico que preservasse as conquistas alcançadas e os projetos singulares desenvolvidos pela RME na sua história, mas que conseguisse avançar e inovar. Um projeto político-pedagógico que caminhasse na direção de eliminar o elitismo e a excludência do ensino fundamental, oferecendo, especialmente aos alunos das classes populares, uma proposta de escola que incorporasse as mais avançadas experiências pedagógicas e, ao mesmo tempo, valorizasse as experiências significativas da rede.

O segundo desafio era o de nomear professores para todas as escolas criadas, para reposição de aulas não ministradas no ano anterior e para provimento de novas vagas surgidas com as exonerações e aposentadorias. Não se dispunha, no início da gestão da Frente BH-Popular, de professores concursados em todas as disciplinas, sendo a contratação temporária proibida pela Lei Orgânica. Repetidos concursos não conseguiram suprir as lacunas em algumas disciplinas, tendo sido necessários vários expedientes para garantir professores em salas de aula. Os concursos levavam no mínimo seis meses para publicar a lista dos classificados e mais 120 dias para nomeação e posse dos professores. A lei era muito rígida em relação ao número de aulas de cada disciplina; não tinha a flexibilidade de que hoje se dispõe para substituição de disciplinas.

O terceiro desafio era o de promover a construção de prédios definitivos para todas as escolas instaladas inadequadamente em prédios alugados ou cedidos temporariamente. A expansão da gestão anterior havia sido feita de forma um pouco improvisada. À nossa gestão coube regularizar a situação com funcionamento precário. Isso exigia a aquisição de terrenos destinados à construção das escolas instaladas em outros distantes da comunidade, elaborar projetos, obter recursos para as obras, licitá-las e construí-las no mais rápido tempo possível. O tempo mínimo, se estivéssemos com os recursos em caixa, era de 2 anos. Portanto, era uma corrida contra o tempo.

Várias dessas escolas funcionavam no prédio da ex-Fafich, à Rua Carangola, em situação transitória, com as crianças sendo transportadas em ônibus especiais de seus locais de residência, geralmente na periferia da cidade, com elevado custo financeiro, grande risco de acidentes e enorme desgaste para as crianças, que chegavam a passar duas horas diárias no transporte escolar. Seis escolas estavam nessa situação.

Além dessas, outras estavam funcionando em prédios alugados ou instaladas em locais distantes do bairro de residência dos alunos, obrigando a Secretaria a valer-se do transporte escolar, de elevado custo. A PBH gastava 3 milhões de reais com o transporte escolar e 777 mil com aluguéis, enquanto um prédio escolar do padrão da Prefeitura ficava em torno de R$ 600 mil.

Outro desafio foi a dissolução do contrato com uma construtora que havia sido contratada pela gestão anterior para a construção de vários prédios escolares, mas havia concluído apenas alguns. Além de eles terem custo muito elevado de construção, estavam se mostrando pouco adequados ao funcionamento de escolas, devido ao eco interno, ao elevado barulho nas salas de aula, à iluminação inadequada, à ventilação escassa em alguns ambientes e ao elevado custo de manutenção.

A questão da educação infantil era também um desafio a ser enfrentado. Embora não fosse naquele momento prioridade municipal, era necessário considerar a faixa etária de 0 a 6 anos como merecedora da atenção pedagógica e do direito à socialização e a cuidados adequados. A Prefeitura tinha uma experiência de creches comunitárias, organizadas principalmente por associações de moradores. Portanto, expandir a matrícula nos polos de pré-escola e nas classes anexas das escolas de ensino fundamental era necessário, bem como oferecer assistência pedagógica às creches comunitárias era inadiável.

A educação especial precisava, também, de diretrizes. Iniciada na gestão anterior com a criação de 3 escolas, sendo duas em prédios improvisados; 7 salas de recursos e uma Oficina Pública Profissionalizante, instalada em local inadequado, faltavam-lhes condições materiais de funcionamento, bem como uma política de atendimento inclusivo, além de práticas de interação de alunos com necessidades especiais nas escolas regulares.

A universalização do acesso à educação continuava a ser um desafio para a rede pública. Um grande avanço havia sido dado na admissão às séries iniciais, mas a população que chegava à 5ª série queria completar o ensino fundamental e, também, ter acesso ao ensino médio. Portanto, continuar ampliando as escolas existentes era uma exigência.

Entretanto, mais do que a universalização do acesso, o grande desafio era caminhar em direção à garantia ao direito de permanência da população na escola, pela eliminação da evasão e repetência escolar e elevação da autoestima dos alunos.

No plano da gestão, outro desafio era regularizar o funcionamento da rede, reduzir os custos de manutenção, eliminar os excessos existentes naquele momento e promover uma distribuição mais equitativa dos escassos recursos disponíveis para melhoria da rede. Os quadros de pessoal das escolas centrais eram inchados, enquanto faltavam professores na periferia. A valorização dos profissionais da rede pública era uma necessidade e um desafio. Também a gestão interna da SMED precisava de atenção. Era necessário romper com algumas práticas clientelistas, ainda existentes, descentralizar ações para as regionais, democratizar a gestão interna, profissionalizar a administração da rede e informatizar quase todos os serviços.

Quais os eixos principais da nossa gestão?

As características principais da nossa gestão serão apresentadas em grandes categorias: concepção de educação (escola plural); nova abordagem para a educação infantil; garantia do direito de acesso e de permanência na escola; gestão democrática; valorização do profissional da rede municipal; melhoria das condições materiais da escola (materialidade); modernização administrativa; inversão de prioridades; transparência das ações e qualidade social da escola.

Uma nova concepção de ensino fundamental — Escola Plural

Em 1994, a SMED teve a oportunidade de introduzir a Escola Plural no Ensino Fundamental da rede municipal. A história deste programa tem raízes nos movimentos pedagógicos renovadores que, ao longo das últimas décadas, vêm denunciando a qualidade do ensino a que têm acesso as classes populares. A história da educação mostrava que, durante muitos anos, as reivindicações em relação à educação referiam-se à inexistência de vagas suficientes nas escolas públicas. À medida que prédios eram construídos e se caminhou para a universalização do acesso, as discussões começaram a voltar-se para a baixa frequência às aulas por falta de condições materiais e mesmo pela fome e desnutrição. Programas de assistência aos estudantes e de merenda escolar foram criados, mas os índices de evasão e reprovação continuaram altos. Programas de melhoria da gestão escolar, com a participação da própria comunidade nos colegiados de escola e escolha democrática dos dirigentes dos estabelecimentos, foram introduzidos para permitir que cada escola pudesse interferir na solução de seus problemas mais urgentes. Certamente, eles representaram e continuam representando melhorias consideráveis. No entanto, a exclusão das classes populares continuou e passou a ser feita por outros mecanismos, entre os quais a reprovação e a evasão.

Nesse contexto, a PBH vinha há muito tempo se preparando para oferecer uma educação de melhor qualidade. Contava, principalmente, com um corpo de professores, todo ele admitido por concurso público e com programas de educação continuada. Mas faltavam ao conjunto das escolas da rede municipal diretrizes gerais de política que orientassem as mudanças necessárias e contribuíssem para modificar a cultura escolar, pela introdução de uma nova concepção de educação e, principalmente, pela eliminação dos mecanismos de exclusão das classes populares.

Foi esse o desafio colocado pelo Prefeito. Fazer avançar a rede municipal, bem qualificada do ponto de vista de seus docentes, que já havia dado os primeiros passos na direção de uma gestão mais democrática e participativa e já trabalhava com projetos pedagógicos de escolas, mas onde ainda persistiam elevados índices de reprovação e evasão.

Era preciso construir um projeto capaz de garantir o direito de permanência em uma escola atraente, prazerosa e com ensino de qualidade, sintonizada com os princípios pedagógicos mais avançados. Um projeto que valorizasse não apenas a aprendizagem do saber acumulado mas também se preocupasse com a formação integral do cidadão, socializando-o para a vida em uma sociedade globalizante como a atual.

A construção coletiva desse projeto demandou longas reuniões com professores, especialistas, pais e alunos em quase todas as escolas da RME, seminários e debates regionais no CAPE (Centro de Aperfeiçoamento dos Profissionais da Educação). Tais reuniões tinham como objetivo avaliar os projetos pedagógicos existentes e buscar os eixos ou diretrizes comuns para toda a rede. Daí emergiu a Escola Plural, um projeto que, partindo das experiências acumuladas, está implantando uma nova concepção de educação e mudanças profundas na estrutura de organização dos tempos, espaços e processos escolares.

A denominação deste projeto, Escola Plural, teve inspiração na ideia de uma escola mais democrática, mais ampla, mais flexível, mais aberta à cultura e às comunidades. Desde o primeiro momento, percebeu-se que as sugestões caminhavam para a proposição de uma escola com características pluralistas, próprias de uma sociedade democrática e socialmente segmentada como a atual.

Respeitando a singularidade dos projetos pedagógicos de cada escola, foi possível estabelecer os eixos pedagógicos principais que deveriam ser considerados em toda a RME. O pluralismo de ideias, valorizado pela própria Constituição Federal ao estabelecer os princípios da educação no Art. 206, poderia ser um dos eixos fundamentais da proposta. A legislação vigente era muito rígida, mas deixava uma abertura para inovações pedagógicas no Art. 64 da Lei 5692/71, que até então tinha sido pouco utilizada em Minas Gerais.

A partir daí, percebeu-se que a dimensão plural deveria estar presente na própria concepção de educação, voltada para a formação integral da pessoa humana e para a formação de um cidadão envolvido com os problemas de sua comunidade. Além disso, a pluralidade sugeria ainda uma perspectiva de trabalho mais coletiva para os professores e a democratização da escola, acabando com os mecanismos de exclusão existentes e respeitando a diversidade de raças, gênero e classes sociais.

A concepção de educação

Nessa nova concepção de educação, destacamos alguns pontos. A aprendizagem passou a estar vinculada a um contexto que tenha significado para o aluno. Deixou de ser um simples ato de memorização ou de acúmulo de informações. O conhecimento passou a ser construído em relação aos contextos da realidade social em que será utilizado, sem separar os aspectos cognitivos, dos emocionais e sociais. Aprende-se participando, vivenciando sentimentos, tomando atitudes diante de fatos, escolhendo procedimentos para atingir determinados objetivos. Ensina-se não pelas respostas dadas, mas, principalmente, pelas experiências proporcionadas para solução de problemas.

Em segundo lugar, foram propostas mudanças na concepção de currículo. Sem abandonar o fato de que os currículos são importantes, introduziu-se a ideia de que ele deve ser construído não mais pela observância rigorosa de um rol de conteúdos ditados pela Secretaria ou pelo acompanhamento fiel aos autores de livros didáticos, mas contemplando também o tratamento coletivo de temas da atualidade, ligados aos problemas vivenciados pela comunidade de cada escola. Na construção desse currículo, parte-se do princípio de que na escola não são aprendidos somente os conteúdos conceituais, mas também procedimentos, atitudes e valores.

Certamente, essa estrutura flexível não dispensa a permanência das clássicas disciplinas, mas procura articulá-las com os tempos de experiências e vivências individuais e coletivas.

Além disso, a proposta incluía a recomendação de que no processo de aprendizagem não se separasse o saber e o fazer, a teoria e a prática, o trabalho intelectual e o manual, a ciência e a cultura. Isso significa que não pode haver uma supervalorização do processo cognitivo em detrimento de outros aspectos, principalmente os relacionados com a intervenção. A capacidade do aluno de atuar e de intervir na prática é levada em consideração para não dissociar o processo de pensar do de agir.

Além disso, as escolas passaram a incorporar ao cotidiano escolar temas como a vivência de raças, gênero, classe e cultura, a relação com o meio ambiente, a sexualidade e outros.

ORGANIZAÇÃO DOS TEMPOS, PROCESSOS E ESPAÇOS ESCOLARES

Do ponto de vista da estrutura de organização do trabalho escolar, a Escola Plural introduziu algumas inovações significativas. Adotou no ensino fundamental a organização em três ciclos de formação:

1º - Ciclo da Infância — para alunos de 6, 7 e 8/9 anos;

2º - Ciclo da Pré-adolescência — para alunos de 9 a 11/12 anos;

3º - Ciclo da Adolescência — para alunos de 12 a 14/15 anos.

Em cada ciclo de formação, a organização das turmas passou a ser feita por idade, supondo que o aluno deve estar com seus pares de idade. Esse respeito à convivência com companheiros da mesma idade facilita as trocas socializantes, a construção de autoimagens e identidades e representa uma oportunidade de socialização mais equilibrada.

Essa estrutura flexível, plural e mais longa facilita um maior respeito às identidades, às diferenças, às condições socioculturais, caminhando para superar as velhas lógicas das precedências dos tempos curtos de aprovação/reprovação, das injustas interrupções dos processos de socialização dos educandos com seus pares. A convivência de alunos da mesma idade passou a favorecer a socialização, já que os alunos estão na mesma fase de desenvolvimento biopsicossocial e têm interesses comuns. A proposta pretendia que os alunos sempre avançassem no que se refere à aprendizagem e que as repetições fossem evitadas por tirarem o estímulo ao desenvolvimento do aluno e diminuir-lhes a autoestima.

Na organização dos ciclos, o ritmo de aprendizagem de cada aluno pode mais facilmente ser respeitado. Alguns alunos são mais lentos, outros mais rápidos, mas todos devem aprender e adquirir competências e habilidades.

A recuperação passou a ser um processo contínuo, utilizado pelo professor quando ele percebe que há alunos que não tiveram uma avaliação satisfatória. Em cada turma, os mecanismos de recuperação podem variar de acordo com as necessidades dos alunos.

Os espaços escolares passaram a ser mais flexíveis e a sala de aula deixou de ser o único espaço de aprendizagem. Como espaço privilegiado de ensino/aprendizagem, as salas de aula deviam tornar-se mais alegres e flexíveis. Mas outros espaços da escola, da comunidade, da própria cidade passaram a ser utilizados para atividades escolares, dando maior significação ao que estava sendo estudado.

Avaliação de desempenho Escolar

A avaliação na Escola Plural foi outra prática pedagógica substancialmente modificada. Assumiu um novo sentido, diferente do anterior que levava a classificar, excluir ou sentenciar, aprovar ou reprovar. A avaliação passou a ter um caráter de diagnóstico, com o objetivo de identificar problemas e avanços capazes de redimensionar a ação/educação educativa. A avaliação tornou-se, também, um processo contínuo e não circunstancial ou feito após o período de aprendizagem, em um tempo exclusivo de provas. A escola plural passou a não separar o tempo de avaliação do tempo de aprendizagem.

A avaliação passou a ser qualitativa, em substituição à avaliação quantitativa expressa em notas numéricas, permitindo aos pais acompanharem o desenvolvimento dos alunos, suas principais dificuldades de aprendizagem.

A avaliação passou a incidir sobre aspectos globais do processo de ensino-aprendizagem e não apenas sobre o domínio cognitivo. Passou-se a avaliar a atitude, o grau de desenvolvimento social e outras dimensões da formação humana. Além disso, todos os sujeitos do processo escolar passaram a ser avaliados: o grupo de alunos, o conselho de classe, os pais, os agentes educativos de apoio.

Implantação da proposta

O início do processo de implantação deu-se no final de 1994 por ocasião da organização da I Conferência Municipal de Educação, no Minas Centro, que contou com a participação de cerca de 2000 profissionais da RME, com representação de todas as escolas. Nessa conferência, foram debatidos os pressupostos e a concepção da proposta, bem como estratégias de implantação.

A proposta foi, em seguida, submetida ao Conselho Estadual de Educação, que a aprovou com base no Art. 64 da Lei 5692/71, dando um prazo à PBH de 4 anos para promover uma avaliação do programa. Com a nova LDB, a Escola Plural ficou perfeitamente enquadrada em todos os princípios nela consagrados.

A implantação teve início com os dois primeiros ciclos, em 1995. Em 1996, algumas estratégias de construção do 3º ciclo foram introduzidas. A gestão que se seguiu continuou a implantação e está preocupada com o seu aperfeiçoamento.

UMA NOVA ABORDAGEM PARA A EDUCAÇÃO INFANTIL

A situação da educação infantil no Município apresentou avanços significativos, pela implementação da nova Constituição Federal e atendendo às demandas históricas do movimento de luta por creches. Essa nova abordagem incluiu dois grandes objetivos:

- a expansão da oferta de vagas no ensino pré-escolar municipal para crianças de 4 a 6 anos, priorizando as de 6 anos;
- melhoria da qualidade do cuidado, socialização e educação da criança de 0 a 6 anos em creches conveniadas e em pré-escolas municipais.

Esses objetivos foram efetivados através de algumas estratégias diferenciadas, tendo como eixo a articulação de ações e programas, consolidados no Programa Criança Cidadã, que envolveu as Secretarias Municipais de Educação, Desenvolvimento social, Abastecimento, Saúde, Cultura e Esportes e a AMAS. Na educação, três grandes linhas de atuação destacam-se:

- expansão da rede de educação infantil;
- profissionalização do educador infantil de creche;
- criação dos Centros de Educação Infantil (CEI) para supervisão e capacitação em serviço de educadores de creches.

Com essas linhas de ação, a Secretaria Municipal de Educação assumiu as funções e responsabilidades em relação às creches, tradicionalmente vinculadas à área de assistência social. Dessa forma, vem progressivamente implementando o conceito moderno de educação infantil, que integra o atendimento em creches e pré-escolas e o direito de educação das crianças de 0 a 6 anos.

No contexto de uma política municipal de educação infantil, em 1995 foi implantado o Curso Regular para Qualificação Profissional do Educador Infantil de Creche, em nível de ensino fundamental, integrado ao supletivo de ensino fundamental (5ª a 8ª série). Esta foi uma iniciativa pioneira no Brasil, tendo por isto relevância histórica e social no processo de profissionalização do educador de creche. Contou, para sua execução, com a colaboração de consultoras da Fundação Carlos Chagas, de São Paulo.

Os Centros de Educação Infantil (CEI) são equipamentos públicos da Secretaria Municipal de Educação, que têm como objetivos principais assessorar, apoiar, supervisionar e capacitar em serviço educadores de creches e pré-escolas vinculadas ao município, diretamente ou por meio de convênio. Neles estão instalados os seguintes serviços: biblioteca, brinquedoteca, recursos audiovisuais para educadoras, oficina de brinquedos e brincadeiras, assessoria pedagógica para acompanhamento de creches e pré-escolas. Os CEIs expressam o compromisso da Secretaria com a qualidade do cuidado e da educação da criança pequena, buscando uma articulação política e pedagógica entre creches conveniadas e pré-escolas municipais. Significou a possibilidade de o município contar com equipes regionalizadas, responsáveis pelo acompanhamento, supervisão e melhoria da qualidade da educação infantil no município, antecipando-se às exigências da nova LDB.

Nova orientação para a Educação Especial e para a Educação de Jovens e Adultos

As linhas de atuação da Secretaria observaram as recomendações nacionais para a educação especial, procurando sempre que possível a integração dos alunos à escola regular. As estratégias de ação em relação a essa modalidade de ensino foram direcionadas para:

- estímulo à integração do aluno ao ensino regular, sempre que possível;
- atendimento prioritário pela rede pública em escola de educação especial;
- descentralização e regionalização dos atendimentos, com o apoio de salas de recursos;
- continuidade da terceirização dos serviços escolares que exijam especialização;
- encaminhamento para oficinas profissionalizantes, quando houver indicação dos alunos que deixam as escolas após a idade de 18 anos.

Além desses objetivos, foram construídos dois prédios para educação especial, sendo uma escola e uma oficina profissionalizante, com nova concepção de espaços para atividades com alunos com necessidades especiais.

Em relação à educação de jovens e adultos, foram feitas tentativas de aperfeiçoamento das condições de acesso e permanência à escola. Foi, inicialmente, feito um mapeamento das experiências da rede nessa modalidade de ensino. Esse mapeamento possibilitou conhecer: quem são os alunos que frequentam os cursos noturnos da rede? Quem são seus professores? Qual a concepção de educação que está referenciando a prática desses professores?

Qual o significado da ação educativa junto a esses trabalhadores? O que está referenciando essa diversidade encontrada nas escolas noturnas da rede?

Inseridas nas discussões mais amplas que fundamentaram a elaboração da proposta de Escola Plural, as problematizações foram sendo aprofundadas na perspectiva de construção de uma proposta que incorporasse as concepções de educação como processo de formação humana, não centrado unicamente em sua dimensão cognitiva, e de escola como espaço/tempo de múltiplas vivências (culturais, cognitivas, pessoais, emocionais...).

A ideia de direito à educação básica sem interrupção foi se concretizando, fundamentando uma concepção de educação de jovens e adultos que rompesse com a concepção que fragmenta o tempo de formação e o tempo de trabalho e que estrutura a educação de jovens e adultos em torno da ideia da falta de uma educação que não tiveram na infância e na adolescência. Concretizou-se uma concepção de educação de jovens e adultos enquanto idade específica de formação, partindo do pressuposto de que os alunos que procuram a escola têm uma vivência que não pode ser desconsiderada enquanto constitutiva de seu estar no mundo, e que sua inserção na educação formal faz parte dessa formação enquanto sujeito.

GARANTIA DO DIREITO DE ACESSO E ÊNFASE NO DIREITO DE PERMANÊNCIA

Caminhou-se na direção da universalização da educação prevista pela Constituição de 1988. Esse direito de acesso foi assegurado pela chamada geral da população de 7 a 14 anos, feita através do cadastro escolar para inscrição nas escolas públicas de Belo Horizonte, estaduais ou municipais. Além disso, pais que quisessem transferir seus filhos da escola particular para a escola pública puderam fazê-lo. Todos os inscritos no cadastro escolar foram encaminhados às escolas públicas municipais e estaduais.

A garantia de acesso foi possibilitada pela ampliação de vagas nas escolas novas ou ampliadas na nossa gestão. A vaga devia observar o princípio da proximidade da escola em relação à residência do aluno (a menos de 1000 metros de distância da residência). Foi um critério de qualidade social da escola, perseguido pela Secretaria e possibilitado pela adoção do geoprocessamento no cadastro escolar.

Esforços adicionais foram feitos, com a colaboração da Secretaria de Desenvolvimento Social e da AMAS (Associação Municipal de Assistência Social), para estender o direito de acesso àquelas crianças e jovens que não procuram o cadastro escolar por suas condições de vida marcada pela marginalização e pobreza.

Houve uma preocupação com a garantia do direito de permanência dos alunos nas escolas. Para isso, buscou-se tornar a escola atraente para o aluno, não somente por oferecer-lhe possibilidade de desenvolvimento pessoal e integral, mas pela melhoria de sua autoestima e pela vivência de processos educacionais prazerosos.

A criação dos ciclos de formação possibilitou um tempo mais amplo de formação e o respeito ao ritmo do aluno, permitindo que ele avance sempre na construção do conhecimento. Possibilitou, ainda, o respeito às idades de cada aluno, que associadas a interesses semelhantes aos de seus colegas contribuem para sua permanência na escola.

Houve, também, um esforço para redução dos níveis de reprovação no sistema municipal de educação, por considerá-lo um procedimento que expulsa da escola enorme contingente de alunos. Isso não significou, no entanto, que se estivesse abrindo mão da aprendizagem de um conjunto de conhecimentos, do domínio de competências e da aquisição de habilidades fundamentais para o exercício da cidadania.

Gestão democrática

Deu-se continuidade à política de escolha de dirigentes através de eleições e de organização dos colegiados de escola, aprimorando-os.

Valorizou-se a participação de professores, especialistas, servidores, alunos e a comunidade em geral através de várias ações e oportunidades de discussão de problemas educacionais e propostas de solução. Portanto, um esforço da atual gestão para assegurar a participação de todos.

A democratização interna na Secretaria foi adotada como princípio de gestão. Assim, por exemplo, todas as normas e diretrizes implantadas foram submetidas ao Colegiado Superior, discutidas nas Regionais com a presença dos Diretores e Coordenadores das Escolas, discutidas nas escolas para serem aprimoradas, e em seguida voltavam ao Colegiado Superior para aprovação.

O envolvimento de professores e especialistas deu-se de forma diferenciada. Em algumas escolas, a participação foi mais intensa. Merecem destaque:

- o envolvimento dos professores da rede na concepção e implementação do projeto Escola Plural;
- o comparecimento quase integral de todos os delegados e sua participação na I Conferência Municipal de Educação;
- o comparecimento ao seminário de introdução da Escola Plural, denominado o "Cotidiano da Escola Plural";

- a organização de fóruns temáticos: de educação infantil, educação especial, turmas aceleradas, informática na rede, educação de jovens e adultos;
- as reuniões regulares em cada Administração Regional;
- a participação nas reuniões do Colegiado superior da SMED para discussão de normas, distribuição de recursos, programação de eventos e implantação de programas educativos.

A participação de alunos ocorreu de forma mais intensa em algumas regionais, mas não chegou a atingir uma situação ideal. A organização de grêmios foi estimulada e muitas escolas chegaram a organizá-los, mas ainda de forma incipiente.

A comunidade também teve participação intensa, especialmente onde já havia uma associação atuante. O esforço da Secretaria foi concentrado na organização de eventos que pudessem atrair os pais e responsáveis e a própria comunidade para discussões. Mencionamos, em especial:

- Reuniões prévias sobre o Projeto de Escola Plural para apresentação dos eixos fundamentais da proposta e de suas características;
- Projeto especial de mobilização popular, buscando um diálogo com os pais e membros da comunidade sobre as questões fundamentais da Escola Plural. Esse projeto teve dois tipos de eventos:
  - Festa no Pedaço, que envolveu artistas de escolas e da própria comunidade;
  - Teatro Plural, que realizou 160 apresentações nas escolas de uma peça sobre a Escola Plural, enfatizando as mudanças nos processos de avaliação do desempenho escolar.
- Participação da comunidade na eleição de Diretores e a realização sistemática de Assembleias Escolares pelo menos duas vezes por ano, por exigência normativa, e tantas outras quantas necessárias para outros assuntos.
- Participação da comunidade escolar nas reuniões do Orçamento Participativo, quando foram aprovados vários projetos de construção de novos prédios, ampliação de outros e equipamentos em algumas escolas.

VALORIZAÇÃO DO PROFISSIONAL DA REDE

Os salários tiveram uma melhoria significativa, ou um aumento real, passando, de janeiro de 1993 a dezembro de 1996, de R$ 342,00 a R$ 657,00, o

PII, e de R$ 193,00 a R$ 427,00, o PI. Apesar disso, o Governo Municipal teve de enfrentar três greves no período de governo, tendo em vista que havia uma grande expectativa em relação à atuação da administração petista.

O quadro de pessoal da rede pública municipal passou de 9.883 profissionais, em janeiro de 1993, para 11.049, em 1996. O provimento de todos os cargos deu-se por concurso público. Em sete concursos públicos realizados nesse período foram aprovados 7.161 profissionais.

Em setembro de 1996, com a aprovação do novo Estatuto dos Servidores da Prefeitura Municipal, foi possível enviar à Câmara Municipal um Projeto de Lei propondo o estabelecimento de um Plano de Carreira para os Profissionais da Educação. O Plano foi aprovado na Câmara Municipal e transformado em lei. O novo plano unificou os cargos de Professor I e II, criou 24 níveis na carreira de magistério e 15 nas demais carreiras, introduziu perspectivas de progressão salarial em decorrência de avaliação e desempenho e de obtenção de titulação e incorporou a "dobra" para o efeito de aposentadoria, entre outros benefícios.

A capacitação docente foi um aspecto estratégico para implantação das mudanças. Ao longo de todo o período, vários encontros, cursos, oficinas interdisciplinares proporcionaram oportunidades aos professores para discutirem a proposta e construírem o seu cotidiano. Nos quatro anos de gestão, foram promovidos 167 eventos de capacitação docente no CAPE (Centro de Aperfeiçoamento dos Profissionais da Educação), com a participação de 22.320 profissionais.

Houve, também, uma grande inovação na forma de atuação do CAPE, com o deslocamento do seu foco tradicional de capacitação, o recorte de uma matéria ou disciplina da grade curricular para o recorte de um ciclo de formação no processo de desenvolvimento do ser humano. Com essa mudança, a capacitação docente poderia ser feita simultaneamente para todo o coletivo ou para todo um ciclo de formação da escola. Tal recorte não significou, entretanto, o abandono do trabalho com as matérias ou disciplinas da grade curricular. Cursos de Artes, História, Ciências, Matemática e outros foram ministrados, procurando ressignificar seus conteúdos. Merece destaque, também, um curso de aperfeiçoamento de 360 horas, ministrado em conjunto com a UFMG.

Avançou-se numa compreensão da nova capacitação profissional pela adoção do princípio de que não basta alargar e aperfeiçoar os saberes e competências dos mestres nas suas disciplinas, mas é fundamental apreender aspectos relacionados ao papel social da escola e de seus profissionais.

O CAPE Itinerante foi, também, uma nova modalidade de capacitação em serviço introduzida, oferecendo cursos em 89 escolas da rede, atingindo aproximadamente 2.500 professores no 1º semestre de 96. Os professores do CAPE deslocavam-se para as escolas e ali ofereciam cursos nas temáticas escolhidas pelos profissionais da própria escola, geralmente para o coletivo da escola.

Além da programação do CAPE, cada Regional manteve um programa de capacitação voltado para as escolas de sua jurisdição, promovendo cursos, seminários e oficinas pedagógicas, segundo o interesse do conjunto de professores.

Melhoria das condições materiais

A melhoria da materialidade da escola, que se reflete na melhoria das condições objetivas de trabalho escolar, tanto para os profissionais como para os alunos, foi objeto de preocupação permanente. A partir da definição de competências, instalou-se um grande programa em torno da materialidade, desde o planejamento e construção de escolas indicadas pelo cadastro escolar e pelo Orçamento Participativo, passando pelas ampliações, reformas e aquisição de equipamentos, até a destinação de recursos para as Caixas Escolares. Dado o número de construções, ampliações e reformas a serem executados, foi necessário montar um grupo especial na Secretaria, com a colaboração da SUDECAP e da FUNDEF, para desenvolver as obras necessárias. A maioria das escolas construídas e ampliadas utilizou o projeto básico da Prefeitura. No entanto, com a participação das regionais e de várias escolas, foi elaborado um novo projeto de construção escolar, mais ajustado às necessidades da Escola Plural, e, portanto, mais flexível, com espaços de múltiplo uso e mais espaços de trabalho para o professor. Esse projeto não chegou a ser utilizado durante a nossa gestão, mas foi totalmente concluído em todos os seus detalhes técnicos para ser utilizado na construção de uma escola que havia sido aprovada no Orçamento Participativo de 1996.

No Orçamento Participativo de 1995, quando foram feitas discussões setoriais, a comunidade aprovou o projeto denominado "materialidade" das escolas, que garantiu que o plano de equipamento das escolas pudesse se desenvolver a partir das prioridades estabelecidas pela própria escola. Entre eles, equipamentos de informática, de cantina, mimeógrafos, retroprojetores, móveis, vídeos, televisores e outros. Através de convênio com o FNDE, foi possível ampliar as aquisições, incluindo outros microcomputadores e complementos.

Merecem destaque especial a montagem de salas de informática em algumas escolas, para capacitação de professores e funcionários numa primeira etapa e para aprendizagem dos alunos numa segunda, e dos laboratórios de ensino de ciências, especialmente nas escolas que tiveram extensão de séries.

Ainda na linha de melhoria das condições materiais de funcionamento das escolas, foram construídas 23 quadras cobertas em escolas novas e escolas existentes, para uso nas aulas de educação física e em outras atividades coletivas, dando-se prioridade a escolas da periferia.

Muitas escolas, no início da administração, funcionavam com espaços depreciados, ocasionando transtornos permanentes ou periódicos, como a queda de telhados e muros, especialmente nas ocasiões de chuvas. As escolas passaram a receber recursos para promover elas próprias pequenos serviços de manutenção, como pintura de paredes, pequenos consertos e serviços de manutenção. Graças a essa iniciativa, foi possível transformar muitas escolas em espaços mais coloridos, mais floridos, mais alegres.

Às escolas garantiu-se maiores recursos financeiros, para que elas pudessem gradualmente ir melhorando seus equipamentos, segundo suas prioridades. Algumas o fizeram de forma mais lenta, pois contavam apenas com os recursos oriundos dos cofres públicos, enquanto outras receberam contribuições voluntárias dos pais e da comunidade, promoveram festas e outras atividades.

Além dos recursos destinados às Caixas Escolares, que têm por objetivo atender aos alunos em suas necessidades escolares, a Secretaria distribuiu no primeiro dia de aula (em 1996), às escolas mais carentes da RME, cerca de 60 mil kits escolares, montados com materiais de uso dos alunos (cadernos, lápis, caneta, régua e borracha), adquiridos através da FAE ou com recursos do FNDE, complementados com recursos do tesouro municipal.

O serviço responsável pela alimentação escolar foi transferido da SMED para a Secretaria Municipal de Abastecimento, que passou a gerenciar todo o programa alimentar do município. Houve um enorme ganho com essa definição de competência, pois otimizou o padrão de merenda escolar. Além dessa transferência do serviço de merenda escolar, as despesas com a aquisição de gêneros e equipamentos de cantina foram retiradas das verbas destinadas à educação, passando a ser consideradas verbas de assistência social.

Modernização administrativa

A modernização administrativa da rede pública municipal deu-se, principalmente, por alguns elementos: o geoprocessamento do cadastro escolar, o sistema de estatística de rede, a introdução de informática na rede escolar, a aquisição de equipamentos didáticos mais modernos e a montagem de laboratórios com equipamentos que os professores de ciências possam oferecer com experiências mais interessantes, e a organização do sistema de bibliotecas escolares.

O acesso à rede pública municipal deu-se prioritariamente através do cadastro escolar, realizado em parceria com a Secretaria Estadual de Educação. Três inovações foram introduzidas no cadastro escolar: a primeira foi a utilização do sistema de geoprocessamento da Prodabel para alocação dos alunos cadastrados nas vagas existentes nas escolas mais próximas de suas residências; a segunda foi a utilização das agências dos correios para recebimento das inscrições, o que facilitou aos pais e responsáveis o acesso aos postos do cadastro; e a terceira foi o envio de correspondência aos pais e responsáveis com o nome e endereço da escola onde houve reserva de vagas para seus filhos. Com esse processo, evitaram-se as filas e disputas por vagas nas escolas consideradas de melhor qualidade.

Foi montado um serviço de estatísticas educacionais, reunindo informações sobre matrícula, índices de aprovação, reprovação e evasão, número de docentes e outras características das escolas (salas de aula e outros espaços), que permitisse à Secretaria informar a outros órgãos, principalmente à Secretaria de Estado da Educação e a órgãos do MEC, dados da rede escolar, de forma consistente, coerente e precisa. A rede de dados e informações foi informatizada, tendo, a partir do 2º semestre de 1996, permitido a interligação de 79 escolas, inclusive para comunicação entre si.

Em 1996, foi elaborado um plano de expansão da informática na Rede Municipal de Ensino para o período 95/96. Foram adquiridos 209 computadores 486, distribuídos às escolas que já tivessem desenvolvido alguma competência em informática e às escolas maiores. Os equipamentos mais antigos na rede foram realocados em escolas pequenas, de modo que todas as escolas da rede tivessem pelo menos um computador. Foram instalados três núcleos de capacitação em informática para promover cursos para todos os professores, especialistas, servidores administrativos e alunos que desejassem adquirir competência no uso de programas, especialmente programas pedagógicos de diferentes disciplinas. Em 1995, garantiu-se aos professores da rede acesso à Internet, através dos Núcleos de Capacitação.

Inversão de prioridades

A inversão de prioridades, uma das recomendações feitas a todos os setores do governo, pretendia rever o eixo das principais políticas públicas que estivessem favorecendo grupos da população em detrimento de outros. Foi por isso mesmo uma preocupação presente em todos os momentos. Na educação, ela pode ser ilustrada com alguns exemplos.

Uma política pedagógica não elitista, não seletiva e não excludente, expressa, principalmente, na Escola Plural. Houve uma preocupação em incorporar no cotidiano da escola as vivências que os alunos da classe popular têm, ressignificando-as. Com isso, não apenas o aluno com capital cultural mais próximo do currículo tem possibilidade de avançar. Todos sentem-se mais valorizados em sua autoestima e, com isto, podem avançar no processo de escolarização. Esse processo acaba por enriquecer a experiência de todos os alunos.

Os critérios para transferências de professores de uma para outra escola foram alterados para evitar que as escolas da periferia ficassem sempre sem professores, já que uma clara preferência por escolas centrais sempre esteve presente. Com isso, as crianças e jovens da periferia eram sempre os mais prejudicados com a falta de professores e a alta rotatividade dos profissionais daquelas escolas. Houve uma melhor distribuição dos professores.

Houve, ainda, nomeações específicas para escolas das regionais que apresentavam mais dificuldade de lotação. Elas passaram a ter prioridade no preenchimento de vagas.

A distribuição de material pedagógico privilegiou as escolas que atendem as regiões mais carentes e com pouca capacidade de arrecadação de recursos próprios. E ainda foi priorizada a construção de quadras cobertas em escolas com maior número de alunos e em comunidades mais carentes, que são as da periferia da cidade.

Transparência nas ações

Uma das preocupações da gestão foi de adotar processos e critérios que pudessem ser divulgados para todos os interessados, sem qualquer restrição. Essa transparência, mais do que medidas determinadas, traduziu-se em uma postura presente em toda a máquina administrativa. Em especial, é possível ilustrar essa transparência:

- pela elaboração de normas administrativas e pedagógicas impessoais, especialmente as relativas às transferências de professores, à concessão de licenças para mestrado e doutorado, à lotação de pessoal nas equipes pedagógicas, no CAPE, no CEI e nas de recursos e outras previamente discutidas e divulgadas para orientar as ações da Secretaria;
- pela elaboração de relatórios anuais da Secretaria para registro de todas as políticas propostas e ações realizadas a cada ano;
- pela divulgação clara de todos os critérios utilizados para distribuir recursos, pessoal e materiais, sem beneficiar mais algumas escolas do que a outras.

Qualidade social da escola

Alguns aspectos são reveladores da qualidade social perseguida pela Secretaria neste período:

- menor número de alunos na sala de aula. Este número determina, não raro, os processos pedagógicos e os procedimentos didáticos: salas muito cheias levam à massificação dos procedimentos. O limite de alunos nas salas de aula, definido pela Lei Orgânica do Município, foi uma meta perseguida em todas as escolas, embora em algumas não tenha sido possível alcançá-la, pois haveria prejuízo para o atendimento do acesso das crianças às escolas. No conjunto, não houve salas com número excessivo de alunos, o que permitiu maior interação do professor com os mesmos e relações pedagógicas mais efetivas, participação mais intensa de todos nos processos de trabalho, com resultados visíveis na aprendizagem. Além disso, propiciou melhor condição de trabalho ao professor para seu exercício profissional.

- maior número de professores nas escolas. A escola anteriormente, além dos professores regentes, geralmente contava com professores eventuais e professores especializados. A rede pública municipal passou a trabalhar com uma relação de 1,5 professor por turma, para permitir que os professores se organizassem em torno das propostas coletivas para cada classe e para a escola. A elevação do número de professores foi pequena, mas corrigiu a eventualidade e permitiu um processo coletivo, o que acrescentou em conhecimento, troca, integração, interdisciplinaridade e, muito mais, em qualidade, no cotidiano da escola.

- aumento do tempo de formação em serviço do professor. Se o trabalho individual mantém os processos no isolamento, a possibilidade de trabalho coletivo permitiu reverter a situação anterior e ofereceu a oportunidade de os professores estarem na condição de aprendizagem permanente no exercício de sua prática. Os professores puderam organizar sua prática de modo a dispor de mais tempo para sua formação, ampliado de quatro para sete horas semanais. Ganharam os alunos, os profissionais e a instituição escolar.

Esses são os principais eixos da nossa gestão. A minha avaliação é bastante otimista. Mas, certamente, enfrentamos muitos problemas com a implantação das modificações. Entre eles, a resistência às mudanças e inovações por parte de muitos profissionais do magistério. Mesmo assim, creio que posso afirmar que conseguimos avanços muito significativos nesse período, em relação à construção de novas propostas pedagógicas e em relação à gestão administrativo-pedagógica da Secretaria. Entretanto, muitas das propostas não foram totalmente consolidadas. Isso porque, na área de educação nem sempre é possível, num curto espaço de tempo de um mandato de governo, construir coletivamente uma política de educação, implementá-la e avaliá-la. A gestão atual da Secretaria está empenhada em dar continuidade às propostas.

Políticas públicas de educação e mudança nas escolas. Um estudo da cultura escolar

LUCIA HELENA G. TEIXEIRA

A escola, enquanto organização, tem sido considerada, nos últimos anos, em todo o mundo, objeto especial de atenção não apenas pelos estudiosos da área de organização e administração escolar, mas, principalmente, pelos formuladores das políticas educacionais.

Considerada, no passado, como local de execução das decisões tomadas fora dela, e, portanto, percebida como cumpridora das normas uniformizantes do sistema de ensino, a escola passou a ser considerada entidade privilegiada para tornar realidade as pretendidas mudanças na educação. Medidas de descentralização do ensino e de democratização da educação, em implantação em diferentes países do mundo nas últimas duas décadas, trazem, no seu bojo, propostas de melhoria da qualidade do ensino oferecido via autonomia administrativa, pedagógica e financeira da escola, e fortalecimento das formas coletivas de definição de um projeto pedagógico capaz de conferir identidade própria ao estabelecimento de ensino.

Qual o impacto que tais propostas de mudança têm tido na organização da escola que temos? Têm sido essas propostas de mudanças absorvidas pelas escolas? São rejeitadas por elas? Ou ficam sujeitas a "ajeitamentos" ditados pela realidade de cada unidade escolar? Essas são as questões que motivaram a realização do estudo, cuja síntese aqui apresento. A partir de pesquisa empírica, procurei avaliar o impacto sobre a organização e funcionamento de escolas da rede estadual de ensino de Juiz de Fora, resultante das políticas implantadas em Minas Gerais no período de 1991 a 1998, tomando como perspectiva de análise a abordagem da cultura organizacional da escola.

Começo por discutir a questão da cultura escolar, procurando tornar claros os pressupostos adotados como referências básicas deste estudo. Em seguida, abordo criticamente os aspectos da política educacional mineira, tomados como objeto de análise para, finalmente, apresentar os resultados alcançados.

Cultura organizacional e mudança na escola

Oriundo do campo da administração empresarial, o conceito de cultura organizacional se apresenta como adequado à análise da escola, na medida em que, privilegiando os elementos relacionais e simbólicos, permite superar a percepção burocrática da unidade de ensino, limitada à consideração das suas estruturas formais e da sua ordenação racional, trazendo à consideração os fatores humanos integrantes da gestão escolar. É interessante atentar para o fato de que essa perspectiva permite colocar em destaque uma concepção de escola vista como sistema sociocultural, constituído de grupos relacionais que vivenciam códigos e sistemas de ação.[1] Ela concede lugar de destaque ao elemento simbólico e, consequentemente, às ideias de cultura, *ethos*, clima, aos quais está associado o processo de produção de significados no interior da organização.[2] Essa percepção aponta intencionalmente para uma perspectiva que busca constituir uma nova visão da organização escolar, pela qual a escola passa a ser concebida, ela mesma, como sendo uma cultura.

A palavra cultura, que engloba uma variedade de sentidos, é entendida aqui, na perspectiva da Antropologia Cultural, como sendo o domínio do simbólico, que é constituído por crenças, concepções, valores, ritos e artefatos, historicamente constituídos através de um processo dinâmico de construção e reconstrução, pelo qual os seres humanos estabelecem as bases de sua existência.

Nesse sentido, pode-se dizer que a cultura é o elo que une sistemas simbólicos, através da reapropriação e reinterpretação daquilo que constitui a memória social. É através desse processo de reapropriação e reinterpretação que as normas, regras e estatutos gerados e impostos pelos sistemas de ensino são relativizados e adaptados à realidade de cada escola. Por ele a unidade escolar é, ao mesmo tempo, reprodutora das normas e determinações vindas de fora e criadora de seu próprio repertório de normas e valores.

Na concepção de Pettigrew[3], a cultura organizacional é constituída na sua base por um conjunto de valores, crenças e pressupostos que definem os modos pelos quais a organização conduz seus negócios e que se expressam nas estruturas, nos sistemas, nos símbolos, mitos e padrões de recompensa dentro da organização. Assim, pode-se dizer que cultura escolar significa o modo como as coisas se dão no interior da escola.

---

[1] TEIXEIRA &PORTO, 1997, p. 2.

[2] SARMENTO, 1991, p.19.

[3] PERRIGREW, 1996, p. 145-153.

Para Schein,[4] a cultura organizacional é um modelo de concepções básicas que o grupo cria, descobre ou inventa para lidar com seus problemas de adaptação externa e interna, e que, por ter sido exitoso, passa a ser considerado como modelo correto de perceber, pensar e sentir em relação àqueles problemas. Nessa concepção, cada solução tomada repetidamente é vista com segurança e confirmada ao ser incorporada como inconsciente.

A cultura da organização tem como função básica resolver os problemas fundamentais do grupo, assegurando sua sobrevivência e adaptação ao ambiente externo e a integração de seus processos internos, para garantir a continuidade e sobrevivência do mesmo. Ao fazer isso, ela contribui para a redução dos níveis de ansiedade[5] no interior da organização, proporcionando maior segurança aos atores em ação.

É importante atentar para o fato de que a organização não nasce como cultura, mas transforma-se em cultura ao longo de sua história. O processo de construção da cultura organizacional pode ser comparado ao da formação de grupo[6], para o qual é fundamental o compartilhamento e a aprendizagem de um modelo de pensamentos, de crenças, sentimentos e valores.

No que diz respeito à escola, percebe-se que ela não se reduz ao somatório de salas de aula onde os professores são individualmente responsáveis pela prática pedagógica que desenvolvem. Não obstante sua "heterorganização", a escola constitui um organismo social vivo e dinâmico, uma cultura. Sua constituição é tecida pela rede de significados[7] que se encarrega de criar os elos que ligam passado e presente, instituído e instituinte, e que estabelece as bases de um processo de construção e reconstrução permanentes.

Nessa percepção, tomo a cultura como algo que se constrói no interior da unidade escolar, como resultado das relações entre os fatores endógenos e exógenos à escola. Ela constitui uma variável dependente das condições que entram em jogo na organização e funcionamento internos da escola[8], e é influenciada pelo seu contexto social, econômico, político e cultural.[9]

No âmbito interno da unidade escolar, considero os elementos impostos pelo sistema, as bases históricas e materiais que foram se consolidando ao longo do tempo. São as bases constituídas. Sobre elas se assenta a dinâmica da reconstrução permanente, exercida pelos processos administrativos e pedagógicos da instituição.

---

[4] PERRIGREW, 1996, p. 9.

[5] Ibid., p. 82.

[6] SHEIN, 1991, p. 50-51.

[7] GEERTZ, 1989, p. 15.

[8] SARMENTO, op. cit. p. 88.

[9] TORRES, 1997, p. 89-90.

Essa organização interna ergue-se num contexto sociopolítico-cultural que exerce sobre ela dois tipos de influências. As influências abrangentes e difusas, representadas, de um lado, pelas teorias e tendências educacionais contemporâneas, e, de outro, pelas determinações da estrutura econômica, social e política de cada momento histórico; e as influências específicas e concretas, exercidas de forma direta pelas políticas públicas de educação, pelas normas de organização do sistema de ensino e pela realidade socioeconômica e cultural da população por ela atendida.

Assim, as diferentes categorias de influências exercidas sobre a unidade escolar podem ser vistas em duas dimensões: a dimensão econômico--político-social e a dimensão educacional.

Essa concepção do processo de construção da cultura escolar se completa com a percepção dos principais elementos levados em conta em sua constituição. Os artefatos culturais[10] constituem a zona de visibilidade e simbolizam a essência dessa cultura, consolidada nos valores, crenças e concepções básicas assumidas pela organização, que, por sua vez, constituem a zona de invisibilidade.[11] São as bases constituídas sobre as quais se assenta a dinâmica da reconstrução, que atinge os vários setores da unidade, colocando em cena todos os atores que dela participam nas áreas administrativa e pedagógica. Os processos administrativos em vigor influenciam e são influenciados pela execução dos processos pedagógicos, ao mesmo tempo em que, estabelecendo o ritmo da reconstrução, esses dois processos repercutem nas bases constituídas para reforçá-las e mantê-las ou para enfraquecê-las e mudá-las.

Os conflitos são percebidos como inerentes às relações entre os atores e inevitáveis no funcionamento de qualquer organização. Já o poder é tomado como uma variável de que depende o encaminhamento para solução desses conflitos.[12] Fica evidente que, nessa percepção, a consideração de grupos e, portanto, de subculturas específicas dentro da instituição não autorizam uma crença na cultura como valor integrador[13] e uniformizante do agir e do pensar na escola.[14]

Uma das características marcantes dos tempos atuais é, sem dúvida, a mudança que se torna uma exigência constante na vida das organizações de nossos dias e também na vida da escola, na qual a mudança se reveste

---

[10] SCHEIN. Op. cit., p. 14.
[11] NÓVOA, 1995, p. 30-32.
[12] GOMES, 1993, p.111.
[13] TORRES, op. cit., p. 41.
[14] Ibid. p. 46-67.

de peculiaridades especiais, dada a natureza da própria instituição e a força de sua história.

Cristalizada por séculos de existência, a maneira de organizar o ensino não difere muito em todo o mundo. O modelo predominante se corporifica na ação do professor, que transmite porções de conteúdo aos alunos, por um período fixo de tempo. É a forma de educação bancária, denunciada por Freire[15] centrada no professor, que se faz dominante em todos os níveis de ensino.[16]

À cultura das escolas podem ser tributados muitos dos fracassos de reformas educacionais cuidadosamente planejadas em altos escalões burocráticos, sem levar em conta as concepções básicas que cimentam a prática escolar. Diante de reformas que lhes são impostas, as escolas reagem diferentemente, rejeitando-as, procurando acomodá-las ou adaptá-las às suas reais necessidades, ou, ainda, assimilando-as, com a substituição e renovação de suas concepções e valores. Uma mudança planificada deve ser vista como um processo que exige anos para ser efetivado. Supõe as fases de iniciação, implantação e institucionalização da mudança, de modo a permitir que uma nova cultura seja construída no processo de partilhamento que lhe é característico. Há que existir tempo para que se efetive a aprendizagem da própria mudança.

A inovação na escola escapa à lógica do decreto, afirma Hutmacher.[17] O processo de transição que caracteriza a adoção de um novo modelo não é simples. O modelo antigo está profundamente arraigado nas mentalidades socializadas pela escola. Ele representa economias relacionais e leva professores, alunos e pais a terem respeito às normas como forma de segurança pelo cumprimento de seus papéis. É justamente esse modo de comportamento e participação burocrática que dificulta a criatividade e a participação e encoraja os comportamentos conformistas.[18] Pode-se dizer, então, que qualquer mudança na escola exige tempo e esforço. Requer, sobretudo, a construção compartilhada de uma nova ordem que se prove mais adequada e mais efetiva e que garanta a segurança e a satisfação dos envolvidos. Trata-se de formular uma nova cultura da escola, o que supõe a substituição de muitas das crenças e valores que até então orientaram a ação pedagógica por outras mais condizentes com o momento histórico vivido.

---

[15] FREIRE, 1978, p. 66.
[16] CUBAN, 1987, p. 25-35.
[17] HUTMACHER, 1995, p. 53.
[18] Ibid., p. 62-63.

O TRATAMENTO CONFERIDO À UNIDADE ESCOLAR PELAS POLÍTICAS PÚBLICAS DE EDUCAÇÃO EM MINAS GERAIS NOS ÚLTIMOS ANOS

Pode-se localizar, nos anos 80, o início do processo de reestruturação, dos sistemas de ensino em direção à autonomização da unidade escolar em Minas Gerais.

No período de 1983/1987, a escola pública mineira, através da realização do Congresso Mineiro de Educação, foi aberta à sociedade como local privilegiado de discussão, de participação e de luta. A palavra-chave nesse movimento foi, sem dúvida, participação. Esperava-se através das discussões, das consultas e da tomada coletiva de decisões a solução para as deficiências da escola. Uma visão entusiasta e, de certa forma, ingênua das condições e possibilidades da escola pode ser percebida na base do Plano Mineiro de Educação,[19] resultante desse movimento. A abertura conferida à escola careceu de medidas concretas que assegurassem condições para a transformação desejada. Entretanto, do ponto de vista da unidade escolar, a criação dos colegiados foi o resultado mais positivo de todo o processo. A escola foi, de alguma forma, forçada a abrir sua administração à participação de agentes internos e externos, e a figura do diretor autoritário e centralizador teve sua imagem afetada, pelo menos ao nível do discurso, alargando-se o conceito e a amplitude da ideia de direção da escola.

Seguiu-se a racionalização formal e economicista do período de 1987/1990. Medidas foram adotadas no sentido de garantir o controle do pessoal da área de ensino e a redução dos gastos com o setor, produzindo-se total inflexão dos rumos da gestão do ensino no Estado. A educação escolar passou a funcionar sob efeito de decretos e a escola foi reduzida à total dependência dos interesses imediatos do governo. O conjunto das ações realizadas silenciou as vozes da participação que, através dos colegiados, vinham conferindo dinamismo próprio às escolas.

Em 1991, teve início um novo período para a educação mineira, caracterizado como um momento de busca da qualidade de ensino.

Entendendo qualidade como melhoria dos índices de promoção dos alunos, a Secretaria de Estado da Educação de Minas Gerais, SEE, redefine sua política educacional a partir da busca de eficácia e produtividade, colocando a escola como eixo central do processo. O pressuposto é de que a melhoria da qualidade do ensino e da eficiência do sistema passa necessariamente pela escola, local onde se dá o processo ensino-aprendizagem, fruto das relações entre os atores envolvidos: alunos, professores, diretores,

---

[19] *Minas Gerais*, Secretaria de Estado da Educação. *Plano Mineiro de Educação*. 984/87, s./d.

especialistas de ensino e pessoal de apoio administrativo. Revaloriza-se a escola como o único espaço capaz de potencializar os esforços financeiros e técnicos para promover a melhoria do ensino, vencer a evasão e a repetência, que impedem a universalização da educação com qualidade. Uma proposta abrangente de ações que estão consubstanciadas no Projeto ProQualidade[20] passa a referenciar a política educacional do Estado.

A qualidade do ensino é a expressão-chave da proposta. Toma-se o termo qualidade como se ele fosse universal e neutro, transformando questões políticas e sociais em questões técnicas, ligadas à eficácia na administração de recursos humanos e materiais.[21] Ao contrário do que é apresentado, a base dessa política está firmada não no interesse da maioria, mas numa demanda econômica oriunda das mudanças que vêm se efetivando no quadro de reestruturação capitalista em todo o mundo.[22] Nesse sentido, o uso da expressão qualidade de ensino, predicando o tipo de ensino a ser perseguido pela reforma, "não é ocioso nem neutro".[23]

O ProQualidade, formulado pelo Governo Hélio Garcia (1990/1994) e assumido pelo Governo Eduardo Azeredo (1995/1998), foi contemplado com a concessão de financiamento do Banco Mundial e passou a ser apresentado como modelo de reforma de ensino para outros estados do país e para o exterior.

São cinco as prioridades básicas do projeto: autonomia da escola, fortalecimento da sua direção, aperfeiçoamento e capacitação dos professores, avaliação externa dos alunos e integração com os municípios.

A leitura que se pode fazer do quadro traçado pelos compromissos e pelas prioridades estabelecidas nessa proposta revela uma redefinição do papel do Estado na área do ensino, na ótica de uma política neoliberal. A observação do cotidiano das escolas veio confirmar que, através dessas prioridades, o Estado buscou reduzir sua esfera de ação[24] direta sobre o ensino e projetar uma atuação que passa a valorizar a orientação estratégica e a regulação à distância.

Com bases nas prioridades definidas, foi estabelecido como objetivo geral do Projeto[25] a diminuição das taxas de repetência de todas as séries do ensino fundamental. Esse objetivo dá a dimensão clara da centralidade das medidas em torno da melhoria da produtividade do ensino nas escolas da rede estadual.

---

[20] *Minas Gerais. Projeto qualidade na educação básica em Minas Gerais (ProQualidade)*. Plano de Implementação, 1993/1998, nov. 1993.

[21] SILVA, 1994, p. 18.

[22] OLIVEIRA, 1996, p. 77.

[23] ENGUITA, 1994, p. 96.

[24] COSTA,1995, p. 51.

[25] O período de desenvolvimento do Projeto se estende até 31/12/99.

Para atingir essa proposta, foram estabelecidos seis subprojetos, derivando de cada um deles componentes de ação específica que atingem a organização do sistema de ensino e da escola. Eles contemplam a qualificação de pessoal docente e administrativo, a aquisição de equipamentos para as escolas (incluindo-se aí livros e materiais pedagógicos diversos), a avaliação sistêmica dos alunos e o acompanhamento e a avaliação da implantação do Projeto.

As grandes linhas da proposta correspondem às orientações das agências internacionais, representadas pelo Banco Mundial, financiador do Projeto[26], não constituindo, portanto, uma proposta de cunho inovador. Entretanto, dada a natureza e abrangência das ações propostas, as inovações pretendidas incidem de tal forma sobre a escola que supõem a mudança dos paradigmas que até hoje têm orientado a organização e o funcionamento das instituições estaduais de ensino em Minas Gerais.

UM ESTUDO DA IMPLANTAÇÃO DESSA POLÍTICA EM ESCOLAS ESTADUAIS

Com o objetivo de avaliar a interferência de culturas organizacionais na implantação de propostas de mudanças na organização interna de escolas públicas em Minas Gerais, a pesquisa realizada em Juiz de Fora, no ano de 1997, atingiu três escolas que ministram ensino fundamental, as quais denominei Escola Alfa, Beta e Delta.

Utilizando uma metodologia qualitativa, a observação sistemática[27] foi adotada como principal instrumento de coleta de dados, complementada por entrevistas semiestruturadas[28] e análise de documentos.

As observações incidiram sobre as relações que os vários agentes em ação mantêm entre si no desempenho de suas funções dentro das escolas e sobre o modo pelo qual se configura a organização da unidade de ensino. As entrevistas tiveram o objetivo de recolher dados descritivos, expressos na linguagem dos próprios sujeitos da pesquisa, de forma a permitir a

---

[26] Trabalhos que analisam as exigências dos órgãos de financiamento permitem que se faça essa constatação. Entre estes podem ser citados FONSECA, Marília. O Banco Mundial e a educação. Reflexões sobre o caso brasileiro. In: GENTILI, Pablo. (org.). *Pedagogia da exclusão*. Crítica ao neoliberalismo em educação. Petrópolis: Vozes, 1995, p. 171-172. _____. Financiamento do Banco Mundial à educação brasileira. In: TOMASI, Lívia de; WARDE, Nirian Jorge; HADDAD, Sérgio (org.). *O Banco Mundial e as políticas educacionais*. São Paulo: Cortez/Ação Educativa/PUC - São Paulo, 229-251; WARD, Mirian Jorge. As políticas públicas das organizações internacionais para a educação. *Em Aberto*. Brasília, ano 11, n. 56, out./dez., 1992, p. 13-21.

[27] No período de março a agosto de 1997, foram realizadas 88 visitas às três escolas, num total de 204 horas, incluindo-se nesse tempo, além das observações propriamente ditas, as entrevistas, a assistência às reuniões pedagógicas, de pais, de conselhos de classes e dos colegiados das escolas.

[28] Foram realizadas 35 entrevistas, sendo algumas em grupo, atingindo-se 110 pessoas nas três escolas.

percepção do modo como esses sujeitos interpretavam a realidade por eles vivenciada nas escolas. Os documentos consultados versam sobre: planos de escola, regimentos, grades curriculares, horários, atas de reuniões, relatórios, balancetes de Caixas Escolares, normas e determinações escritas emanadas do sistema de ensino e das direções das escolas.

Com a identificação dos traços culturais que se evidenciaram na organização e funcionamento de cada escola, busquei conhecer os denominadores comuns[29] da cultura escolar definidores de sua identidade.

A Escola Alfa

A Escola Alfa, localizada num bairro central da cidade, foi criada em 1946 como Grupo Escolar e ministra atualmente o ensino fundamental e médio, atendendo, no ano de 1997, cerca de 2.082 alunos, nos turnos da manhã, tarde e noite. Nessa Escola, foram percebidas as lutas e contradições de uma cultura a ser reconstruída. Tendo sido desintegrada a cultura burocrática do passado, a Escola Alfa não logrou reconstruir uma identidade própria. No âmbito das configurações simbólicas[30], revela, no plano político, um contexto cívico, em que as relações com o Estado e a vontade coletiva constituem elementos orientadores do pensamento e das ações no seu interior. Entretanto, essa cultura cívica conflita com uma cultura apática[31] no plano pedagógico, caracterizando uma postura de indiferença diante dos problemas que incidem sobre a escola, para cuja solução ela se sente impotente. Resulta daí um estado geral de desmoralização da prática escolar e da identidade docente. Sob a capa de democratização da unidade de ensino, tem sido encoberta a ausência de uma liderança forte, capaz de realizar a necessária integração dos esforços educativos no seu interior, superando as contradições e conduzindo o processo de melhoria do ensino oferecido. Nela, o discurso da democratização está distante da prática pedagógica que aí se realiza.

Escola Beta

Criada em 1967, essa Escola funciona em um bairro da periferia da cidade, atendendo a uma população que vive em situação de extrema pobreza. No ano de 1997, ministrava o ensino fundamental para 477 alunos, nos três turnos. Localizada num galpão de obras cedido pela COHAB/MG, a história dessa

---

[29] SARMENTO, Manoel Jacinto. Op. cit., p. 94.

[30] Tipologia utilizada a partir de adaptações feitas no modelo proposto por GOMES, Rui. Op. cit., p. 82-84.

[31] Tipologia utilizada a partir de adaptações feitas no modelo proposto por SETHIA, N. K., VON GLINOW, M.A. Araiving at four cultures by managing the reward system. In: KILMANN, et. al. *Gaining control of the corporate culture*. San Francisco; Jossey Bass, 1985, p. 400-420.

escola revela uma cultura de luta pelas condições de existência. No plano das configurações simbólicas, percebe-se um contexto doméstico[32] que estende as relações familiares para o âmbito escolar. Esse contexto se harmoniza com uma cultura cuidadosa[33] caracterizada pela preocupação com o bem-estar de seus membros. A Escola preocupa-se com as necessidades e carências de seus alunos e busca atendê-las, esforçando-se para ministrar um ensino de melhor qualidade. Entretanto, ao identificar tais carências como causas do desempenho insatisfatório desses alunos, acaba lançando mão de argumentos que se sobrepõem às iniciativas de inovação que ela tenta implantar e que justificam a ausência de maiores exigências quanto ao desempenho de professores e alunos. A cultura aí identificada revela que se busca firmar as bases da construção de uma identidade própria.

Escola Delta

Essa Escola revelou-se como sendo uma cultura consolidada que tem sua base na integração do grupo que a compõe. Funcionando também num bairro de periferia da cidade, foi criada em 1960, como instituição de ensino primário, ministrando, em 1997, o ensino fundamental e médio para 1.612 alunos, em três turnos. Ela também apresenta os traços de um contexto doméstico e de uma cultura cuidadosa, que se revelou como construída a partir da figura carismática de uma diretora que esteve à frente de sua administração por muitos anos. Essa diretora fez da Escola um ponto de referência de toda a comunidade, firmando as bases de uma organização que permanece após terminado seu mandato mesmo com a adoção do processo de escolha do diretor através do voto da comunidade escolar. O sentimento de segurança e de proteção que reina na escola deixa transparecer um certo paternalismo, que alivia as exigências em relação ao desempenho de professores e alunos, abrandadas pela ênfase na manutenção de um ambiente de amizade e cooperação na Escola.

O IMPACTO DAS PROPOSTAS DE MUDANÇAS NA ORGANIZAÇÃO DAS ESCOLAS

Tomando as duas prioridades básicas do ProQualidade, autonomia da escola e fortalecimento da direção da unidade de ensino, e trabalhando a partir da cultura dessas unidades escolares, procurei avaliar a implantação, a rejeição ou a adaptação das propostas do governo na organização das mesmas, tendo como parâmetro o objetivo primordial do ProQualidade, no sentido de mudar a cultura da repetência pala cultura da escola eficiente e produtiva.

---

[32] GOMES, Rui. Op. cit.
[33] SETHIA, VONW GLINOW. Op. cit.

No que diz respeito à prioridade maior do projeto, o estudo revelou que a autonomia da escola constituiu uma palavra de ordem esvaziada de seu significado. Dada a força do modelo administrativo centralizador dos sistemas de ensino no país, percebe-se que falar de autonomia da escola no Brasil significa supor uma realidade a ser conquistada, um processo a ser cumprido. Entendendo a autonomia como a capacidade de fixar as regras de seu próprio existir,[34] dentro das limitações interpostas pelo contexto, considera-se que ela comporta um processo de socialização do poder público que busca a formação de sujeitos coletivos,[35] capazes de assumir responsabilidades. Isso requer tempo e condições materiais e sociais adequadas. Supõe a construção de uma nova cultura escolar.

No caso das escolas estaduais mineiras, torna-se difícil falar-se em autonomia, uma vez que a SEE, embora propalasse a intenção de tornar autônomo o funcionamento das escolas, manteve o processo autoritário de tomada de decisões pelos altos escalões do sistema, impondo-as às unidades de ensino a quem cabia executá-las. Essa percepção transparece de forma clara na expressão de pessoas consultadas nas três escolas, de modo que se pode afirmar não ter sido atingida a proposta de autonomia no âmbito financeiro, administrativo ou pedagógico.

No plano financeiro, a implantação do projeto representou para as escolas a prerrogativa de receberem recursos do governo para serem aplicados conforme suas próprias necessidades. Todo um sistema de repasse de verbas foi criado e as escolas passaram a receber esses recursos. Tiveram que aprender a estabelecer prioridades e a prestar contas dos gastos. Nas três escolas pesquisadas, os benefícios provenientes dessa inovação foram sobejamente reconhecidos, embora em todas elas também tinham sido alvo de críticas a insuficiência desses recursos para atender às carências das escolas, o atraso das remessas e o fato de que mesmo as verbas ditas não vinculadas permaneceram presas a uma série de indicações condicionantes da sua aplicação, impedindo seu uso efetivo, para atender às necessidades mais prementes das escolas. Nessas circunstâncias, não se pode falar em autonomia financeira das unidades escolares.

A autonomia administrativa foi proposta com o sentido de atribuir às unidades de ensino competências para realizar o gerenciamento de seu pessoal e cuidar da conservação e melhoria do seu patrimônio. Sendo esse último aspecto ligado à questão financeira e já abordado anteriormente, cumpre focar atenção na questão da administração do pessoal. Nesse aspecto, pode-se falar num movimento de desconcentração que se operou com a transferência às escolas das tarefas burocráticas do sistema, referentes à vida profissional de seu pessoal. Trazendo um acúmulo de tarefas para as

---

[34] ARROYO, 1996, p.10.

[35] SILVA,1995, p. 93-95.

escolas, esse repasse se deu sem a necessária contrapartida em termos de aumento de pessoal. Os benefícios que essa ação porventura tenha trazido para a vida profissional do pessoal das escolas não foram evidenciados no decorrer da pesquisa, não tendo sido objeto de atenção especial.

As escolas não foram chamadas a opinarem a respeito. Também não lhes foram conferidos poderes para contratarem os profissionais de que necessitavam, ou conservarem os que se revelaram competentes no exercício de suas atividades. Pelo contrário, as medidas da Secretaria se caracterizaram, nesse período, pela ênfase na diminuição dos quadros das escolas com a desativação de funções constantes dos mesmos, enquanto as contratações dos professores substitutos deviam ser efetivadas em conformidade com as normas definidas para toda a rede escolar.

A autonomia pedagógica, apresentada no ProQualidade como o maior desafio da proposta, foi percebida como algo a ser conquistado pelas escolas na busca de competência para construírem seu próprio projeto pedagógico. Os traços culturais evidenciados nas escolas mostraram a complexidade da questão e as dificuldades das mesmas em vencerem o conservantismo das formas tradicionais de ensino, o apego à sua prerrogativa de conferir notas, reprovar ou aprovar os aluno, o mito da falsa autoridade do professor, "o tabu pedagógico" que impede os docentes de aprofundarem as discussões sobre sua responsabilidade nos resultados da aprendizagem dos alunos etc.

Por outro lado, a SEE, ao invés de abrir espaço para que as unidades escolares pudessem, de fato, construir suas identidades, continuou normatizando o funcionamento interno das instituições de ensino. As normas editadas pela Secretaria passaram, nesse período, a serem muito mais numerosas e mais detalhadas, desconsiderando as normas internas das escolas corporificadas nos seus regimentos. Nessas circunstâncias pergunta-se: Como falar de autonomia pedagógica? Como esperar que as escolas vençam as resistências de sua herança burocrática e construam projetos coletivos de ação pedagógica em direção à melhoria da qualidade do ensino que ministram?

As escolas não se reorganizaram internamente de modo a propiciar a melhoria do seu ensino. Esse constituía o ponto fundamental para o êxito do ProQualidade. Dele dependia a substituição da cultura da repetência pela cultura da escola produtiva e eficiente. Essa mudança cultural, entretanto, não se evidenciou. Com professores desmotivados pelos baixos salários, despreparados pela formação acadêmica insuficiente e pala ausência de cursos de atualização,[36] sentindo-se desvalorizados pelo sistema que não se preocupou em ouvi-los, não priorizou o investimento na sua qualificação e impediu a formação de quadros mais ou menos estáveis nas unidades

---

[36] Os cursos de atualização de professores, consubstanciados no chamado PROCAP, foram realizados em 1998; portanto, após a realização da pesquisa, se restringiram ao pessoal das quatro primeiras séries do ensino fundamental.

de ensino, mantendo um sistema desumano de contratações temporárias, fica difícil esperar que ocorressem mudanças nesse sentido. Não constatei indícios, nas escolas estudadas, de modificação das crenças que sustentam suas práticas. Seu pessoal parece não ter percebido nas propostas do sistema elementos que justificassem a adoção de novos valores, capazes de redundar na mudança da prática pedagógica que realizavam. As três escolas não lograram construir suas próprias identidades como organizações específicas de ensino, não se mostraram capazes de formular projetos político-pedagógicos próprios.

A meta de fortalecimento da direção das escolas, ao contrário, foi atingida. Pode-se falar, sem dúvida, de ruptura do modelo autoritário de administração da unidade escolar. Nas unidades pesquisadas, está consolidado o processo de escolha do diretor com a participação da comunidade — interna e externa — das escolas, não obstante o fato de que esse não constitui um processo isento de conflitos. A constituição do colegiado escolar também está estabelecida em todas elas como parte da direção da unidade, funcionando de forma dinâmica em duas delas. Ultrapassando o plano do funcionamento formal para referendar atos da administração, as atas dos colegiados das Escolas Alfa e Delta evidenciaram o tratamento de questões relativas ao funcionamento interno dessas instituições de ensino.

Entretanto, os estudos realizados me permitem afirmar que a mudança do modelo de administração dessas escolas tem se mostrado insuficiente para provocar a substituição da cultura pedagógica prevalecente, não tendo sido capaz de romper com os padrões do ensino tradicional e garantir a construção de uma identidade própria dessas unidades escolares e a melhoria dos padrões de ensino que ministram. Conclui-se daí que a democratização dos processos administrativos tem se revelado, nessas escolas, como incapaz de atingir o processo de ensino de modo a garantir aos alunos a escola de qualidade a que eles têm direito.

A perspectiva da cultura escolar me permitiu perceber que, apesar das contradições e desânimos, persistem nas escolas ideais, lutas e ações que revelam o comprometimento de alguns com os alunos e com a renovação do processo de ensino. Sendo a organização da escola produto da criação humana, não é ilusório acreditar que do empenho coletivo em direção a uma sociedade mais justa e mais humana possam ser criadas novas formas de organização, novas escolas onde caibam todos e onde se realize um ensino de qualidade.

Referências

ARROYO, Miguel. Administração e qualidade da prática educativa: exigências e perspectivas. *Revista Brasileira de Administração da Educação*. Brasília, v.12, n.1, 1996, p.10.

COSTA, Márcio. Educação em tempos de conservantismo. In: GENTILI, Pablo (org.). *Pedagogia da exclusão*. Crítica ao Neoliberalismo em Educação. Petrópolis: Vozes, 1995, p. 51.

CUBAN, Larry. Culture of teaching: a puzzle. *Educacional Administration Quartely*, Neybury Park, Califoria, v.23, n.4, 1987, p. 25-35.

ENGUITA, Mariano Fernández. O discurso da qualidade e qualidade do discurso. In: GENTILI, Pablo A. A. e SILVA, Tomas Tadeu da (org.). *Neoliberalismo, qualidade total e educação*. Visões Críticas. Petrópolis: Vozes, 1994, p. 96.

FREIRE, Paulo. *Pedagogia do oprimido*. Rio de Janeiro: Paz e Terra, 1978, p. 66.

GEERTZ, Clifford. *A interpretação das culturas*. Rio de Janeiro: Guanabara – Koogan, 1989, p. 15.

GOMES, Rui. *Cultura de escola e identidade dos professores*. Lisboa: EDUCA, 1993, p.111.

HUTMACHER. Walo. A escola em todos os seus estados: das políticas de sistema às estratégias de estabelecimento. In: NÓVOA, António (org.). *As organizações escolares em análise*. 2. ed. Lisboa: Publicações Dom Quixote / Instituto de Inovação Educacional, !995, p. 53.

HUTMACHER, Walo. op. cit., 1995, p. 62-63.

MINAS GERAIS. *Projeto qualidade na educação básica em Minas Gerais (ProQualidade)*. Plano de Implementação, 1993/1998, nov. 1993.

NÓVOA, António. Para uma análise da instituição escolar. In: _____. (org.). *As organizações escolares em análise*. 2. ed. Lisboa: Publicações Dom Quixote / Instituto de inovação Educacional, 1995, p. 30-32.

OLIVEIRA, Romualdo Portela. A questão da qualidade na educação. *Revista Brasileira de Adiministração da Educação*. Brasília, v. 12, n.1, jan./jun., 1996, p. 77.

PERRIGREW, Andrew M. A cultura das organizações é administrável? In: FISCHER, Rosa Maria (coord.) *Cultura e poder nas organizações*. São Paulo: Atlas, 1996, p. 145-153.

PERRIGREW, Andrew M. A cultura das organizações é administrável? In: FISCHER, Rosa Maria (coord.) *Cultura e poder nas organizações*. São Paulo: Atlas, 1996, p. 9.

SARMENTO, Manoel Jacinto. *A vez e a vos do professor*. Contributo para o estudo da cultura organizacional da escola primária. Porto: Porto, 1991, p.19.

SILVA, J. Militão. *Autonomia da escola pública: a re-humanização da escola*. São Paulo, 1995. Tese (livre docência) USP, p. 93-95.

SILVA, Tomaz Tadeu da. A "nova" direita e as transformações na pedagogia da política e na política da pedagogia. In: GENTILI, Pablo A. A. e _____. (org.). *Neoliberalismo, qualidade total e educação*. Visões Críticas. Petrópolis: Vozes, 1994, p. 18.

SHEIN, Edgar H. *Organizacional culture and leadership*. A dynamic view. San Francisco: Jassey-ass Publishers, 1991, p. 50-51.

TEIXEIRA, Maria Cecília Sanches e PORTO, Maria do Rosário Silveira. *Gestão da escola: novas perspectivas*. Texto apresentado no 10° Seminário da ANPAE-Sudeste, Piracicaba, São Paulo, nov. 1997, p. 2.

TORRES, Leonor L. *Cultura organizacional escolar*. Representação dos professores numa escola portuguesa. Oeiras: Celta, 1997, p. 89-90.

TORRES, op. cit., p. 41.

A ousadia de fazer acontecer o direito à educação.

Algumas reflexões sobre a experiência de gestão nas cidades de São Paulo (1989/92) e Diadema (1993/96)

LISETE REGINA GOMES ARELARO

> "...nadando contra a corrente só prá exercitar..."
> *Cazuza*

Este trabalho[1] apresenta uma leitura e uma síntese das ações, atividades e projetos que traduziram de forma objetiva as políticas sociais desenvolvidas pela Secretaria Municipal de Educação da Cidade de São Paulo, na Gestão Luiza Erundina (1989/92), e pela Secretaria de Educação, Cultura, Esporte e Lazer da Cidade de Diadema — Região do Grande ABC/São Paulo, na Gestão José de Filippi Júnior (1993/96).

A EXPERIÊNCIA NO MUNICÍPIO DE SÃO PAULO

As políticas públicas na Gestão Luiza Erundina partiram da opção política de inversão de prioridades, onde as ações públicas passaram a dirigir-se à maioria dos habitantes da cidade de São Paulo. O lema "São Paulo para Todos", marca da Administração, se por um lado gerou polêmicas para dentro do Partido dos Trabalhadores, considerado inadequado e "pequeno-burguês", no imaginário social significava uma perspectiva nova em que a população historicamente marginalizada teria "voz e vez".

A Prefeitura de São Paulo era responsável por 10 milhões de cidadãos, cifra que aumentava ao ritmo de 200 mil habitantes por ano. Cerca de um terço da população do Município se encontrava em situação crítica de pobreza, o que significava depender de forma vital dos serviços públicos para a sua sobrevivência e inserção social.

Frente a esses problemas, não havia soluções milagrosas mas os mesmos exigem, durante várias gestões, a continuidade de esforços visando a democratização, descentralização e modernização administrativa, bem

---

[1] Este texto foi elaborado a partir dos Relatórios e Documentos elaborados de forma coletiva nas referidas Gestões.

como significativos investimentos sociais e de infraestrutura. Na área de Educação, as carências não eram menores.

A principal característica da política educacional desenvolvida pela Cidade de São Paulo, a partir de 1989, tendo os Professores Paulo Freire (1989/91) e Mário Sérgio Cortella (1991/92) como dirigentes, foi ter sido decidida coletivamente. Quatro foram as diretrizes que pautaram a atuação da Secretaria Municipal de Educação naquele Governo: 1) democratização da gestão; 2) democratização do acesso escolar à criança, ao jovem e ao adulto ao ensino municipal ; 3) busca e melhoria da qualidade de ensino e 4) implantação de programas especiais de educação de jovens e adultos.

É importante que se destaque que estas diretrizes, a partir de estudos e diagnósticos elaborados pela Comissão de Assuntos Educacionais (CAED) do Partido dos Trabalhadores (PT)[2], foram consideradas diretrizes comuns às Administrações Municipais quando governadas por administrações populares e democráticas, até a presente data.

Entendemos que a diretriz referente à gestão democrática deve ser o eixo norteador das políticas educacionais, pois a democratização do acesso escolar, a busca de uma nova qualidade de ensino que interesse aos setores majoritários da população devem passar pela discussão com os usuários internos e externos do sistema educacional: alunos, professores, pais, especialistas e comunidade. É ela, na verdade, que viabiliza as outras, ou seja, acreditamos que não há democratização do acesso e da permanência escolar e nem da qualidade de ensino, a não ser quando são garantidas pelo sistema de participação, gestão e avaliação populares, entendidas como envolvendo os participantes do processo educacional.

As políticas dirigidas à democratização da gestão partem da premissa de que cabe ao cidadão decidir os rumos daquilo que é público. Este direito, historicamente usurpado da população, exige um processo de construção sistemático e contínuo, cujo sujeito principal deve ser a própria população, superando-se os modelos demagógicos e populistas de participação, onde a população é sistematicamente convencida de que "pode falar", sugerir e até discutir ideias, mas dificilmente interfere nas decisões dos "mais competentes", ou seja, não influi ou ajuda a decidir as políticas que considera mais convenientes para a sua cidade.

Ao longo dos quatro anos de Governo, buscamos garantir autonomia à comunidade educacional, para que refletisse sobre sua realidade e fizesse

---

[2] Comissão de Assuntos educacionais (CAED) = coletivo de educadores e interessados nas questões de Educação do Partido dos Trabalhadores (PT), que funciona como instância consultiva do Partido. Existe como Fórum Estadual e Nacional, realizando encontros periódicos nestes dois níveis.

proposta visando a superar os problemas enfrentados em sua prática. Ao mesmo tempo, garantimos condições materiais para concretizar estas propostas.

Vários são os pontos de tensão quando se procura compartilhar o poder de decisão, principalmente porque a administração pública não foi organizada para funcionar a partir de procedimentos democráticos que impliquem a participação da sociedade nas definições e acompanhamento nas diretrizes de Governo.

Apesar dos obstáculos encontrados, foi possível avançar na consolidação de uma filosofia educacional que busca resgatar a dignidade dos cidadãos, respeitando as diferenças de opinião e criando oportunidades para que as diferenças aflorassem.

Quanto à democratização da Gestão:

A democratização da gestão foi implementada através da convergência de três instâncias colegiadas de decisão, situadas, respectivamente, ao nível das escolas (Conselhos de Escolas Deliberativos), das regiões da cidade (Conselhos de Representantes de Conselhos de Escolas — CRECEs) e da Cidade (Conselho Municipal de Educação).

A partir de 1989, os Encontros de Conselhos, os Grupos de Formação de Pais, as Reuniões dos CRECEs favoreceram a entrada dos pais nas escolas. Do I Encontro de Pais, realizado em 1991, para o II Encontro em 1992, verificou-se um salto qualitativo tanto no que se refere ao envolvimento dos pais quanto na organização e encaminhamento coletivo dos trabalhos. Se, no I Encontro, os encaminhamentos apontavam, genericamente, para a necessidade de novos Encontros, o II encaminhou para ações que concretizavam a proposta de defesa da Escola Pública de Qualidade.

Trabalhamos nestes quatro anos para viabilizar uma escola entendida como imprescindível à formação do sujeito social, e, nesta perspectiva, a relação de parceria entre escola e comunidade é considerada fundamental. Uma escola onde o educador seja sujeito de sua ação, capaz de refletir e alterar programas e métodos, capaz de compreender sua comunidade e os processos de transformação de sua sociedade.

Com base nos três princípios que orientaram a nossa proposta político pedagógica, participação, descentralização e autonomia, avançamos na transformação da escola pública, cuja concretização aponta para práticas avançadas e de difícil, mas não impossível, realização.

A complexidade e gravidade da situação educacional não impediu que o Governo Municipal enfrentasse, de forma concomitante, os vários problemas, até porque, em Educação, não se pode tratar de forma isolada questões como: salário dos professores, reforma dos prédios, orientação pedagógica ou gestão da escola. Todos estes aspectos da vida educacional, que se inter-relacionam, exigem ações sistemáticas e simultâneas.

Quanto à democratização do acesso — ampliação da oferta de vagas:

Houve aumento em todas as modalidades de ensino oferecidas pela rede municipal. Se tomarmos a Gestão anterior como referência, constata-se que a rede escolar atendeu, em 1988, 651.313 alunos. Em 1992, o atendimento total foi de 796.551 alunos, representando um crescimento médio de 5,1% ao ano.

Em relação à Educação Infantil, em 1992, estavam matriculadas 200.704 crianças de 04 a 06 anos, em escolas com atendimento em tempo integral e tempo parcial. É importante que se destaque que o Governo reduziu, significativamente, o número de alunos em salas de aula, pois eram comuns as classes de educação infantil com até 50 crianças. O grande empenho na construção e "reconstrução" dos prédios escolares deu-se, exatamente, para viabilizar que o atendimento à norma pedagógica não significasse a exclusão das crianças da escola.

O Ensino Supletivo (Suplências I e II) aumentaram de 21.818 alunos, em 1988, para 95.124. Destaque-se, no entanto, que a SME não aceitou continuar oferecendo Suplência de Ensino Médio, por entender que esta era uma tarefa dos Governos estadual e federal, reduzindo-se, portanto, este atendimento de 6.702 alunos, em 1989, para 175, em 1992.

No Ensino Fundamental Regular, aumentamos de 421.526 alunos, em 1988, para 497.536, em 1992.

Em relação à rede física, foram construídos 70 prédios escolares, sendo 23 substituições de prédios de "madeirite" e 47 prédios novos. Ao final de 1992, foram deixadas para serem inauguradas pelo novo governo 20 obras em andamento. Somando-se as reformas e as ampliações de prédios escolares, foram concluídas 279 obras, no período.

Quando assumimos a Prefeitura, encontramos praticamente metade das 650 escolas com suas instalações físicas deterioradas. O déficit de carteiras era em torno de 40.000, e as crianças assistiam aulas sentadas em caixotes de madeira na cidade de São Paulo! Os pais, através das Associações de Pais e Mestres, eram obrigados a financiar a aquisição de grande parte do material necessário ao funcionamento das escolas. Em função dessa situação, os gastos com operação e manutenção de escolas e compra de materiais e equipamentos cresceram 389% em relação a 1988.

Quanto à nova Qualidade da Educação —
Reorientação Curricular e Interdisciplinaridade:

Com a clareza de qual educação queríamos, foi dada prioridade ao Movimento de Reorientação Curricular junto às escolas da rede municipal, no Projeto de Formação Permanente de Educadores e na instalação de uma nova Política de Educação de Jovens e Adultos.

Os eixos norteadores destas ações foram:

- garantia da autonomia das escolas e parceria com os movimentos populares na educação de adultos;
- participação efetiva da comunidade escolar na construção da proposta pedagógica valorizando o trabalho coletivo;
- descentralização das ações de planejamento e formação.

O quadro de referência teórico-metodológico privilegiou os seguintes aspectos:

- valorização da relação teoria-prática;
- introdução do princípio da interdisciplinaridade;
- introdução da concepção da relação dialógica a partir da qual o resgate da realidade social e cultural dos educandos é indispensável;
- desenvolvimento das programações das escolas a partir do estudo da realidade local.[3]

O Movimento de Reorientação Curricular e Formação Permanente dos Educadores envolveu o coletivo das unidades escolares e a comunidade num trabalho de reflexão conjunta, desde a problematização da realidade até a elaboração de propostas pedagógicas.

A "problematização da escola" realizada pelos professores foi um indicador importante para todas as ações da Secretaria Municipal de Educação (SME) em relação à qualidade do ensino. A "visão dos educandos" sobre a escola, também consolidada em um documento distribuído a todas unidades, documento este ridicularizado pela grande Imprensa — apontou pontos fundamentais que ultrapassaram de muito o "gostar ou não gostar da escola" e acenou para aspectos significativos da escola — trabalho, escola-vida.

Tais questões fizeram com que as equipes escolares refletissem sobre a práticas existentes, e, em decorrência do trabalho dessa problematização, novas ações se impuseram: refazer o currículo, privilegiar a formação dos educadores, elaborar documentos de registro e fundamentação.

---

[3] Consulte-se o Documento "Balanço Geral da SME — Projeção Trienal", da Secretaria Municipal de São Paulo - S. Paulo, IMESP, dez. 1992, p. 107-124.

Dentre essas ações, vale destacar o trabalho das escolas que, concretizando o principio de autonomia, elaboraram 1.563 projetos pedagógicos próprios, a partir da análise de suas realidades.

Merece destaque especial o Projeto "Ação pedagógica pela Via da Interdisciplinaridade", gestado a partir da problematização mencionada, com o objetivo de dar ênfase ao estudo da realidade local, superar a fragmentação entre as disciplinas a partir da identificação de temas geradores, sempre respeitando a autonomia das escolas.

A problematização da escola levantou, também, a necessidade de elaborar e discutir a concepção das áreas do conhecimento subjacentes ao trabalho das diferentes escolas.

Esta nova concepção de currículo requeria, no entanto, uma estrutura mais flexível, democrática e autônoma. A proposta de organização do ensino em ciclos por isso mesmo foi-se impondo, pois visava à construção de uma escola que rompesse com as práticas de seletividade, de exclusão e autoritarismo, ao "quebrar" o regime de seriação que tem se constituído em um dos fatores básicos da evasão e do fracasso escolar. Além do que, não encontra apoio na ciência pedagógica atual para referida organização.

A organização em ciclos teve por objetivo assegurar ao educando a continuidade no processo ensino-aprendizagem, respeitando seu ritmo e suas experiências de vida. Esta nova política implicaria, necessariamente, renovação progressiva das práticas escolares, propiciando maior integração do trabalho docente, através do planejamento coletivo dos professores do mesmo ciclo. Daí, a proposta de organização discutida e aprovada por pais, professores, especialistas e alunos, depois de três anos de discussão, ter sido de três ciclos: o 1º — Ciclo Inicial — com os 3 primeiros anos escolares, o 2º Ciclo — Ciclo Intermediário — com os 3 anos seguintes (correspondentes às 4ª, 5ª e 6ª séries do ensino fundamental) e o 3º Ciclo — Ciclo Final com as duas séries finais do ensino Fundamental: as 7ª e 8ª séries.

Outra face do Movimento de Reorientação Curricular foi o Programa de Formação Permanente, pautado pelo princípio da ação-reflexão-ação. Os educadores partiam da discussão de sua própria prática, expressando seus pressupostos teóricos, aprofundando fundamentos, reconstruindo a prática na perspectiva de uma educação transformadora.

Este Programa concretizou-se através de múltiplas modalidades de formação permanente, como seminários, encontros, palestras, oficinas, cursos, assessoria das Universidades, em diferentes áreas do conhecimento e o trabalho coletivo nas escolas. No entanto, a modalidade privilegiada foram os Grupos de Formação Permanente.

Os Grupos de Formação ofereciam ao educador momentos de troca, nos quais ele era valorizado enquanto ser social, afetivo e cognitivo. Observação, registro, reflexão, síntese e elaboração de planos foram instrumentos metodológicos utilizados nestes Grupos.

Os Grupos de Formação Permanente de Pais se constituíram em outro espaço importante para integrar escola e comunidade. Os pais se reuniam periodicamente a fim de discutir questões relativas à educação de seus filhos e se organizavam também para trazer e, muitas vezes, solucionar problemas próprios de suas comunidades.

Das reflexões das escolas foram surgindo propostas que, devido a sua dimensão, foram incorporadas pela Administração e viabilizadas para o conjunto da rede. Alguns destes Projetos que merecem ser mencionados:

- Projeto Gênese, de Informática educacional: projeto premiado, na época, pelo pioneirismo de instalar laboratórios de informática (15 micros por sala), totalizando 800 computadores, em 50 escolas da rede municipal, a maioria (45) localizada na periferia da cidade e que atenderam cerca de 30 mil crianças;
- Projeto de Atendimento aos Portadores de Necessidades Especiais: este Programa, de caráter intersecretarial, foi planejado para definir ações que explicitassem o compromisso pela Prefeitura de São Paulo de dar oportunidade de acesso à escola comum, aos portadores de deficiência, resgatando sua cidadania e seu direito de usufruir dos bens públicos;
- Projeto de Prevenção à AIDS: desenvolvido em conjunto com a Secretaria Municipal da Saúde, este projeto tinha por objetivo: democratizar as informações sobre as formas de propagação e infecção do HIV; proporcionar oportunidade às análises críticas e reflexivas referentes à problemática sociopolítica e moral sobre a AIDS; ampliar o trabalho de prevenção, atingindo toda a comunidade escolar;
- Projeto "Pela Vida, não à Violência": foi organizado um grupo nuclear para fazer cumprir o Estatuto da Criança e do Adolescente, atender a situações críticas de violência quando solicitadas pelos Núcleos de Ação Educativa (NAEs) ou pelas escolas, cuidar da formação permanente dos profissionais que atuariam ao nível dos NAEs, bem como organizar ações "preventivas" nas demais escolas da rede;
- Projeto "RAP": Contra a Discriminação Racial: o Projeto utilizava linguagem e música próprias, que passam ao largo da cultura oficial ou televisiva, como um canal de comunicação para encaminhar um trabalho interdisciplinar de discussões e questões do cotidiano: preconceito, moradia, violência, saúde, educação, trabalho etc.;

- Projeto Férias: de caráter, também, intersecretarial, programado especialmente com a Secretaria de Cultura, com o objetivo de oferecer às crianças e jovens, em férias escolares, oportunidade de ter um programa de Recreação Educacional. Em 1992, por exemplo, foram prestados 700 mil atendimentos, em 139 escolas, 67 centros Esportivos e 3 Casas de Cultura. Pretendia-se, com ele, potencializar experiências (escolares e não escolares) da ampliação da pedagogia não formal (recreação educacional, animação e cultura), oferecendo oportunidades para o desenvolvimento educacional, social e cultural das crianças, jovens e grupos comunitários que se dispuseram a participar do Projeto.

Destacaria, por último, que os índices de evasão e repetência decresceram significativamente a partir de 1989 — de 22,6%, em 1988, para 12,3%, em 1991, o mais baixo da década —, seja em virtude da formação permanente dos educadores, seja por conta da melhoria das condições de trabalho, incluindo-se, aí, desde os materiais de consumo e permanentes disponíveis até a recuperação do espaço físico.

E não se pode dizer que estes índices melhoraram em função da "promoção automática" produzida pelos Ciclos, uma vez que os mesmos entraram em vigor somente em 1992.

Não podem deixar de ser mencionada, também, a valorização dos profissionais de educação, que afinal tiveram aprovado um Estatuto do Magistério que, além de estabelecer um novo plano de cargos, salários e carreiras, fixava uma jornada digna de trabalho, de tempo integral, pela qual o professor se dedicava à escola, recebendo remuneração proporcional por 20 horas de aula e 10 dedicadas a atividades extraclasse e, ainda, pela progressiva participação da comunidade educacional na gestão da escola.

Quanto à Educação de Jovens e Adultos — EDA e MOVA:

Dois grandes programas foram implementados para enfrentar a questão do analfabetismo em São Paulo: o Programa de Educação de Adultos (EDA) e o Movimento de Alfabetização (MOVA).

O EDA funcionava na Secretaria Municipal de Bem-Estar Social e, em 1989, foi transferido para a Secretaria de Educação. Esta transferência incluía os 950 professores que atuavam no Programa, mas que não necessariamente possuíam Curso de Magistério, em nível médio.

Em função disso e sob orientação direta do Prof. Paulo Freire, foi organizado um curso diferenciado, que habilitasse seus participantes para o magistério sem, no entanto, ignorar sua experiência como educadores, sem os impossibilitar de continuar exercendo sua atividade docente, e que incorporasse os compromissos políticos firmados pelo Governo, no tocante à educação popular. No final da Administração, 92% deles estavam titulados. Foram, ao todo, 12 turmas que passaram por este tipo de curso — inclusive 3 turmas compostas com professores de Diadema, que se encontravam na mesma situação profissional de formação —, devidamente autorizadas pelo Conselho Estadual de Educação (Parecer n.º 673/90).

Não foi fácil, no entanto, a incorporação dos mesmos na estrutura da Secretaria de Educação, historicamente mais rígida em relação aos conteúdos curriculares do que a Secretaria de Bem-Estar Social. Ao final, pelo entrosamento nas reuniões, elaboração conjunta de projetos, formação em serviço e troca de experiências, os dois lados acabaram se beneficiando na vivência educacional.

O MOVA, resultado do esforço conjunto da Secretaria de Educação e movimentos populares da cidade de São Paulo, através de um processo de parceria, foi mantido através de convênios. Para viabilizar este Projeto foi criado o Fórum-MOVA, constituído por representantes dos movimentos populares e da SME que se reuniam mensalmente para debater questões relativas à construção e funcionamento do MOVA.

Os núcleos de alfabetização — foram cerca de 1.000 —, sediados em equipamentos da comunidade (salões, garagens, sedes de Sociedades Amigos de Bairro etc.), foram concebidos como focos aglutinadores e irradiadores de informações sobre cultura local e sobre a história do movimento popular.

Neles, os cerca de 20 mil educandos jovens e adultos — número de alfabetizados pelo MOVA — tiveram acesso a níveis cada vez mais elaborados de compreensão da realidade, através de um processo educativo, voltado a uma leitura crítica do mundo, à apropriação e criação de conhecimentos que melhor capacitassem os sujeitos para uma ação transformadora sobre a realidade social.

Os monitores do MOVA deveriam pertencer à comunidade e estarem comprometidos com as lutas que ali se desenvolviam. A sua capacitação era feita através de cursos promovidos sob responsabilidade da SME. Dentre os próprios monitores, eram escolhidos os supervisores, que também recebiam formação específica da SME, e este processo era integrado através de encontros semanais entre monitores, supervisores e assessores técnicos da SME.

Dentre as atividades promovidas pelo MOVA, podemos destacar: 20 cursos introdutórios de formação inicial para monitores e supervisores; 75 reuniões de supervisão, dentro da concepção de formação permanente; 6 seminários gerais e regionais; I Congresso de Alfabetizandos, reunindo mais de 5 mil educandos e educadores; 45 cursos de estudo da realidade; 62 oficinas e 34 encontros do Fórum-MOVA.

Do que foi vivenciado pelos seus participantes, a construção de um currículo interdisciplinar, em processo, bem como a experiência de Coordenação unidocente, realizada de forma coletiva, foram contribuições significativas para todos os que desejam promover mudanças na formação do educador. E têm se constituído em referência quando da implantação, em outros municípios, da experiência pioneira do MOVA - São Paulo.

A EXPERIÊNCIA EM DIADEMA

Diadema, cidade da Região do Grande ABC, no Estado de São Paulo, cidade de trabalhadores, com 330 mil habitantes, em 30,7 Km², e portanto, uma das cidades no Brasil de maior densidade populacional, só comparada à Região da Baixada Fluminense, a maioria migrante. Apresenta algumas características peculiares: situada na região sul da irmã rica com as grandes montadoras, a cidade de São Bernardo, Diadema não aceita a vocação que se lhe pretendia imposta, qual seja a de uma grande "favela" e luta pela sua autonomia. Portanto, aos 40 anos, na sua maioridade, Diadema luta, ainda, contra a sua identificação de cidade "mais violenta" do Grande ABC.

Governada durante 15 anos pelo Partido dos Trabalhadores, apresenta alguns traços na sua história a serem destacados: 1º) Cidade, cujos moradores aprenderam a importância de se unirem, se mobilizarem para reivindicar seus direitos é hoje uma cidade com alto grau de participação popular; 2º) Cidade que era conhecida na região como "Cidade Vermelha", não pela sua história de lutas, mas pela terra vermelha que enlameava permanentemente pés e pernas de seus moradores; 3º) Cidade de trabalhadores onde, historicamente, os ricos não moram, pois podem fazê-lo com mais conforto em São Paulo ou São Bernardo; 4º) Cidade cuja história de lutas afastava os Partidos Políticos mais conservadores de fazer ali seu ninho, daí ser conhecida como "Cidade da Oposição".

Na Gestão Filippi (1993/96), a 3ª do PT na Cidade, depois de uma intervenção competente na área da Saúde, na 1ª Gestão, que a colocou como uma das melhores na Região e referência nacional no processo de municipalização do atendimento, e do "asfaltamento" praticamente de toda a Cidade, na 2ª Gestão, as áreas de Educação, Cultura, Esporte e Lazer foram consideradas áreas prioritárias da ação governamental.

As políticas implementadas pelas três áreas — Educação, Cultura, Esporte e Lazer — realizaram intervenções na Cidade, que visaram a valorizar o morador de Diadema, tanto como cidadão quanto como pessoa, buscando recobrir suas necessidades objetivas, sem perder de vista as dimensões subjetivas que compreendem a existência humana e as condições de vida dos diademenses, sujeitos imersos numa realidade urbana, desigual e excludente.

A política de cidadania cultural que implementamos visou à construção de uma Diadema enquanto "obra", cujo valor de "uso" sobrepujasse seu valor de "troca". Rompendo com classificações simplistas — e até autoritárias — que tratam o campo da Cultura como composto somente por polos contrapostos e antagônicos — o erudito e o popular, a cultura burguesa e a cultura operária —, investimos na diversidade e na pluralidade das práticas individuais e coletivas, amparando e valorizando suas carências, ritmos, estilos, suas necessidades materiais e simbólicas.

Ao contribuir para a construção de uma "Diadema cada Dia Melhor" — lema desse Governo —, estávamos atentos à advertência de que as necessidades sociais são inerentes às sociedades urbanas e que o montante de investimentos públicos que se faz nestas necessidades sociais apresentadas é o que torna possível tecer e fazer emergir uma Cidade produtora das liberdades urbanas, geradora e multiplicadora de direitos, mais urbana e democrática.

Nosso "investimento" ("Investir em Gente é que Faz a Diferença" — crença e diretriz governamental) apostou, portanto, num projeto histórico para Diadema: contribuindo para a humanização de homens e mulheres e da Cidade, mediante a consolidação ou inauguração dos direitos que conformam a condição de cidadania e, a partir deles, apostar na aventura de materializar a utopia da construção de uma sociedade radicalmente democrática, onde Diadema, de cidade-dormitório, vá se transformando em cidade-cidadã.

Entendendo por cidadania a "realização concreta de soberania popular"[4], procuramos através de ações diferenciadas criar novos espaços de participação da população, ampliando assim as possibilidades de criação, transformação e controle popular sobre tudo o que acontecesse na Cidade.

Para realizar esse trabalho, buscamos novas formas de trabalhar a educação, a cultura e o esporte e lazer, através de reflexão coletiva sobre as práticas cotidianas e pela apropriação das teorias que favorecessem a compreensão destas práticas.

O nosso trabalho, de certa forma, evidencia a importância de transformar estruturalmente a escola e os espaços de cultura e de esporte em espaços de aprendizagem, de reflexão, de produção e difusão do conhecimento e de saberes — espaços especiais de construção e realização da cidadania cultural.

---

[4] Conforme BENEVIDES, M. Vitoria. In: *A Cidadania Ativa: referendo, plebiscito e iniciativa popular*, S. Paulo: Ática, 1991.

Pensar esta proposta nos levou a viabilizar uma outra forma de prática política, buscando uma parceria efetiva com a população, redimensionando as tarefas de planejamento das ações públicas, isto é, criando outras formas de ordenamento dos níveis internos da Administração, para alterar as práticas tradicionais nas relações de poder.

Os três grandes eixos que embasaram nossa proposta são, por coerência, os mesmos dos da Administração Paulista: gestão democrática, democratização do acesso e da permanência e nova qualidade de ensino.

Quanto à Gestão Democrática:

Entendida como eixo condutor das diretrizes que visam à qualidade e à expansão dos serviços prestados, para viabilizar esta concepção foram constituídos Fóruns Colegiados de Decisão, em nível de cada uma de suas áreas e de forma ampliada, congregando em agentes responsáveis pelas três áreas onde atuamos: educação, cultura e esporte e lazer.

Estes Fóruns, sobretudo o ampliado, constituem-se em níveis de decisão sobre as ações gerais das políticas trazidas pelos canais de participação da população, compatibilizadas, em seu conjunto, no interior do Governo.

Foram criados os seguintes canais efetivos de participação da população:

- **Conselhos de Equipamentos:** seu objetivo era a elaboração e execução do plano do equipamento, o que incluía medidas relativas às ações pedagógicas, no caso das escolas, e outras que diziam respeito ao funcionamento e à organização das unidades que compunham a Secretaria. Dentre estes Conselhos destacam-se os Conselhos de Escola.

- **Conselhos Municipais:** a partir de 1994, foram desenvolvidas ações pela Comissão Pró-Conselho Municipal de Educação, voltadas à elaboração do Plano Decenal de Educação, proposto pelo Ministério de Educação e que ali foi aproveitado como oportunidade de debate sobre a situação da educação na Cidade, no Estado e no País. A partir de 1995, um Projeto de Lei foi discutido em toda a Cidade e o Conselho acabou sendo criado em 1996, prevendo eleição direta dos representantes da comunidade, evento que viabilizou a implantação do 1º Conselho Municipal de Educação, no Brasil, com estas características. Em especial, a definição do Conselho é discutir a educação "da" Cidade e não exclusivamente a educação e as escolas jurisdicionadas ao Município, constituindo-se em força política pela melhoria da Escola Pública em todos os níveis.

- **Movimento de Educação:** organizado em torno das lutas populares pela melhoria da qualidade da escola fundamental e média, responsabilidade do Estado, na Cidade. A luta pela ampliação e melhoria da Educação

Infantil, em especial das creches e da Educação de Jovens e Adultos, também faz parte dos seus objetivos.

- **Conselho Municipal de Orçamento:** tinha como objetivo discutir as prioridades da população para fins da elaboração do Orçamento-Programa Municipal. Era formado por delegados eleitos pela população em número proporcional àquela residente nos diferentes distritos que compõem a Cidade. Após a aprovação, o acompanhamento da execução orçamentária e a participação nas decisões relativas ao custeio dos diferentes serviços e/ou a novas necessidades que se apresentam são feitos através do Projeto de participação popular do Governo "Pé na Rua", realizado a cada mês, num bairro da Cidade, para incentivar uma maior participação e manter vivo o Conselho de Orçamento.

Quanto à democratização do acesso:

Isto foi possível em Diadema, através de procedimentos de racionalização e otimização na ocupação dos espaços já existentes, na recuperação, ampliação e manutenção de outros, bem como no investimento de recursos financeiros na construção de novos equipamentos.

- **Em relação à educação Infantil:** em 1992, foram 9.335 atendimentos e em 1996, 15.148 crianças na faixa etária de 4 a 6 anos foram atendidas, em tempo parcial, para um total de 20.508 crianças da Cidade, nesta faixa etária. Atendeu-se, portanto, cerca de 75% da população desta faixa etária. Em período integral, de 435 atendimentos, em 1992, ampliamos para 2.280, em 1996, reconhecendo ainda o atendimento insuficiente para a demanda real da Cidade. Destaque-se que Diadema é uma cidade em que cerca de 26% das mulheres são chefes de família.

- **Em relação à educação de jovens e adultos:** duas foram as modalidades de atendimentos: diretamente, através do serviço de Educação de Jovens e Adultos (SEJA) e do Movimento de Educação (MOVA- Diadema), desencadeado a partir de 1995, e nos mesmos moldes do criado na Cidade de São Paulo, na gestão Paulo Freire, em 1989.

O aumento foi significativo, pois de 2.481 atendimentos, em 1992, atingimos 11.740 atendimentos, em 1996, num total de 180 salas de aula, espalhadas por toda a cidade. A população de baixa e/ou nenhuma escolaridade era estimada em 39.000, conseguindo-se um atendimento dos analfabetos, em torno de 55%.

O MOVA-Diadema, realizado em parceria privilegiada com o Sindicato dos Metalúrgicos de Diadema, atende 797 jovens e adultos, em 1995, no seu 1º ano de instalação, e, em 1996, já atende mais 3.600 trabalhadores.

Foi implantado também o Supletivo Profissionalizante (combinação da suplência de 1ª a 4ª séries do Ensino Fundamental com a qualificação profissional para a profissão de eletricista residencial e industrial). Iniciou suas 1ªˢ turmas em março de 1995, no Sindicato dos Metalúrgicos do ABCD, subsede de Diadema, com um total de 51 alunos. Em 1996, o Programa abriu mais três classes no horário noturno, em três bairros da Cidade.

- **Em relação ao ensino especial:** de 76 atendimentos realizados na Escola Municipal de Educação Especial "Olga Benário Prestes", destinada a deficientes da audiocomunicação, em 1992, e somente nas séries iniciais do ensino fundamental, instalamos as séries finais, a partir de 1993, e passamos a atender 601 alunos.

Com a política de integração, 45 alunos surdos foram atendidos pelo SEJA e 150 crianças portadoras de algum tipo de deficiência foram matriculadas nas escolas de Educação Infantil; 36 crianças frequentaram as salas de recursos instaladas nestas escolas (EMEIs), e, 190, na da EMEE Olga Benário Prestes.

- **Com relação ao ensino profissionalizante:** Diadema possui uma Escola Municipal (hoje chamada "Fundação Florestan Fernandes") que oferece cursos de qualificação profissional, combinada com uma formação geral, devidamente discutida e elaborada pela Secretaria. De 450 atendimentos, em 1992, passou para mais de 3.000, em 1996.

- **Com relação ao Esporte e Lazer:** além de diversificarmos as modalidades de lazer e esportes oferecidas, ampliamos em 40% os atendimentos nestes serviços. Dentre os cursos oferecidos estavam: Ginástica (2.650 participantes, em 1996), Escolas de Esporte — basquete, vôlei, futebol de salão (1.298 participantes), Futebol de campo (1.600), Educação corporal (100), Dança (120), Capoeira (1.480), Dança de salão (510) e Tai-chi-chuan (180), num total, só em 1996, de 7.938 participantes.

Com relação às atividades de Recreação e Lazer, foram desenvolvidos os projetos de Recreação Comunitária, Pé na Rua, Projeto férias (em janeiro e julho), Assessorias especiais e Projeto Jogar, envolvendo, em média de 15.000 a 20.000 pessoas, cada um deles.

- **Com relação às atividades da Cultura:** o crescimento das ações na área cultural se deu em dois campos: no da formação e no da difusão cultural. Em 1996, mais de 2.000 frequentaram as oficinas de teatro, artes plásticas, cerâmica, dança, canto coral, educação musical, violão, percussão e cavaquinho. A cidade passou a ter 10 centros culturais, distribuídos pelos bairros, que envolveram cerca de 15.000 pessoas em cada um destes centros culturais, como espectadores dos processos de difusão.

Quanto a uma Nova Qualidade de Ensino,
de Cultura e de Esporte e Lazer em relação às Escolas:

Quisemos garantir que a Educação Infantil preservasse o direito à infância para nossas crianças de 0 a 6 anos de idade, daí o empenho para a universalização do atendimento, com movimento popular e social na região do ABCD contra a aprovação da Emenda Constitucional nº 14/96, que criou o FUNDEF e impedia a expansão da Educação Infantil. À semelhança de São Paulo, baseados nos mesmos princípios norteadores e nas teorias socioconstrutivistas de Piaget, Wallon e Vygotsky, fomos construindo um projeto pedagógico onde a forma própria de conhecer e relacionar-se com o mundo da criança seja respeitada.

Nesses espaços voltados para a criança, sua curiosidade de saber e conhecer é incentivada. O jogo, a brincadeira e a expressão artística foram algumas das "100 linguagens"— como se chamava o processo de socialização escolar — que foram incentivadas como direito de cidadania da criança pequena.

Citarei, dentre tantos, o Projeto de Educação Musical, desenvolvido desde 1994, em todas as escolas municipais, atendendo às crianças de 4 a 6 anos, e nos Centros Culturais, aos jovens e adultos da Cidade, como exemplar desse esforço de garantir à criança o direito de manifestar-se em 100 linguagens, e neste caso, constituindo-se numa proposta de "alfabetização musical".

Os monitores desse Projeto foram os próprios professores de Educação Infantil, que receberam formação técnica musical e pedagógica, semanalmente, diretamente com os coordenadores do Centro Livre de Aprendizagem musical (CLAM), reconhecidamente uma das escolas de músicas mais antigas e melhores do Brasil. Foram 7.400 crianças participando deste novo tipo de "alfabetização".

Um outro aspecto que merece destaque foi o trabalho de consolidação da concepção de uma "escola única", onde crianças, jovens e adultos pudessem construir um espaço que respeitasse o direito às diferenças de idade e de modalidade de atendimento educacional. O Regimento das Escolas Municipais, no seu processo de discussão e elaboração coletiva, representou este esforço de superar a fragmentação do atendimento escolar.

Esta questão, neste momento, no Brasil, quando se começa a propor e impor a divisão de escolas, fundamentalmente pelos grupos etários, é importante para o resgate e a disputa educacional de uma Cidade que lutou para que crianças, jovens e adultos, irmãos, primos, tios e avós pudessem conviver em espaços educacionais comuns, respeitando-se a si e aos outros. Para nós, isto era também construção de cidadania.

- Com relação à apropriação e reinvenção da cidade pelas práticas culturais: o desafio consistiu em combinar os ritmos e os tempos do aparelho de estado com os dos sujeitos coletivos organizados na Cidade, para, conjuntamente, realizarem práticas culturais não necessariamente definidas a *priori* pelo Departamento de Cultura, mas pelos próprios coletivos. Destaco a seguir algumas destas práticas.

Parceria empreendida com os jovens-estudantes-trabalhadores que compunham a Sociedade de Astronomia e Astrofísica de Diadema (SAAD), para que através deste coletivo juvenil continuassem sua produção e reprodução de conhecimentos da astronomia e astrofísica, junto ao Observatório Astronômico de Diadema, na sua divulgação aos moradores da Cidade.

Rappers e Breakers: a escrita do hip hop diademense: a ação cultural realizada com o Hip Hop de Diadema inicia-se em 1993, quando começamos a receber demandas de vários grupos organizados em torno desta cultura de rua que nos procuravam, solicitando espaço físico e apoio para realização de suas atividades culturais, desde ensaios e reuniões dos grupos, quanto o aporte logístico para grandes shows de rua. Após 6 meses de calorosos debates e descobertas mútuas, organizamos um projeto chamado "Oficinas Culturais de Hip Hop", que permitiu um relacionamento cultural duradouro.

"Diadema Rock": foi outra intervenção realizada junto aos segmentos juvenis da cidade que se dedicavam aos ritmos do rock. Nos anos de 1995 e 1996, foram realizados encontros mensais na praça principal de Diadema (Praça da Moça), com o objetivo de criar um espaço no qual as bandas pudessem se apresentar e dar a conhecer o seu repertório e o nível de experiência musical que tinham alcançado.

Projeto "Negro: Consciência e Cidadania": através deste grande Projeto, realizamos intercâmbios com agentes dos movimentos e entidades que militavam com a causa negra em Diadema, estabelecendo plano de debates e outras atuações que combinassem processos formativos e de difusão sobre elementos e práticas culturais de origem afro-brasileira negra.

Na área de documentação e informação sobre a cultura africana, afro-brasileira e afro-americana, o serviço de Biblioteca e Documentação organizou um acervo especial sobre estas temáticas, que historicamente foram marginalizadas nos sistemas de informação existentes no País.

Criação do Centro de Memória de Diadema: entendendo a memória como elemento central do fazer histórico, criamos e apoiamos o desenvolvimento de um Centro de Memória Local;

Informatização das Bibliotecas Locais: a informatização das 12 bibliotecas foi conquistada através de projeto pioneiro, que tem sido modelo para outras cidades, e coloca Diadema num patamar único no País. Além de agilizar o processamento técnico e a localização dos livros, o objetivo maior foi possibilitar o contato dos leitores com novas tecnologias e novas formas de suportes de informação.

Estas experiências aqui relatadas e avaliadas como bem sucedidas, pela população e por especialistas, nas duas Administrações Públicas, atestam a importância que pode e deve ter o Estado brasileiro, nas suas diferentes esferas de atuação, em se fazer presente nas áreas sociais.

Estes testemunhos se apresentam, pois, como um contraponto à perspectiva de hegemonia neoliberal, que nos últimos anos vem invadindo nosso país, demonstrando, de forma incontestável, que a ação competente do poder público pode facilitar o surgimento de um cidadão solidário, contestador, crítico, conhecedor de si e do mundo, e que aposte, apesar de tudo, e ao mesmo tempo, por tudo, no direito de ser feliz!

Política de financiamento:
efetividade do direito à educação básica

A política de financiamento da educação básica no Brasil: apontamentos para o debate

MARIA ROSIMARY SOARES DOS SANTOS

O objetivo deste trabalho é tecer algumas considerações acerca do financiamento da educação no Brasil e das mudanças efetuadas na política educacional, tomando como referência os instrumentos jurídico-legais que orientam esta matéria, em particular a legislação que criou o Fundo de Manutenção e Desenvolvimento do Ensino Fundamental e de Valorização do Magistério — FUNDEF. Estarei, portanto, discutindo alguns aspectos referentes ao conteúdo das mudanças implementadas na política de financiamento da educação e, ao mesmo tempo, apontando alguns dilemas presentes na discussão sobre a efetividade dessas mudanças.

As políticas educacionais têm no financiamento um importante instrumento para a sua execução. Uma vez constituído pelos mecanismos empregados ou definidos pelo Estado para captar, destinar e utilizar recursos tendo em vista o ensino, o financiamento torna-se um dos fatores determinantes do próprio escopo das políticas educacionais praticadas (VELLOSO, 1987).

Considerado, também, como um dos fatores determinantes da crise da educação, o financiamento do ensino público vem despertando o interesse dos pesquisadores, a partir, principalmente, da década de 80, constituindo, assim, um campo próprio de estudo.

Atualmente, no Brasil, a política educacional tem contado, para o seu financiamento, com uma estrutura de captação e canalização de recursos baseada na vinculação constitucional fiscal e da receita proveniente de contribuições sociais (salário-educação).

No entanto, a garantia constitucional de recursos financeiros para a educação pública não tem sido a regra predominante na nossa trajetória republicana. Ao longo da história recente da educação brasileira, tem-se verificado tanto o estabelecimento de dispositivos constitucionais, fixando, percentuais mínimos da receita tributária a serem gastos em educação, como também o interrompimento desta obrigatoriedade.[1]

A Constituição de 1946 estabelecia no Art. 169 os percentuais mínimos que a União, Distrito Federal, Estados e Municípios deveriam gastar com a manutenção da educação. Assim, a União deveria destinar 10% de sua receita e os demais entes federados 20% respectivamente.[2] No entanto, este preceito constitucional nunca foi considerado como uma vinculação automática; as despesas com a educação eram fixadas conforme os critérios normais da orçamentação pública, sendo assim, orçadas segundo as necessidades dos serviços, não obedecendo, portanto, ao preceito constitucional (HORI, 1966).

Em 1967, com a promulgação da Constituição do regime autoritário, tem-se o fim da vinculação de recursos para manutenção e desenvolvimento do ensino. No caso dos Estados, estes, não estando mais obrigados a aplicar recursos mínimos da receita de impostos em educação, passaram a lançar mão dos recursos do Salário-Educação (criado com fonte adicional de financiamento pela Lei nº 4.440/64) para cobrir despesas de manutenção da rede escolar. Com isso, a receita de impostos a ser destinada à educação era diminuída e aplicada em outras funções (MELCHIOR, 1987).

A Emenda Constitucional de 1969 também não incluiu a vinculação de recursos para a educação. Somente em 1983, com a Emenda João Calmon, ela será novamente introduzida no texto constitucional. A Emenda, no entanto, só foi regulamentada em 1985 pela Lei nº 7.348, vinculando 13% do orçamento fiscal da União à manutenção e desenvolvimento do ensino e 25% da receita fiscal dos Estados, Distrito Federal e Municípios a serem gastos com educação.

Estes percentuais vigoraram até a aprovação da Constituição de 1988, quando foram então ampliados. O artigo 212 da nova Constituição estabelece que a União aplicará, anualmente, nunca menos de 18% da receita resultante de impostos, na manutenção e desenvolvimento do ensino.

Para o Distrito Federal, Estados e Municípios, o percentual mínimo destinado à manutenção e desenvolvimento do ensino continuou a ser de 25% da receita de impostos e de transferências constitucionais (Fundo de Participação dos Estados — FPE e Fundo de Participação dos Municípios — FPM).

---

[1] A Constituição republicana de 1891 não assegurava, em nenhum dos seus dispositivos, a garantia da oferta do ensino nos estabelecimentos públicos, nem criava o direito à educação, e consequentemente não tratava do financiamento. A Constituição de 1934 estabeleceu que a União e os municípios deveriam destinar 10% dos seus recursos fiscais para a educação; os estados e o Distrito Federal, 20%. A Constituição de 1937 acaba com essa vinculação, que voltará na Constituição de 1946.

[2] A Lei de Diretrizes e Bases da Educação de 1961 - Lei nº 4.024/61 altera o percentual que a União deveria destinar à educação: União 12%, Estados, Distrito Federal e Municípios 20%.

No parágrafo quinto deste mesmo artigo, a Constituição estabelece que

> o ensino fundamental público terá como fonte adicional de financiamento a contribuição social do salário- educação, recolhida pelas empresas, na forma da lei.

O salário-educação constitui a principal fonte adicional de financiamento da educação no país. Criado em 1964 com a finalidade específica de suplementar as despesas públicas com a educação elementar, o Salário-Educação é, atualmente, recolhido com base em uma alíquota de 2,5% sobre a folha de contribuição das empresas, repassada mensalmente em favor do Instituto Nacional de Seguro Social — INSS.

Dos recursos arrecadados com o salário-educação, um terço é destinado ao governo federal e os outros dois terços ao governo estadual, na proporção da arrecadação realizada em seu território. A quota federal é destinada ao Fundo Nacional de Desenvolvimento da Educação — FNDE e deverá ser aplicada no

> financiamento de projetos voltados para a universalização do Ensino Fundamental, de forma a propiciar a redução dos desníveis sócio-educacionais existentes entre Municípios, Estados, Distrito Federal e regiões brasileiras.[3]

A Lei 9424/96 estabelece que a quota estadual deverá ser

> creditada mensal e automaticamente em favor das Secretarias de Educação dos Estados e do Distrito Federal para financiamento de programas, projetos e ações do Ensino Fundamental.

Dentro desse esquema de repasse do salário-educação, os municípios têm ficado de fora por não possuírem uma quota específica. O Decreto nº 88.374 de 07 de junho de 1983 vinculou 25% da quota federal, que antes era integralmente distribuída aos Estados, para o ensino fundamental municipal. A Lei nº 9424/96 manteve essa vinculação, mas os municípios só recebem recursos do FNDE mediante a concorrência de projetos encaminhados ao Ministério da Educação.

É possível afirmar que a vinculação constitucional da receita proveniente de impostos e transferências bem como da contribuição social do salário-educação tinha como objetivo assegurar as condições materiais para viabilizar os gastos na formulação e implementações das políticas educacionais. No entanto, sabemos que essas medidas não asseguraram o atendimento das demandas por educação básica, ou mais especificamente, ao gosto dos formuladores da política educacional, das demandas por ensino fundamental.

---

[3] Cf. Art. 15 da Lei nº 9424/96.

Em decorrência, argumenta-se a necessidade de efetuar mudanças no processo de gasto ligado ao ensino fundamental visando melhorias no processo de gestão, à definição clara de responsabilidades das unidades federadas e à priorização do ensino fundamental, como condições indispensáveis para a melhoria da qualidade e o aumento da eficiência do sistema educacional.

Tomando como referência o atual quadro da reforma do Estado, no qual o financiamento público da educação assume conotações ainda mais relevantes, visto a necessidade de reestruturar o alcance do Estado na implementação das políticas sociais, em particular, da política educacional. A prioridade colocada no financiamento do ensino fundamental contradiz o texto Constitucional de 1988, que afirma ser dever do Estado garantir a educação básica (educação infantil, ensino fundamental, obrigatório e gratuito, inclusive para os que a eles não tiveram acesso na idade própria, ensino médio, atendimento educacional especializado aos portadores de necessidades especiais).

Além disso, o Governo tem lançado mão de um arsenal de medidas, como por exemplo emendas à Constituição Federal de 1988, decretos federais e medidas provisórias com o intuito de adequar os instrumentos legais vigentes ao novo modelo de Estado que se pretende implementar. Pode-se afirmar que as mudanças ocorridas no financiamento da educação nos últimos anos tiveram a sua origem nesse quadro que procurei rapidamente esboçar.

Como parte dessa estratégia, no âmbito da legislação educacional, a Lei de Diretrizes e Bases da Educação Nacional — Lei 9.394/96 —, prevista na Constituição de 1988 e aprovada após 8 anos de tramitação no Congresso Nacional, a Emenda Constitucional nº 14 que institui o "Fundo de Manutenção e Desenvolvimento do Ensino Fundamental e Valorização do Magistério" e a Lei 9.424/96 que o regulamenta aparecem como solução para os problemas acima apontados.

Assim, tanto a LDB quanto a Emenda nº 14 procuraram clarificar a distribuição de responsabilidades entre as três esferas administrativas: à União cabe organizar o sistema federal; ao Estado cabe oferecer com prioridade o ensino médio; ao Município cabe a responsabilidade no atendimento ao ensino fundamental. Além disso, dispõe que na organização de seus sistemas de ensino, estados e municípios deverão definir formas de colaboração, de modo a assegurar a universalização do ensino obrigatório.[4]

---

[4] Quanto a este ponto, uma das críticas feita à nova legislação diz respeito à fragilização do direito à educação, na medida em que a responsabilidade de provisão suplementar na oferta de vagas é substituída pela ideia de colaboração.

Ainda com respeito à questão do financiamento, a Emenda Constitucional alterou significativamente as normas anteriores de alocação dos recursos. Instituiu uma subvinculação na ordem de 60%, dos 25% da receita de estados, municípios e Distrito Federal aplicados em manutenção e desenvolvimento do ensino (MDE), com a criação de um fundo para o ensino fundamental. Em relação aos 18% da receita de impostos da União, restringiu a subvinculação para 30%, destinados à erradicação do analfabetismo e manutenção e desenvolvimento do ensino fundamental.

Com essa emenda, reafirmou-se a necessidade de estados, Distrito Federal e municípios cumprirem os dispositivos da Constituição de 1988, relativos à vinculação de 25% de suas receitas de impostos e das que lhes forem transferidas, à manutenção e desenvolvimento do ensino, além de obrigar esses entes federados, a partir de 1988, a alocar 60% desses recursos no ensino fundamental, ao estabelecer uma subvinculação de 15% das receitas de impostos ao ensino fundamental.

No que se refere ao Fundo, a "Lei 9.424" de 24 de dezembro de 1996 estabeleceu sua criação compulsória no âmbito de cada estado e do Distrito Federal, passando este a vigorar automaticamente a partir de 1º de janeiro de 1998. De natureza contábil, o Fundo é composto por 15% dos seguintes impostos e transferências: Imposto sobre Circulação de Mercadorias e Serviços — ICMS; Fundo de Participação do Estado- FPE; Fundo de Participação dos Municípios — FPM; Imposto sobre Produtos Industrializados — IPI — Exportação; e, LC nº 87 (lei complementar que estabelece a compensação financeira relativa à perda de receitas decorrentes da desoneração das exportações).

Os recursos do Fundo serão distribuídos entre cada estado e seus municípios de forma proporcional ao número de alunos matriculados nas respectivas redes de ensino fundamental. Esse é o critério, juntamente com a obrigatoriedade da elaboração de um plano de cargos e carreira para o magistério são os únicos critérios de repasse de verbas do Fundo. O total de recursos (estados e municípios) será divido pelo número de matrículas (censo escolar anual). Com esta divisão, tem-se o "custo-aluno-ano", ou seja, o valor a ser repassado para o município por cada aluno matriculado. Em 1996, este valor foi calculado em R$300,00 por aluno ao ano; já para 1998, ano em que o Fundo passaria a vigorar obrigatoriamente em todos os estados, este valor passou a ser de R$315,00. Nos casos em que os recursos do Fundo forem insuficientes para cobrir o custo-aluno, a lei determina que a União entre com recursos complementares.

A Lei prevê ainda que 60% dos recursos do Fundo deverão ser usados no pagamento de professores, sendo que parte deste valor poderá ser usada em gastos com a qualificação de professores leigos.

Outra medida importante determinada pela Lei é a criação de um mecanismo de controle social do Fundo, a ser exercido através de "Conselhos" instituídos em cada esfera de Governo. Cabem aos Conselhos acompanhar e controlar a repartição, a transferência e a aplicação dos recursos do Fundo, contribuindo, assim, para "a garantia da eficiência do gerenciamento dos recursos do sistema de educação fundamental"(MEC, 1996).

A despeito das controvérsias suscitadas no meio educacional com a aprovação da nova LDB, da Emenda Constitucional n° 14 e da Lei n° 9.424/96, a questão que se coloca quanto ao financiamento da educação diz respeito fundamentalmente à resolução de um problema político de repartição de recursos e competências entre o poder central e os entes subnacionais frente a uma situação de escassez de recursos.

O FUNDEF E O FINANCIAMENTO
DA EDUCAÇÃO BÁSICA: A EFETIVIDADE EM QUESTÃO

Segundo Negri, o FUNDEF representou

> (...) uma minirreforma tributária, ao introduzir nos critérios de partilha e de transferências de parte dos recursos de impostos uma variável educacional – número de alunos, equalizando o valor a ser aplicado por aluno, no âmbito da unidade da Federação. Essa variável com certeza vai reduzir as disparidades na qualidade do ensino, nas condições físicas das escolas e nos salários dos professores, pelo simples fato de a dependência administrativa do sistema escolar dos municípios ter à sua disposição o mesmo valor por aluno/ano. (NEGRI, 1997, p. 11)

O argumento de alguns de seus defensores é o de que o FUNDEF traz ônus e bônus para estados e municípios, significando para alguns, aumento de recursos, para outros perda de receitas. Por outro lado,

> (...) poderá disciplinar o processo de gasto público na área de educação, se conseguir coibir os gestores do sistema a realizarem gastos de forma a atender apenas a seus interesses particularistas, ou realizar despesas com outros níveis de ensino desviando, assim, a direção dos gastos e o foco dos problemas. (CASTRO, 1998, p. 8)

Assim, a Lei 9.424/96 é vista por aqueles que a defendem como capaz de promover uma revolução no ensino, o "remédio para todos os males da educação". Da perspectiva de seus críticos, como promotora de uma desresponsabilização dos governos central e estadual para com a educação básica, de uma desestadualização e de uma municipalização selvagem do ensino fundamental.

Com a criação do Fundo, acentuou-se a preocupação com o financiamento da educação infantil e com a educação de jovens e adultos.

Com respeito à educação infantil, nos últimos anos, os municípios têm se constituído nos principais responsáveis pela oferta de creches e pré-escolas. A subvinculação de recursos para o ensino fundamental e a relação contribuição/retorno do FUNDEF poderão trazer limitações para a expansão, ou mesmo manutenção do atendimento atual da educação infantil; isto porque o número de alunos pertencentes a essa modalidade de educação não é contabilizado para o recebimento da quota devida aos municípios.

Quanto à educação de jovens e adultos, o veto presidencial ao inciso que determinava que as matrículas dos cursos de suplência fossem contabilizadas para fins de recebimento de recursos do Fundo discrimina os alunos do ensino fundamental pela idade, contradizendo o preceito constitucional da garantia de atendimento no ensino fundamental obrigatório e gratuito para aqueles que não tiveram acesso na idade própria. Tal medida comprometerá, com certeza, a continuidade de programas de atendimento a jovens e adultos.

No que diz respeito ao regime de colaboração entre as esferas administrativas e ao exercício de funções supletiva e redistributiva por parte da União, conforme prescreve a Constituição Federal, estas serão exercidas basicamente a partir de sua contribuição ao FUNDEF e pela alocação dos recursos do salário educação — quota federal. De acordo com LUCE (1998), a delimitação dos níveis de atuação dos Estados pode contribuir para resolver o impasse histórico sobre a exclusividade ou não da atuação dos municípios no ensino fundamental, ou seja, da municipalização, uma vez que a oferta de matrículas neste nível de ensino é, também, de competência dos Estados. A determinação de que Estados e municípios definam formas de colaboração na oferta do ensino fundamental, reforça, para esta área de ensino, a necessidade de um regime de colaboração já previsto no *caput* do artigo 211 (LUCE, 1998, p. 8).

LUCE (1998) salienta como aspecto positivo o fato de estar previsto na legislação sobre o FUNDEF, na LDB e na Constituição Federal o estabelecimento de parcerias e o incentivo às relações de colaboração entre as esferas públicas, como pré-requisito da universalização do ensino obrigatório. Essa colaboração poderá alterar significativamente as relações entre as esferas,

> (...) especialmente se considerarmos a débil tradição federativa do país. Ainda segundo a autora, a implementação do Fundo obrigará, necessariamente, que haja um entendimento sistemático entre Estados e Municípios, incentivando um planejamento comum, que veja a 'cidade' na sua globalidade e não, simplesmente, as escolas, os alunos, os problemas de uma só rede. (LUCE, 1998, p. 12)

Outras questões têm entrado na pauta de discussão do FUNDEF: os seus efeitos no atendimento à educação básica como um todo, a efetividade dos instrumentos de controle social dos recursos do Fundo, a valorização do magistério, entre outras questões.

No que diz respeito aos instrumentos de fiscalização e controle, cabe destacar a relevância da participação da sociedade civil nos conselhos instituídos pelo Fundo. No entanto, a efetividade dessa participação dependerá do grau de envolvimento da sociedade civil nesses espaços, do reconhecimento da importância dessa participação, do conhecimento e transparência dos procedimentos envolvidos na gestão do FUNDEF.

Essas são algumas das questões envolvidas na discussão do financiamento da educação pós Lei nº 9424/96 e que estarão sendo analisadas através de pesquisas que vêm se desenvolvendo sobre o impacto do FUNDEF em alguns estados brasileiros.[5]

O debate encontra-se em aberto merecendo, portanto, um acompanhamento mais profundo não somente do conteúdo da Lei, mas sobretudo do papel dos atores envolvidos nesta disputa política, bem como dos seus reais efeitos sobre os sistemas educacionais, mais especificamente naquilo que diz respeito à melhoria na qualidade da educação.

---

[5] Atualmente participo de um grupo de pesquisa que se propõe a analisar o impacto do FUNDEF no Estado de Minas Gerais. Essa pesquisa integrará o Projeto Nacional de Acompanhamento da Implantação do FUNDEF, coordenado pela profª. Lisete Arelaro, da Universidade de São Paulo.

Referências

ASSEMBLEIA LEGISLATIVA DO ESTADO DE MINAS GERAIS. Fórum técnico Ensino Fundamental sob a Nova Legislação. Ata da 63° Reunião Especial, out. 1997.

AZEREDO, Beatriz. O financiamento da política social. *Cadernos ANPED*, n.° 1 (nova fase), 1989, p. 10-28.

AZEVEDO, Sérgio & MELO, Marcus André. Mudança constitucional e pacto federativo: interesses, atores e ação coletiva. In: ENCONTRO ANUAL DA ASSOCIAÇÃO NACIONAL DE PÓS-GRADUAÇÃO EM CIÊNCIAS SOCIAIS. XX, Caxambu, 1996, p. 32. (mimeogr.).

BARRETO, Elba Siqueira de Sá. Descentralizar e distribuir nos sistemas de ensino. Fundação Carlos Chagas. *Cadernos de Pesquisa*, n. 95, nov. 1995, p. 73-78.

CASASSUS, Juan. A centralização e a descentralização da educação. Fundação Carlos Chagas, Cadernos de Pesquisa, n. 70, ago. 1989, p. 28-37.

CASTRO, Jorge Abrahão de. *O Fundo de Manutenção e Desenvolvimento do Ensino Fundamental e Valorização do Magistério (FUNDEF) e seu impacto no financiamento do ensino fundamental*. Brasília, IPEA, Texto para discussão n. 604, nov. 1998, p. 46.

CONSTITUIÇÃO DO BRASIL. Brasília, Equipe Técnico-Jurídica, 1988.

DAVIES, Nicolas. *Municipalização do ensino: democratização ou privatização*. São Paulo, Contexto e Educação, ano 7, n. 25, jan./mar. 1992, p. 37-44.

DRAIBE, Sônia Miriam. O sistema brasileiro de proteção social: características e desafios da democratização. In: Políticas públicas & educação. Brasília: INEP, Série Encontros e Debates, 1987, p. 13-26.

DRAIBE, Sônia Miriam. A política social na América Latina: o que ensinam as experiências recentes de reformas? In: DINIZ, Eli & AZEVEDO, Sérgio (orgs.) *Reforma do Estado e democracia no Brasil*. Brasília: Editora UNB, 1997.

FAGNANI, Eduardo. Financiamento da política social. In: *Políticas públicas & educação*. Brasília, INEP, Série Encontros e Debates, 1987, p. 97-102.

JACOBI, Pedro. Descentralização municipal e participação dos cidadãos: apontamentos para o debate. *Revista Lua Nova*, São Paulo, n. 20, mai. 1990, p. 121-143.

LEI DE DIRETRIZES E BASES DA EDUCAÇÃO NACIONAL - LDB. Faculdade de Educação, UFMG, 1997.

LUCE, Maria Beatriz Moreira. *O Fundo de Manutenção e Desenvolvimento do Ensino Fundamental e de Valorização do Magistério no Rio Grande do Sul – acompanhamento do impacto*. Porto Alegre, Projeto de Pesquisa, jul. de 1998, p. 44, mimeo.

MELCHIOR, José Carlos de Araújo. *O financiamento da educação no Brasil*. São Paulo, EPU, 1987.

MELCHIOR, José Carlos de Araújo. Impasses e alternativas do financiamento das políticas de educação. In: *Estado e Educação*. Coletânea CBE, 1992.

MINISTÉRIO DE EDUCAÇÃO E DO DESPORTO. *Fundo de Manutenção e Desenvolvimento do Ensino Fundamental e de Valorização do Magistério: guia para sua operacionalização*, 1997, p. 40.

MONLEVADE, João. *Educação pública no Brasil: contos & descontos*. Brasília: Idéia Editora, 1997, p. 185.

OLIVEIRA, Dalila Andrade (org.) *Gestão democrática da educação: desafios contemporâneos*. Petrópolis: Editora Vozes, 1997.

SANTOS, Maria Rosimary Soares dos. *Caminhos municipais da cidadania: mudança institucional e democratização no Brasil*. Belo Horizonte: Faculdade de Filosofia e Ciências Humanas da UFMG, 1996, p. 170. (Dissertação, Mestrado em Ciência Política)

VELLOSO, Jacques. Impasses e alternativas no financiamento das políticas públicas para a educação: um pano de fundo. In: *Estado e Educação*. Coletânea CBE, 1992.

VELLOSO, Jacques. Financiamento das políticas públicas: a educação. In: *Políticas públicas & educação*. Brasília, INEP, Série Encontros e Debates, 1987, p. 103-122.

VELLOSO, Jacques. A Emenda Calmon e os recursos da União. Cadernos de Pesquisa, São Paulo, n. 74, ago. 1990, p. 20-39.

Sobre a necessidade do controle social no Financiamento da Educação[1]

ROMUALDO PORTELA DE OLIVEIRA

Recebi com entusiasmo o convite para participar desta mesa. Seu tema, "Financiamento da Educação Básica: a questão da efetividade", propicia-me a oportunidade de defender a tese de que o problema do financiamento da educação no Brasil, para além de necessários aperfeiçoamentos que possam ser introduzidos nos textos legais, é um problema de seu cumprimento.

Procurarei desenvolver a ideia de que somente a organização da Sociedade Civil é capaz de transformar as práticas dos Poderes constituídos, secularmente arraigadas, de excluir as camadas populares da "divisão do bolo". Sem desconsiderar a importância da luta por modificações na legislação que mobilizou as organizações populares desde o período pré--constituinte de 1987-88, entendo que a lei é, ao mesmo tempo, um fim e um meio. Um fim no sentido de se reconhecer a todos os cidadãos os mesmos direitos e um meio no sentido de transformar a bandeira do seu cumprimento em instrumento de tomada de consciência por parte da população, difundindo a noção de que ela é portadora de direitos e deve também lutar para que estes se tornem realidade.

O "movimento" que tentarei realizar neste texto será de mostrar os instrumentos que a legislação prevê para a garantia dos direitos e, ao mesmo tempo, chamar a atenção para o fato de que tais instrumentos só funcionam se estiverem submetidos ao controle social.

AVANÇOS NA LEI E NOVOS DESAFIOS

Depois de anos de ditadura militar, de árdua luta para introduzir direitos na legislação, promulgou-se a Constituição de 1988 (CF-88), adequadamente chamada de "Constituição Cidadã", que reconhece, em grande extensão, os direitos sociais (Cf. MARSHALL, 1967, cap. 3). Apesar de todos os

---

[1] Versão revista e ampliada de Comunicação apresentada na Mesa "Financiamento da Educação Básica: a questão da efetividade", no Seminário Política e Trabalho na Escola: Administração dos Sistemas Públicos de Educação Básica, realizado em Belo Horizonte, de 1 a 3 de setembro de 1999.

esforços dos setores conservadores da sociedade, organizados em torno do "Centrão", o arcabouço jurídico que emerge após 1988 avança muito mais do que estes setores esperavam. Não é à toa que, quase imediatamente após a sua promulgação, começam as catilinárias contra sua inexequibilidade que ela trazia a ingovernabilidade ao país.[2]

Produziu-se, então, uma curiosa inversão de posições. A esquerda, crítica do texto de 1988, passa a defendê-lo, em contraposição à maioria que o aprovara. Os debates ocorridos por ocasião da tentativa de Reforma Constitucional de 1993 deixaram transparente esse processo.

A onda neoconservadora que varreu o mundo desde fins dos anos 80, acelerada pela queda do muro de Berlim e a debacle do "socialismo real", a precarização do emprego e o aumento do desemprego estrutural, alimentados pela Revolução Informacional e o correspondente enfraquecimento dos sindicatos, propiciaram ao capitalismo uma hegemonia ideológica numa extensão desconhecida há pelo menos cento e cinquenta anos.

O Brasil vivia, nos últimos anos da década de 80, o final do ascenso político dos setores populares propiciado pela luta antiditatorial, que levou à incorporação de parte das reivindicações destes setores ao Texto Constitucional. Enquanto desmoronava o Socialismo Real, o Estado de Bem--Estar Social aprofundava sua crise, a CF-88 ampliava os direitos sociais na direção de um Estado de Bem Estar Social que nunca tivéramos. Mais uma vez estávamos na "contramão da história".

Apesar dos avanços legais incorporados na Carta Magna de 1988, a reorganização dos setores conservadores em torno do Governo Collor e, posteriormente, em grau mais acentuado, do Governo Fernando Henrique Cardoso, inclusive mediante a incorporação de neoconversos, antigos defensores de posições social-democráticas[3], propiciou-lhes a retomada da iniciativa política. Eles tinham um programa a realizar, um quadro político mundial favorável e uma relativa desarticulação dos setores populares. Criou-se então um paradoxo. Os setores dominantes da sociedade não tinham, em muitos aspectos, retratada na legislação a expressão de seus interesses na mesma proporção que a sua hegemonia política permitiria. Iniciam, então, a campanha pelas "reformas", a campanha por modificações na legislação, particularmente na Constituição. Criou-se uma daquelas situ-

---

[2] O Estatuto da Criança e do Adolescente – ECA (Lei 8.069/90), que regulamenta o artigo 227 da Lei Maior, por ter sido aprovado rapidamente após a CF-88, incorpora o "espírito" daquela e, justamente por isso, é alvo do mesmo tipo de crítica sistemática.

[3] Utilizo o termo "social-democrata" em seu sentido estrito, qual seja, o de defesa de um Estado que atue no sentido de contrabalançar a desigualdade "natural" produzida pelo mercado. Um estado de bem-estar social.

ações em que, quando os ventos políticos mudaram a seu favor, as classes dominantes tiveram de "retirar" da lei as concessões realizadas em outros tempos menos favoráveis.

Abrem-se, então, duas frentes de luta. Uma que procurava tornar nossa legislação "moderna", entendida por moderna aquela que permitiria ao Estado desobrigar-se das responsabilidades de construção de um embrião de Estado de Bem-Estar Social que a CF-88 lhe atribuía. Outra que se dava em torno de retardar ou dificultar a aplicação prática dos direitos consagrados na Lei Maior. Estes embates podem ser verificados, nos últimos anos, em torno da efetivação de toda a legislação brasileira referente aos direitos sociais.

Na posição de defesa das conquistas sociais e democráticas da CF-88, tornou-se importante generalizá-las, tanto do ponto de vista da sua divulgação como da sua aplicação. Buscou-se transformá-las em prática social. Desenvolveram-se, então, dois tipos de ações: as que sistematizam e interpretam seus avanços na defesa dos Direitos Civis, Políticos e Sociais e as que procuram difundi-los para que se tornem instrumentos de melhoria das condições de vida da população.

Entre muitas iniciativas dignas de lembrança, vale mencionar os trabalhos desenvolvidos pelo Centro de Estudos da Procuradoria Geral do Estado de São Paulo. Pela primeira vez foram reunidos, publicados e interpretados os tratados internacionais de Direitos Humanos assinados pelo Brasil (Cf. São Paulo — Procuradoria Geral do Estado, 1996 e 1998). O fato de alguns destes só terem sido encontrados na sede dos organismos internacionais que os patrocinaram não é mera coincidência. O comportamento adotado por nossas autoridades, nesses casos, dá o verdadeiro sentido da expressão popular "para inglês ver[4]!"

Outra área em que podem ser percebidos avanços diz respeito à luta pela eliminação do trabalho infantil. Várias organizações da Sociedade Civil e mesmo organismos internacionais, como o UNICEF e a OIT, têm conseguido diminuir a incidência de tal prática, bem como difundir sua rejeição enquanto cultura para a população em geral.[5]

De fato, de que adianta todo o esforço para introduzir dispositivos democratizadores na legislação se, ao mesmo tempo, não desenvolvemos uma cultura de fiscalização do Poder Público, por parte da Sociedade Civil, com vistas a efetivar o cumprimento da lei e informar os eventuais prejudicados das formas que podem ser utilizadas para garantir seus direitos.

---

[4] O fato de tais publicações terem como alvo privilegiado Magistrados, Promotores e Organizações de Defesa dos Direitos Humanos só enobrece a iniciativa.

[5] Estas iniciativas, muitas vezes, têm articulado o combate ao trabalho infantil com a volta à escola das crianças submetidas a tal prática, o que as torna particularmente importantes para nós educadores.

Entretanto, transformar os avanços legais em cultura ou prática concreta representa um imenso desafio. Trata-se de difundir, como afirmado anteriormente, para os mais amplos setores da população que ela é portadora de Direitos. As inúmeras campanhas de informação desencadeadas a respeito, nos últimos anos, têm se revelado um importante impulsionador de melhorias nessa área, mas estamos longe de podermos dizer que tal empreitada está concluída.

O DIREITO À EDUCAÇÃO NA CF-88
E A CENTRALIDADE DO FINANCIAMENTO

Com a legislação educacional ocorre o mesmo. A CF-88 precisa, amplia e explicita mecanismos garantidores do Direito à Educação em extensão desconhecida em nossa legislação. Em trabalhos anteriores, procurei verificar e dar visibilidade ao cumprimento das medidas democratizadoras da educação incorporadas à legislação a partir de então. A experiência norte-americana de recorrer ao Sistema de Justiça para tal, que tem se mostrado um importante fator de democratização e equalização da educação, tem servido como um dos meus referenciais (Cf. FELLMAN, 1961; WILKINSON III, 1981; MORRIS, 1999).

Estudei, particularmente, duas questões. Na primeira, a declaração do direito à educação no Texto da CF-88 e no ECA (OLIVEIRA, 1995b, 1997). Para tanto, realizei um levantamento de ações judiciais movidas contra o Poder Público para que este cumprisse o que prevê a legislação. Ainda que não seja um trabalho exaustivo, aponta a eficácia do recurso aos mecanismos legais, particularmente quando acompanhados pela organização da Sociedade Civil.

Na segunda questão, em trabalho realizado em coautoria com Afrânio Catani (CATANI, OLIVEIRA & OLIVEIRA, 1997 e OLIVEIRA & CATANI, 1999), procuramos observar os efeitos práticos do dispositivo presente na Constituição do Estado de São Paulo de 1989 (artigo 253, parágrafo único), que prevê a oferta de pelo menos um terço das vagas das Universidades Públicas Estaduais no período noturno.

Estes estudos fazem parte de uma preocupação ainda não totalmente incorporada à nossa cultura política em geral, e educacional em particular, que visa acompanhar a aplicação da lei e difundir informações a respeito.

No que diz respeito ao financiamento da educação, em trabalho anterior (OLIVEIRA, 1995a, p. 123-44), afirmei que o dever do Estado para com a educação é inócuo sem que seja acompanhado da respectiva provisão de recursos públicos para sua efetivação. Assim, o debate sobre o direito de todos os cidadãos à educação e o dever do Estado em garanti-lo, bem como o cumprimento da prescrição constitucional da gratuidade do ensino nos estabelecimentos oficiais, têm como requisito um adequado equacionamento das fontes de recursos para o seu financiamento.

Tal temática tem sido estudada por diversos ângulos nos últimos anos, ampliando o volume da produção acadêmica brasileira, particularmente estimulada pelo processo de reordenação legislativa que se inicia com a promulgação da Constituição[6] de 1988, constituindo-se em área de pesquisa que tem interessado a grande número de estudiosos.[7]

Entretanto, o avanço da pesquisa e do conhecimento não tem sido acompanhado pela melhoria no controle do destino dos recursos e, nem mesmo, de uma maior informação da sociedade em geral e da comunidade escolar em particular, a respeito dos mecanismos e das formas de fiscalização previstas na legislação para efetivar o cumprimento da lei.

Pode-se afirmar, sem muito risco de errar, que, no Brasil, em maior ou menor grau, toda a legislação referente ao tema não tem sido cumprida, pelo menos desde a aprovação da Emenda Constitucional nº 24 – A Emenda João Calmon — de dezembro de 1983, que reintroduziu o mecanismo da vinculação de recursos para a educação, para não recuarmos muito no tempo.

Vários trabalhos têm se dedicado a "mostrar" tanto a dificuldade em fiscalizar o cumprimento da vinculação quanto as formas de burla desenvolvidas por "administradores espertos", que acabam distorcendo, na prática, o sentido que se procurou atribuir aos dispositivos legais.[8]

Mecanismos de fiscalização e controle

Interpretar e divulgar as possibilidades de fiscalização e controle da aplicação dos recursos públicos em educação torna-se tarefa importante. Para empreendê-la, um bom ponto de partida é lembrar como a legislação disciplina a questão.

A respeito da fiscalização da aplicação dos recursos, a primeira dificuldade é o acesso aos dados. A LDB, em seu artigo 72, estabelece a necessidade de publicização das informações nos seguintes termos:

---

[6] Entre estas, destaca-se a Emenda Constitucional nº 14 (EC-14), a Lei 9.424 que a regulamenta e a Lei 9.394 — de Diretrizes e Bases da Educação Nacional.

[7] Um mapeamento inicial da produção brasileira na área é realizada por Nicholas Davies e Ana Paula Morse Lobo (1998).

[8] Cf. Melchior (1979, 1981, 1986 e 1997), Melchior, Souza & Velloso (1988), Pinto (1989 e 1999), Jorge (1991), São Paulo — Secretaria de Estado da Educação (1993), Oliveira (1995a), Monlevade (1997a e 1997b), Davies (1998), entre outros.

Art. 72 - As receitas e despesas com manutenção e desenvolvimento do ensino serão apuradas e publicadas nos balanços do Poder Público, assim como nos relatórios a que se refere o §3º do art. 165 da Constituição Federal.[9]

Este artigo responsabiliza o Poder Público por "apurar e publicar" nos seus balanços (anuais) e em relatórios bimestrais (de maneira mais resumida) as receitas e despesas com a manutenção e desenvolvimento do ensino. No mesmo sentido, várias Constituições Estaduais explicitaram preocupação semelhante, algumas com intervalos de tempo menores que um ano para divulgação das informações:

> Em vários Estados consta a obrigação de divulgar, até 10 de março, o demonstrativo da aplicação dos recursos provenientes da vinculação, por Município e por atividade. É o caso do Estado do Amazonas (art. 200, § 5º), Minas Gerais (art. 202), Rondônia (art. 189, § 3º), Tocantins (art. 129) e Roraima (art. 153). Pernambuco estabelece que estas transferências são de 'domínio público', o que faz supor que a sua publicização deverá ser regulamentada por legislação complementar (art. 184, § 2º). No Rio Grande do Sul (art. 203) deve ocorrer a publicação de uma relatório anual com a execução orçamentária na área, bem como o envio de um relatório semestral ao Conselho Estadual de Educação, prevendo também a responsabilização da autoridade competente pelo seu não cumprimento. Alagoas (art. 284, DG) prevê a apresentação de relatórios à Assembléia Legislativa, com a publicação até o último dia útil do mês subseqüente das aplicações em educação, com vistas ao cumprimento do artigo 212 da CF. No caso de São Paulo (art. 256) é estabelecido um prazo de 30 dias após o encerramento de cada trimestre para a divulgação de tais informações. (OLIVEIRA E CATANI, 1993, p. 38-9).

O que fazer se isso não acontecer? Nesse caso, a CF-88, art. 34, estipula a possibilidade de intervenção federal nos Estados para "VII — assegurar a observância dos seguintes princípios constitucionais: (...) d) prestação de contas da administração pública, direta e indireta." Esta ação depende (art. 36, III) de "provimento, pelo Supremo Tribunal Federal, de representação do Procurador-Chefe da República".

A previsão da intervenção dos Estados nos Municípios (art. 35) é ainda mais enfática e explícita, e se dará quando:

> II - não forem prestadas contas devidas, na forma da lei;
>
> III - não tiver sido aplicado o mínimo exigido da receita municipal na manutenção e desenvolvimento do ensino.

O mesmo procedimento é repetido em praticamente todas as Constituições Estaduais.

---

[9] O artigo 165 da CF-88 é redigido nos seguintes termos: "Leis de iniciativa do Poder Executivo estabelecerão: (...); III - os orçamentos anuais. (...) §3º. O Poder Executivo publicará, até trinta dias após o encerramento de cada bimestre, relatório resumido da execução orçamentária."

Há, ainda, a sanção prevista na CF-88 que inclui a esfera federal, aparece no artigo 208, §§ 1º e 2º:

> O dever do Estado com a educação será efetivado mediante a garantia de:
> (...)
> §1º- O acesso ao ensino obrigatório e gratuito é direito público subjetivo.
> §2º- O não oferecimento do ensino obrigatório pelo Poder Público, ou sua oferta irregular, importa responsabilidade da autoridade competente.

O Governante, em qualquer nível da Administração Pública, na eventualidade de não garantir o ensino fundamental obrigatório, o que inclui o cumprimento da legislação relativa ao seu financiamento, pode ser responsabilizado judicialmente. O parágrafo segundo traz como novidade a possibilidade de responsabilizar diretamente a autoridade incumbida da garantia do direito (por exemplo o Administrador Público), diferentemente de uma responsabilização do Poder Público enquanto ente jurídico mais geral. A omissão notável é a inexistência de qualquer sanção para a União, pois esta praticamente "desembarcou" tanto do oferecimento direto quanto do financiamento do ensino fundamental (Cf. OLIVEIRA, CAMARGO & MANSANO Fº, 1999, cap. 2).

Muitas vezes se argumenta que não adianta invocar tais dispositivos por não haver sanção prevista pelo seu não cumprimento. Resta, de qualquer forma, a tentativa de enquadramento no "crime de responsabilidade" (Cf. OLIVEIRA, 1995b, cap. 3).

No que diz respeito à fiscalização, a LDB é bastante explícita. O artigo 73 enfatiza a prioridade da educação na fiscalização do Poder Executivo, nos seguintes termos:

> Art. 73 - Os órgãos fiscalizadores examinarão, prioritariamente, na prestação de contas de recursos públicos, o cumprimento do disposto no art. 212 da Constituição Federal, no art. 60 do Ato das Disposições Constitucionais Transitórias e na legislação concernente.

Quem são os órgãos fiscalizadores acima mencionados? Pode-se dizer que, em diferentes medidas, entre estes estão Tribunais de Contas, Conselhos Estaduais e Municipais de Educação, Conselhos de Acompanhamento do Fundo de Manutenção e Desenvolvimento do Ensino Fundamental e de Valorização do Magistério — FUNDEF e Ministério Público.

Do acima exposto, parece não caber dúvidas a respeito tanto da obrigação de divulgação da execução orçamentária quanto da prioridade a ser dada à execução do orçamento e da legislação educacional, particularmente do mecanismo da vinculação de recursos e da subvinculação para o ensino fundamental prevista pelo FUNDEF (Cf. EC-14 e Lei 9424/96).

Como se sabe, o cumprimento da lei nessa matéria reveste-se de importante componente político. Parece-me, então, oportuno analisar os alcances e limites dos organismos encarregados de garanti-lo.

No entanto, para não correr o risco de generalizações simplificadoras, é preciso reconhecer que tais organismos podem adquirir características peculiares em diferentes regiões, particularmente, em um país tão diferenciado como o Brasil, podendo cumprir aqui ou acolá um papel democratizador e efetivamente fiscalizador.[10]

Os Tribunais de Contas e os Conselhos Estaduais de Educação padecem de um vício de origem. Sua composição é feita a partir de indicações do Poder Executivo.

No caso dos Tribunais de Contas — cujos cargos são vitalícios — mesmo quando, eventualmente, alguns de seus membros permanecem de uma gestão para outra, a regra é a sua dependência e subserviência ao Poder Executivo. Apenas para lembrarmos o caso mais escandaloso, até o governo Luiza Erundina, na cidade de São Paulo (1989-1992), o Tribunal de Contas de São Paulo jamais havia recusado as contas de um Prefeito Municipal. Apesar de eventuais problemas formais na prestação de tais contas, comprovados por auditorias independentes, nada havia que desabonasse a citada administração. A atitude do Tribunal de Contas revestia-se de inequívoca retaliação política, uma vez que todos os membros do referido tribunal haviam sido indicados por prefeitos anteriores, e que, na ocasião, início dos anos noventa, encontravam-se na oposição.

Com os Conselhos de Educação ocorre algo semelhante. Além disso, dependendo das suas atribuições, definidas na legislação que os institui, eles não possuem poderes para tal. Em Oliveira & Catani (1993, cap. 2), realizamos um levantamento das composições e atribuições dos Conselhos Estaduais de Educação que aparecem nas Constituições Estaduais de 1989. Em poucas é claramente atribuído ao Conselho a função de fiscalizador da aplicação dos recursos para a educação.

O caso mais evidente de limitação de atribuições é o do próprio Conselho Nacional de Educação, que é órgão consultivo do Ministério da Educação (Lei 9.131/95). A dependência ao Poder Executivo é a regra. Há, entretanto, algumas exceções, verificadas em Conselhos Municipais de Educação, cuja composição é feita a partir de indicações da sociedade civil.[11]

---

[10] Os comentários a seguir procuram apontar problemas gerais destes organismos e reconhecer a necessidade de estudos mais detalhados sobre as práticas de cada um.

[11] Neste particular, há uma modalidade específica de manipulação quando são previstos conselheiros representantes da Sociedade Civil entre os membros desses Conselhos. Apesar dessa "previsão", eles são, de fato, "representantes" do Executivo.

Apesar de raras e honrosas exceções, estes organismos acabam por serem coniventes com as práticas de manipulações de informações por parte do Poder Executivo, em todos os níveis, para não cumprir ou cumprir formalmente a legislação relativa ao financiamento da educação.

Outros organismos que podem desempenhar papel fiscalizador são os Conselhos de Acompanhamento do FUNDEF, previstos em todos os níveis da Administração Pública pela Lei 9424/96. Suas funções e composição são definidas nos seguintes termos:

> Art. 4º - O acompanhamento e o controle social sobre a repartição, a transferência e a aplicação dos recursos do Fundo serão exercidos, junto aos respectivos governos, no âmbito da União, dos Estados, do Distrito Federal e dos Municípios, por conselhos a serem instituídos em cada esfera no prazo de cento e oitenta dias a contar da vigência desta lei.
>
> §1º - Os Conselhos serão constituídos, de acordo com norma de cada esfera editada para esse fim:
>
> I - em nível federal, por no mínimo seis membros, representando respectivamente:
>
> a) o Poder Executivo Federal;
>
> b) o Conselho Nacional de Educação;
>
> c) o Conselho Nacional de Secretários de Estado da Educação — CONSED;
>
> d) a Confederação Nacional dos Trabalhadores em Educação — CNTE;
>
> e) a União Nacional dos Dirigentes Municipais de Educação — UNDIME;
>
> f) os pais de alunos e professores das escolas públicas do ensino fundamental.
>
> II - nos Estados, por no mínimo sete membros, representando respectivamente:
>
> a) o Poder Executivo Estadual;
>
> b) os Poderes Executivos Municipais;
>
> c) os pais de alunos e professores das escolas públicas do ensino fundamental;
>
> e) a seccional da União Nacional dos Dirigentes Municipais de Educação — UNDIME;
>
> f) a seccional da Confederação Nacional dos Trabalhadores em Educação — CNTE;
>
> g) a delegacia regional do Ministério da Educação e do Desporto — MEC.
>
> III - no Distrito Federal, por no mínimo cinco membros, sendo as representações previstas no inciso II, salvo as indicadas nas alíneas b), e) e g);
>
> IV - nos Municípios, por no mínimo quatro membros, representando respectivamente:
>
> a) a Secretaria Municipal de Educação ou órgão equivalente;
>
> b) os professores e os diretores das escolas públicas do ensino fundamental;
>
> c) os pais de alunos;
>
> d) os servidores das escolas públicas do ensino fundamental.
>
> §2º - Aos Conselhos incumbe ainda a supervisão do censo escolar anual.
>
> §3º - Integrarão ainda os conselhos municipais, onde houver representantes do respectivo Conselho Municipal de Educação.

§4º - Os Conselhos instituídos, seja no âmbito federal, estadual, do Distrito Federal ou municipal, não terão estrutura administrativa própria e seus membros não perceberão qualquer espécie de remuneração pela participação no colegiado, seja em reunião ordinária ou extraordinária.

Art. 5º - Os registros contábeis e os demonstrativos gerenciais, mensais e atualizados, relativos aos recursos repassados, ou recebidos, à conta do Fundo a que se refere o art. 1º, ficarão, permanentemente, à disposição dos conselhos responsáveis pelo acompanhamento e fiscalização, no âmbito do Estado, do Distrito Federal ou do Município, e dos órgãos federais, estaduais e municipais de controle interno e externo.

Nesse caso, percebe-se que há possibilidade de se aperfeiçoar o controle sobre a aplicação e o uso dos recursos. Entretanto, em muitos Estados e Municípios, a composição destes conselhos tem sido complementada por lei específica, de forma a reduzir a participação relativa da sociedade civil. Além disso, em alguns casos, os representantes desta acabam por coonestar com os interesses do Poder Executivo. É o nosso velho problema de representatividade.

Há, ainda, a possibilidade do recurso ao Sistema de Justiça. Nesse caso, o Ministério Público, cujas funções no que diz respeito à defesa dos direitos sociais foram bastante alteradas pela CF-88, tem desempenhado papel relevante.

As funções do Ministério Público, no tocante à garantia do direito à educação e suas decorrências, o que inclui o cumprimento da legislação do financiamento da educação, são estabelecidas no artigo 129 da CF-88, nos seguintes termos:

São funções institucionais do Ministério Público:
(...)
II - zelar pelo efetivo respeito dos Poderes Públicos e dos serviços de relevância pública aos direitos assegurados nesta Constituição, promovendo as medidas necessárias à sua garantia;
III - promover o inquérito civil e a ação civil pública, para a proteção do patrimônio público e social, do meio ambiente e de outros interesses difusos e coletivos.
(...)
§1º - A legitimação do Ministério Público para as ações civis previstas neste artigo não impede a de terceiros, nas mesmas hipóteses, segundo o disposto nesta Constituição e na lei.

Também o Estatuto da Criança e do Adolescente disciplina as ações, visando a proteção judicial dos interesses difusos e coletivos. Em seu artigo 208, prevê-se que:

Regem-se pelas disposições desta Lei as ações de responsabilidade por ofensa aos direitos assegurados à criança e ao adolescente referentes ao não-oferecimento ou oferta irregular:
I - do ensino obrigatório;

II - de atendimento educacional especializado aos portadores de deficiência;

III - de atendimento em creche e pré-escola às crianças de zero a seis anos de idade;

IV - de ensino noturno regular, adequado às condições do educando;

V - de programas suplementares de oferta de material didático-escolar, transporte e assistência à saúde do educando do ensino fundamental;

VI - de serviço de assistência social visando à proteção à família, à maternidade, à infância e à adolescência, bem como ao amparo às crianças e adolescentes que dele necessitem;

VII - de acesso às ações e serviços de saúde;

VIII - de escolarização e profissionalização dos adolescentes privados de liberdade.

Parágrafo único: As hipóteses previstas neste artigo não excluem da proteção judicial outros interesses individuais, difusos ou coletivos, próprios da infância e da adolescência, protegidos pela Constituição e pela Lei.

Novamente destaca-se a importância dada à educação na prescrição legal, prevendo-se, explicitamente, mecanismos para sua garantia. A novidade introduzida por este artigo encontra-se no parágrafo único, no tocante aos interesses "difusos" e "coletivos". Antônio Chaves entende por interesse difuso:

> (...) o interesse de um grupo ou de grupos menos determinados de pessoas, entre as quais não haja vínculo jurídico ou fático muito preciso. (CHAVES, 1994, p. 640)

O mesmo autor entende por interesse coletivo:

> (...) o que abrange categoria determinada ou pelo menos determinável de indivíduos, como a dos associados de uma entidade de classe.
>
> Assim como ocorre com o interesse individual indisponível, também o interesse coletivo, se indisponível, está inserido naquelas noções mais abrangentes de interesse público. (CHAVES, 1994, p. 640-1)

No mesmo Estatuto, explicita-se quem pode peticionar à Justiça para a defesa desses direitos. Mais de uma entidade pode fazê-lo. É a chamada "legitimação concorrente" para as ações cíveis fundadas em interesses coletivos ou difusos. Isto é feito no artigo 210, nos seguintes termos:

> Para as ações cíveis fundadas em interesses coletivos ou difusos, consideram-se legitimados concorrentemente:
>
> I - o Ministério Público;
>
> II - a União, os Estados, os Municípios, o Distrito Federal e os Territórios;
>
> III - as associações legalmente constituídas há pelo menos um ano e que incluam entre seus fins institucionais a defesa dos interesses e direitos protegidos por esta Lei, dispensada a autorização da assembléia, se houver prévia autorização estatutária.

§ 1º- Admitir-se-á litisconsórcio[12] facultativo entre os Ministérios Públicos da União e dos Estados na defesa dos interesses e direitos de que cuida esta Lei.

§ 2º - Em caso de desistência ou abandono da ação por associação legitimada, o Ministério Público ou outro legitimado poderá assumir a titularidade ativa.

Este detalhamento legal permite, nos termos do parágrafo segundo, amplo apoio a ações visando garantir o Direito à Educação, por parte das demais instituições nomeadas nos incisos I, II e III, na hipótese de uma delas não levar adiante a ação. Há a previsão de que outras possam fazê-lo.

UMA CULTURA POLÍTICA AVESSA AO CONTROLE PÚBLICO

Entretanto, por mais mecanismos de controle que venham a ser estabelecidos na legislação, o seu cumprimento depende, no limite, do grau de organização da sociedade para fazer valer seus direitos.

Tomando a educação como exemplo e aproveitando a feliz articulação desenvolvida por Norma Tarrow (1987), temos de buscar a educação enquanto um Direito Humano, e, portanto, temos de construir uma educação para os Direitos Humanos. Tal educação não se restringe, pois, ao seu sentido escolar, mas social. Para se garantir o Direito à Educação, direito humano por excelência, o primeiro dos direitos sociais garantidos pela CF-88 (art. 6º), é preciso desenvolver um processo de educação para os direitos humanos. Estabelece-se, assim, uma dinâmica em que estas facetas influenciam-se reciprocamente. Trata-se, em última análise, de um processo de educação política que visa combater a bem sucedida introjeção da subserviência e do conformismo nas camadas subalternas neste país. Nunca é demais lembrar Stephen Biko, líder negro sul-africano: "a mais potente arma do opressor é a mente dos oprimidos".

Isso não significa ideologizar o debate, enfatizando a dominação, mas situar o papel do estudo sistemático, às vezes árido, da legislação e do financiamento da educação dentro de uma perspectiva libertadora e emancipadora.

Sintetizando a preocupação aqui apresentada, este é um chamado a que dediquemos especial atenção à difusão de informações acerca dos mecanismos de controle da aplicação da legislação educacional e, em particular, do financiamento da educação. Entretanto, como sabemos, a lei pode tanto reconhecer uma situação de fato quanto explicitar um desejo, um rumo a ser seguido, uma "utopia" a ser buscada.

Entendo que o esforço pela inclusão de determinados dispositivos na lei, pela sistematização de sua interpretação e a sua divulgação para amplas

---

[12] Litisconsórcio é o vínculo jurídico que prende num processo dois ou mais litigantes, na posição de coautores ou corréus.

parcelas da população terá sido em vão se não se conseguir incorporar o que estas leis trazem de democrático e emancipador ao cotidiano das populações excluídas de direitos. Isto implica enfrentar uma questão crucial de educação política. Não basta uma legislação de defesa dos Direitos do homem; temos de ter uma população disposta a defendê-la enquanto prática social concreta.

BIBLIOGRAFIA

BRASIL. *Emenda Constitucional n. 24*, de dezembro de 1983.

BRASIL. *Constituição da República Federativa do Brasil*, de 05/10/1988.

BRASIL. Lei nº 8.069, de 13/07/1990. *Estatuto da Criança e do Adolescente* (ECA).

BRASIL. Lei nº 9.131, de 24/11/1995. *Altera dispositivos da Lei nº 4.024, de 20/12/1961, e dá outras providências.*

BRASIL. *Emenda Constitucional nº 14*, de 13/09/96.

BRASIL. Lei nº 9.394, de 20/12/96. *Estabelece as Diretrizes e Bases da Educação Nacional.*

BRASIL. Lei nº 9.424, de 24/12/96 — *Dispõe sobre o Fundo de Manutenção e Desenvolvimento do Ensino Fundamental e de Valorização do Magistério.*

CATANI, Afrânio Mendes, OLIVEIRA, Romualdo Portela de & OLIVEIRA, Tamara Fresia Mantovani de. (1997). Expansão do Ensino Superior Público no Estado de São Paulo: estudo dos efeitos práticos de um dispositivo Constitucional — 1989 — 1996. In: SGUISSARDI, Valdemar & SILVA Jr., João dos Reis. *Políticas Públicas para a Educação Superior*. Piracicaba, Ed. Da UNIMEP (Publicado também em: *Revista ADUSP* (9), abr. 1997, p. 40-45.

CHAVES, Antônio. *Comentários ao Estatuto da Criança e do Adolescente* (atualizados até 15 de janeiro de 1994). São Paulo: LTr, 1994.

DAVIES, Nicholas. *Orçamento da Educação: abrindo a caixa preta*. Niterói: Ed. Do Autor, 1998.

DAVIES, Nicholas & LOBO, Ana Paula Morse. *Bibliografia sobre Financiamento da Educação no Brasil*. Niterói: Centro de Estudos Sociais Aplicados — FE-UFF, 1998.

FELLMAN, David. *The Supreme Court and Education.* — 2. ed. — New York, Teachers College, Columbia University, Classics in Education, n. 4, 1961.

FRANÇOIS, Louis. *The right to education: from proclamation to achievement (1948-1968)*. Paris: UNESCO, 1968.

JORGE, Elias Antônio. *Uma questão de Educação Política: a submissão do Poder Legislativo e o Imperial Poder do Executivo na Execução orçamentária*. São Paulo: FEUSP, 1991 — Tese de Doutoramento.

MARSHALL, Thomas Humphrey. Cidadania, Classe Social e Status. Rio de Janeiro: Zahar, 1967.

MELCHIOR, José Carlos de Araújo. Financiamento da Educação: captação e aplicação de recursos financeiros numa perspectiva democrática. In: *Projeto Educação*. Brasília: Senado Federal — Comissão de Educação e Cultura, UNB, T. IV, 1979.

MELCHIOR, José Carlos de Araújo. *A política de vinculação de recursos públicos e o financiamento da educação no Brasil*. São Paulo: FEUSP. (Estudos e Documentos, V. 17), 1981.

MELCHIOR, José Carlos de Araújo. *O financiamento da educação no Brasil e a revolução: 1965-1982*. São Paulo: FEUSP — Tese de Livre-Docência, v. 3, 1986.

MELCHIOR, José Carlos de Araújo. *Mudanças no financiamento da educação no Brasil*. Campinas, Autores Associados, 1997.

MELCHIOR, José Carlos de Araújo; SOUZA, Alberto de Mello e & VELLOSO, Jacques. (1988), *O financiamento da educação no Brasil e o ensino de primeiro grau*. Brasília: SEB-MEC — Projeto Nordeste.

MONLEVADE, João. *Educação pública no Brasil: contos e descontos*. Ceilândia-DF: Idéa, 1997a.

MONLEVADE, João. Financiamento da Educação na Constituição Federal e na LDB. In.: BRZEZINSKI, Iria. *LDB Interpretada: diversos olhares se entrecruzam*. São Paulo: Cortez, 1997b.

MORRIS, Arval. *Constitution and American Public Education*. 2. ed. Durham (NC), Carolina Academic Press, 1999.

OLIVEIRA, Romualdo Portela de. O financiamento público da educação e seus problemas. In: *Política educacional: impasses e alternativas*. São Paulo: Cortez, 1995a, p. 123-44.

OLIVEIRA, Romualdo Portela de. *Educação e cidadania: o direito à educação na constituição de 1988 da República Federativa do Brasil*. São Paulo: FEUSP, 1995b. Tese de Doutoramento.

OLIVEIRA, Romualdo Portela de & CATANI, Afrânio Mendes. *Constituições estaduais brasileiras e educação*. São Paulo: Cortez, 1993.

OLIVEIRA, Romualdo Portela de & CATANI, Afrânio Mendes. *Avaliação do Impacto da Constituição Paulista de 1989 na Expansão do Ensino Superior Público Noturno*. São Paulo, 1999, mimeo.

OLIVEIRA Romualdo Portela de; CAMARGO, Rubens Barbosa de & MANSANO Fº. Tendências da matrícula no ensino fundamental regular no Brasil. In: OLIVEIRA, Cleiton et alli. *Municipalização do ensino no Brasil: algumas leituras*. Belo Horizonte: Autêntica. (no prelo), 1999.

PINTO, José Marcelino de Rezende. *As implicações financeiras da municipalização do ensino de 1º grau*. Campinas: FE-Unicamp, 1989, Dissertação de Mestrado.

PINTO, José Marcelino de Rezende. Um fundinho chamado Fundão. In: DOURADO, Luiz Fernandes. *Financiamento da educação básica: o Fundef, seus condicionamentos e implicações*. Campinas: Autores Associados, Goiânia: Ed-UFGO, 1999.

SÃO PAULO. *Constituição do Estado de São Paulo*, de 8/10/1989.

SÃO PAULO — PROCURADORIA GERAL DO ESTADO. *Instrumentos internacionais de proteção dos direitos humanos*. São Paulo: Centro de Estudos da Procuradoria Geral do Estado, 1996. (Série Documentos, n. 14)

SÃO PAULO — PROCURADORIA GERAL DO ESTADO. *Direitos Humanos: construção da liberdade e da igualdade*. São Paulo: Centro de Estudos da Procuradoria Geral do Estado, 1998. (Série Estudos, n. 11)

Limites à educação básica, expansão do atendimento e relação federativa[1]

MARISA R. T. DUARTE

DIRETRIZES E BASES DO DIREITO À EDUCAÇÃO: A REFORMA CONSTITUCIONAL DE 1996

A organização da seção constitucional relativa à educação inicia-se pela afirmação da educação como direito de todos, dever do Estado e da família (art. 205), estabelece os princípios a serem observados na efetivação deste direito e dever (art. 206), as obrigações do Estado no cumprimento do dever (art. 208), as competências e atribuições dos entes federativos (art. 211) e as formas de financiamento da educação escolar (art. 212 e 213). O ordenamento do texto constitucional inicia-se com a afirmação de direitos e se encerra precisando a destinação prioritária dos recursos públicos, fixando, assim, instrumentos necessários à efetivação dos direitos nele estabelecidos.

A Emenda Constitucional n° 14/96 (EC 14) mantém, dentre os princípios sob os quais será ministrado o ensino escolar no país, o acesso e permanência em igualdade de condições e a garantia de um padrão de qualidade (inc. I e VII do art. 206). Os mesmos princípios, fixados para o ensino em geral (art. 206), aplicam-se na efetivação do dever do Estado para com o ensino obrigatório, acrescentando-se a exigência de sua oferta regular (§2°, art. 208). A Constituição reformada estabelece formas e instrumentos de efetivação do direito à educação básica (EB), reafirmando a ordenação estabelecida em 1988. A lógica de construção do texto constitucional não se restringe à afirmação de princípios gerais do direito, mas dispõe quanto a sua efetivação, fixando-se nas formas de financiamento, critérios de aplicação e metas a serem atingidas.

> O problema mais grave, hoje, não é mais o de fundamentar os direitos do homem e sim o de protegê-los. Uma coisa é falar dos direitos do homem, direitos sempre

---

[1] Este trabalho contou com a participação de Vanessa Lopes Teixeira (PIBIC/CNPq) e Carlos Wagner Guedes (PROBIC/FAPEMIG) e apoio financeiro da FAPEMIG.

novos e cada vez mais extensos, e justificá-los com argumentos convincentes, outra coisa é garantir-lhes uma proteção efetiva. Como proteger um direito social? Tal proteção exige necessariamente a presença do Estado. (BOBBIO, 1992)

Portanto, a interpretação do texto constitucional reformado, para elaboração e implementação das políticas educacionais no país, impõe aos *policy makers* exigências de vinculação entre diretrizes e bases de sua efetivação. A efetividade dos direitos à educação não é obra da legislação, mas da organização da sociedade; no entanto, esta constitui um instrumento pelo qual o Estado regula, acentuando ou amenizando tendência em marcha (SAVIANI, 1987, p. 17) e, ainda, um dos instrumentos da população para responsabilização da autoridade pública, pelas decisões político-administrativas efetuadas.

REFORMA DO ESTADO E EDUCAÇÃO BÁSICA

Sob o tema da Reforma do Estado, debate-se as formas e tamanho da presença estatal, quanto à garantia de direitos sociais. Se o reconhecimento do dever do Estado, quanto à educação básica, acha-se assegurado nos princípios proclamados pelos mais diferentes atores, os debates e proposições, quanto à sua atuação, apresentam nuanças significativas, principalmente em relação a cada uma das etapas constitutivas da EB.

> Os sistemas nacionais de educação básica estão entre os que menos alterações sofreram do ponto de vista da sua concepção e lugar no conjunto dos programas sociais: em todos os países que estamos considerando, os princípios da universalidade, obrigatoriedade e gratuidade da educação compreensiva seguiram regendo esta área social básica. A experiência brasileira é multifacetada. (DRAIBE, 1997, p. 217)

O texto constitucional de 1988 inovou ao instituir sistemas municipais de educação. A possibilidade de estabelecer legislação concorrente reforçou, no campo educacional, o federalismo e a descentralização político-administrativa. No entanto, os mecanismos e formas da relação entre União, estados e municípios foram redimensionados a partir da EC 14, LDB e legislação posterior.

As modificações introduzidas na legislação educacional reafirmam os princípios gerais do direito à educação básica no país, porém restringindo sua efetividade ao ensino fundamental (EF), para a população na faixa etária de 6 a 14 anos. A igualdade de condições para acesso e permanência dos jovens e adultos é mitigada na LDB, pela possibilidade de oferta de oportunidades educacionais apropriadas (§1º art. 37) e redução da idade para prestação dos exames de suplência.(inc. I, §1º, art. 38). Em relação à educação infantil, o atendimento é reafirmado como de responsabilidade dos municípios, mas com os 10% dos recursos destinados à manutenção e desenvolvimento do ensino

(MDE), não subvinculados ao EF, ou seja, "serão suficientes para a ampliação e melhoria do sistema atual naqueles municípios economicamente viáveis, isto é, que contam com recursos próprios além dos provenientes de transferências" (PL n° 4173/98). Quanto ao ensino médio (EM), a alteração do texto constitucional explicita a desobrigação do poder público com sua efetivação, sob os mesmos princípios e bases do EF (inc. II., art. 208, CF).[2]

Diversos estudos têm analisado a distribuição de competências entre as instâncias da federação (ABREU, 1998; SAVIANI, 1997; CURY, 1997; VIEIRA, 1998)[3] e suas consequências para o pacto federativo. Com perspectivas diferenciadas, estes estudos observam, em relação à reforma educacional, quanto à acentuação da tendência histórica de responsabilização, dos níveis estadual e municipal de governo, para com o atendimento escolar, às proposições legais, ainda não efetivadas, de maior autonomia decisória no planejamento e organização dos diferentes sistemas de ensino, e à ameaça de generalização de programas, que introduzem interesses privados nos gerenciamento de sistemas públicos por mecanismos de cofinanciamento.[4]

Sinopses históricas da matrícula em educação básica, por dependência administrativa, revelam "tendência geral à descentralização no país, acompanhada da desobrigação da União para com a oferta de matrícula" (VIEIRA, 1998) e do crescimento expressivo dos sistemas públicos municipais de ensino (GRAF.1). Historicamente, a oferta da educação básica no Brasil sempre foi atribuição dos estados subnacionais e municípios, enquanto à União reservava-se um papel de concentrar competências nas definições de padrões curriculares e de gestão dos sistemas. No entanto, a curva demonstrativa da tendência dos sistemas públicos estaduais traz indicações, para o período estudado, quanto a um esgotamento do crescimento da matrícula em EB, a partir de 1995-96.

---

[2] De acordo com Horta, 1998, a atual legislação não inviabiliza uma futura extensão da obrigatoriedade ao ensino médio, mas antecede-a de uma universalização de sua oferta gratuita. No momento em que esta obrigatoriedade se estabelecesse, o ensino médio passaria a constituir "direito público subjetivo", e, conseqüentemente, o seu não oferecimento implicaria em imputação de responsabilidade da autoridade competente (p. 36).

[3] A Constituição Federal (CF) de 1988 estabelecia a existência dos sistemas municipais de ensino ao lado dos sistemas de União, Estados e Distrito Federal (DF) e sua organização em regime de colaboração (caput. art. 211). A Emenda Constitucional 14 enfrentou a questão da responsabilização pelo ensino obrigatório, definindo-o como instância prioritária de atuação dos Estados, DF e municípios, e distribuindo a atuação nas diferentes etapas da EB. No que se refere à União, a EC 14 vai explicitar suas ações em matéria de educação básica no exercício de uma função supletiva e redistributiva, com o objetivo de garantir a equalização de oportunidades educacionais e padrão mínimo de qualidade — e repete o texto constitucional anterior quanto à função redistributiva e supletiva, implementada através de assistência técnica e financeira aos Estados, DF e aos Municípios (§1° art. 211). Estados, DF e Municípios devem assegurar a universalização do ensino fundamental como responsabilidade conjunta, sob formas de colaboração (§s 2°, 3° e 4°, art. 211) (ABREU, 1998, p. 24).

[4] Ver ainda a respeito: FRIGOTTO, 1991, GENTILI, 1995, OLIVEIRA, 1997, CUNHA, 1997.

GRÁFICO 1

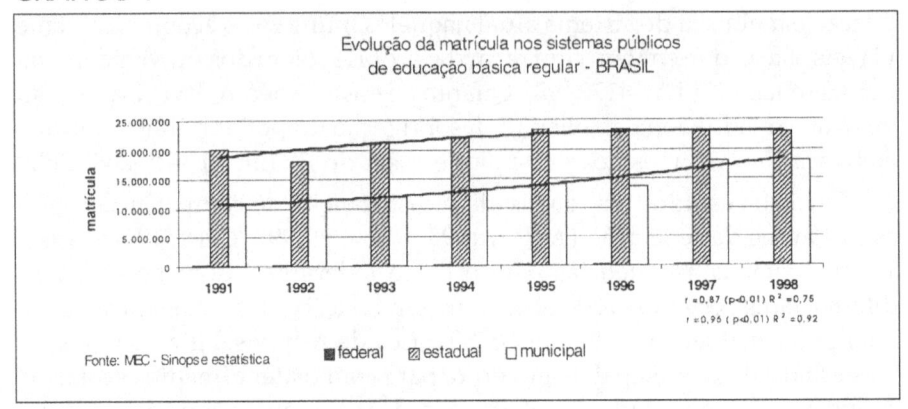

Evolução da matrícula nos sistemas públicos de educação básica regular - BRASIL

Fonte: MEC - Sinopse estatística ■ federal ▨ estadual ▢ municipal

(1991–1998)
r = 0,87 (p<0,01) R^2 = 0,75
r = 0,96 (p<0,01) R^2 = 0,92

Em Minas Gerais já se verifica, no entanto, a redução da matrícula efetiva em Educação Básica regular no sistema público estadual (GRAF. 2). O crescimento da matrícula efetiva, no ensino médio e nas quatro últimas séries, não compensa a drástica redução ocorrida na educação pré-escolar e nas quatro primeiras séries do ensino fundamental (GRAF. 2) pela via da municipalização.[5] Os sistemas públicos municipais no estado, por sua vez, reduziram a matrícula efetiva na educação pré-escolar, em 2,5%, e no ensino médio, em 25%, de 1997 para 1998, e expandiram nas quatro primeiras séries do ensino fundamental em mais de 70% no mesmo período. Em síntese, verifica-se que a tendência decrescente na matrícula em educação básica regular nos sistemas públicos estadual é compensada pela transferência do atendimento para os sistemas públicos municipais, ocasionando a redução da matrícula em Ed. Infantil — pré-escolar (GRAF. 3).

GRÁFICO 2

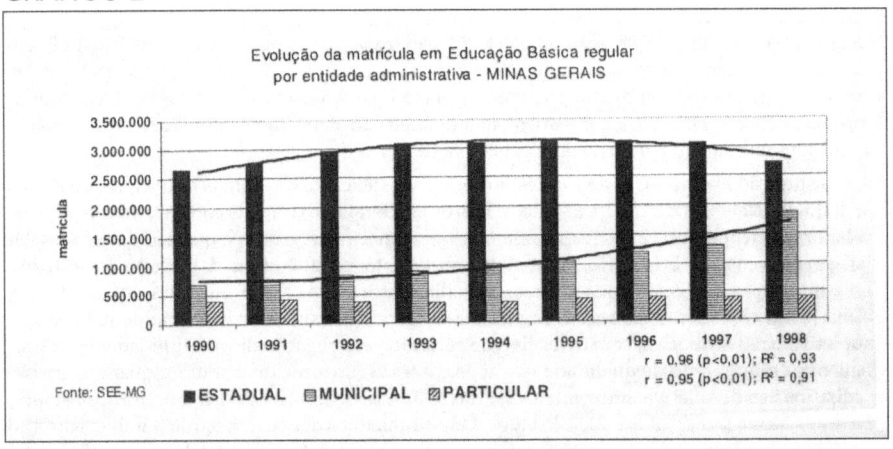

Evolução da matrícula em Educação Básica regular por entidade administrativa - MINAS GERAIS

Fonte: SEE-MG ■ ESTADUAL ▣ MUNICIPAL ▨ PARTICULAR

(1990–1998)
r = 0,96 (p<0,01); R^2 = 0,93
r = 0,95 (p<0,01); R^2 = 0,91

---

[5] Ver a respeito: Duarte & Oliveira, 1997.

GRÁFICO 3

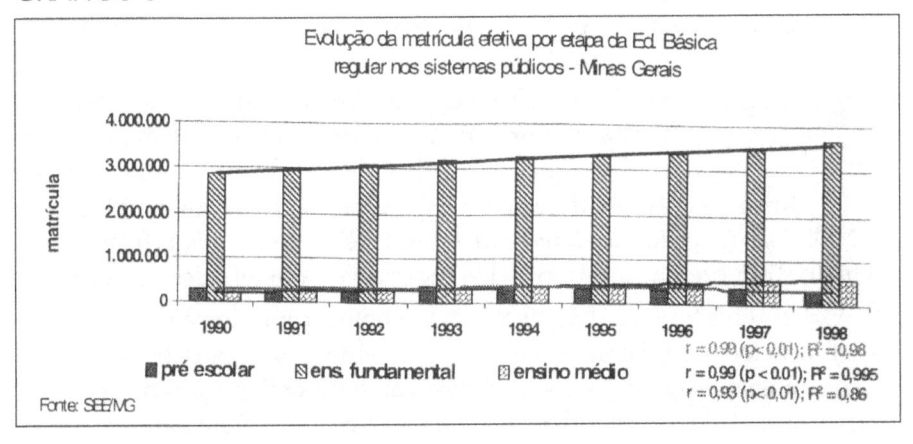

Evolução da matrícula efetiva por etapa da Ed. Básica regular nos sistemas públicos - Minas Gerais

■ pré escolar   ⊠ ens. fundamental   ▨ ensino médio

r = 0,99 (p< 0,01); R² = 0,98
r = 0,99 (p < 0,01); R² = 0,995
r = 0,93 (p< 0,01); R² = 0,86

Fonte: SEE/MG

Os argumentos favoráveis à municipalização referem-se à necessidade de atendimento da demanda pelo ensino médio, confirmada com os elevados índices de crescimento da matrícula verificados nos últimos anos, e, também, à proximidade entre o cidadão e o poder local. As críticas têm acentuado as consequências da permanência do clientelismo político: falta de recursos e fragmentação do sistema nacional de educação. São questões fundamentais e pertinentes à efetivação do direito à educação. No entanto, o estudo da evolução da matrícula em EB nos sistemas públicos tem indicado a urgência de reflexões quanto à capacidade financeira dos sistemas de ensino, principalmente após a implantação do FUNDEF, em assegurar expansão da oferta regular e igualdade de acesso e permanência em EB.[6]

A EC 14 e a Lei de Diretrizes e Bases reforçam o movimento de descentralização pedagógico-administrativa na organização da educação básica, alterando a composição do atendimento entre os sistemas públicos municipais e estaduais. Este movimento, sem condições mais equânimes de financiamento, contribui para impulsionar formas de seletividade intersistemas, decorrentes das diferenças na capacidade de atendimento em relação à demanda existente. Este diferencial reforça, também, a oferta de modalidades de ensino que apresentem menor custo de manutenção e desenvolvimento.

FORMAS DE COLABORAÇÃO ENTRE ESTADOS E MUNICÍPIOS: NORMAS PARA O ENSINO FUNDAMENTAL E REPERCUSSÕES NA EDUCAÇÃO BÁSICA

A criação do Fundo de Manutenção e Desenvolvimento do Ensino Fundamental e Valorização do Magistério (FUNDEF) pela EC 14 — defendido

---

[6] Entre 1997 e 1998, com a implantação do Fundo de Manutenção do Ensino Fundamental, a matrícula efetiva nas quatro primeiras séries nos sistemas públicos municipais aumentou em 73,2%, enquanto que o total da matrícula efetiva em EB no sistema público estadual sofreu redução de 15,5%.

como medida de realismo político administrativo — reafirmou a repartição de responsabilidades com o EF entre estados e municípios, as possibilidades diferenciadas dos entes federados para com a oferta regular do ensino obrigatório e a necessidade do comprometimento de recursos federais adicionais, para equalizar oportunidades nos diversos sistemas[7] (art. 6º L. 9424/96). As definições quanto à aplicação e distribuição dos recursos vinculados e os critérios de cálculo estabelecidos na regulamentação do FUNDEF são medidas de efetivação das funções redistributivas fixadas para a União e intervêm nas relações dos sistemas e características da oferta.[8]

O texto constitucional de 1988 previa, como atribuição da União, prestar assistência técnica e financeira a Estados e Municípios, para o desenvolvimento de seus sistemas de ensino e para o atendimento prioritário ao ensino obrigatório. A alteração constitucional aprovada redimensiona o papel da União para o exercício de função supletiva e redistributiva, e a intervenção na destinação de recursos estaduais e municipais, efetuada pelo mecanismo do FUNDEF, foi justificada por seu caráter redistributivo e de equalização das oportunidades educacionais. Maior homogeneidade na distribuição dos recursos vinculados e ação supletiva compensatória justificaram a instituição do FUNDEF e constituem, ainda, referência fundamental para se estabelecer os parâmetros de uma atuação supletiva e redistributiva da União e Estados, no âmbito da educação básica.

A legislação educacional, pós EC 14, distingue os termos: formas de colaboração entre União, Estados e Municípios, ação redistributiva ou supletiva das diferentes instâncias governamentais e assistência técnica e financeira a ser prestada aos estados e municípios pela União. Determina o regime de colaboração na organização dos sistemas de ensino federal, estaduais e municipais (caput, art.211, CF e art. 8º LDB) e estabelece, para Estados e Municípios, a exigência de formas de colaboração na universalização do ensino obrigatório (§ 4º art. 211,CF e inc.II, art. 10, LDB). À função redistributiva e supletiva da União, para com os Estados e Municípios (§1º art. 211 CF e §1º do art. 8º e art. 9º da LDB), acrescenta-se a ação supletiva e redistributiva dos Estados em relação aos seus municípios (inc. II, art. 10 e caput, art. 75

---

[7] Os recursos atribuídos ao Fundo foram vinculados exclusivamente ao ensino fundamental (art. 60, caput) sob os seguintes argumentos: a) magnitude do atendimento prestado por esta etapa da EB; b) impossibilidade de aplicação exclusiva do total de recursos vinculados dos Estados e Municípios e 50% dos recursos vinculados da União na educação básica: c) possibilitar a aplicação de 10% dos recursos vinculados de Estados e Municípios nas demais etapas da EB e c) *comprometimento de recursos federais adicionais para equalizar oportunidades educacionais entre regiões diferentes* (DURHAN, NEGRI, PRADO. *Jornal Folha de São Paulo*, seção Tendências e Debates) (grifo nosso).

[8] Werthein, 1999, ao comentar o balanço do primeiro do FUNDEF, destaca seu impacto redistributivo. Os estudos realizados em Minas Gerais têm observado um caráter indutor à municipalização (DUARTE & OLIVEIRA, 1996).

da LDB). Porém, para os municípios explicita-se, apenas, a incumbência de exercer ação redistributiva em relação as suas escolas.

> Estranho é o fato de a legislação ter definido esta ação redistributiva em relação às escolas apenas para os Municípios, pois com a mesma responsabilidade devem arcar tanto a União quanto os Estados e o Distrito Federal em relação às instituições de ensino respectivamente mantidas e administradas por estes níveis de governo. (ABREU, 1998, p. 32)

O *design* de um sistema nacional de educação acha-se construído com fundamento simultâneo na autonomia e independência dos diferentes sistemas de ensino — asseguradas por um relacionamento sob forma de colaboração — e nas intervenções possíveis para o cumprimento das atribuições redistributivas e supletivas das diferentes instâncias governamentais. Formas de colaboração e exercício de ações supletivas e redistributivas pressupõem o reconhecimento da interdependência entre os sistemas, simultaneamente com o estabelecimento de normas de intervenção reguladora.[9]

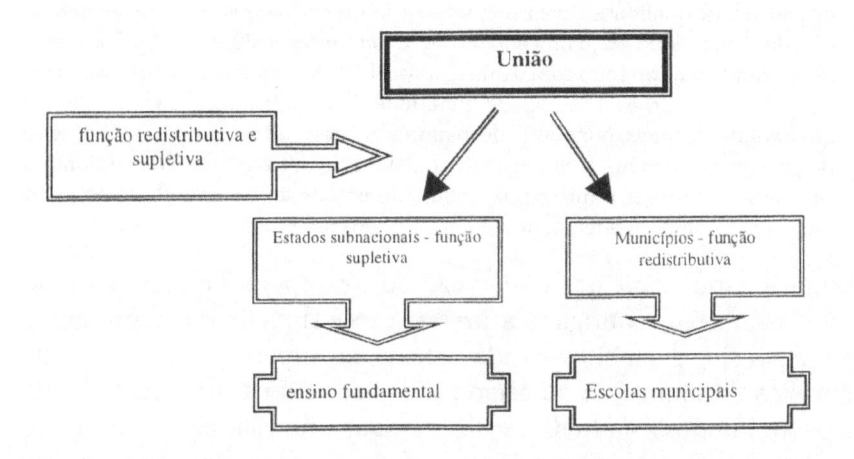

```
                      ┌─────────────────┐
                      │      União      │
                      └─────────────────┘
    ┌──────────────────┐    │       │
    │ função           │───▶│       │
    │ redistributiva e │    │       │
    │ supletiva        │    ▼       ▼
    └──────────────────┘
              ┌─────────────────────┐  ┌─────────────────────┐
              │ Estados subnacionais│  │ Municípios - função │
              │ - função supletiva  │  │ redistributiva      │
              └─────────────────────┘  └─────────────────────┘
                        │                        │
                        ▼                        ▼
              ┌─────────────────────┐  ┌─────────────────────┐
              │ ensino fundamental  │  │ Escolas municipais  │
              └─────────────────────┘  └─────────────────────┘
```

A função supletiva da União em relação aos Estados decorre da relação entre a demanda por ensino fundamental e médio e o esforço financeiro efetuado. Com relação ao ensino obrigatório, a Lei de regulamentação do FUNDEF definiu um parâmetro da intervenção (art. 6°, L.9424/96). No entanto, a função supletiva deve ocorrer considerando-se, também, a capacidade de atendimento dos estados em relação ao ensino médio. Ou seja, a União acha-se responsabilizada com o exercício de ação supletiva,

---

[9] O termo intervenção reguladora refere-se às funções supletiva e redistributiva, diferindo da possibilidade de intervenção facultada à União, na alínea c , acrescentada ao artigo 34 da CF pela EC 14/96.

com vistas a corrigir disparidades de acesso e assegurar padrão mínimo de qualidade, considerando a demanda para o ensino médio regular e a capacidade de atendimento dos estados subnacionais.

O Conselho Nacional de Educação reafirma a abrangência das ações a serem desenvolvidas pela União.[10]

> Pelo art. 75, associado aos arts. 10 e 11 desta Lei, a União tem ação supletiva e redistributiva em relação aos Estados e Municípios no âmbito de toda a Educação Básica; já a ação supletiva e redistributiva dos Estados em relação a seus Municípios circunscreve-se ao Ensino Fundamental. (parecer n° 26/97, CNE. p. 12).

Esta distinção é reveladora da abrangência que se atribui à intervenção reguladora da União. A correção das disparidades de acesso e garantia de um padrão mínimo de qualidade obriga a prestação de assistência técnica e financeira aos poderes públicos locais ou estaduais, considerando todas as etapas da educação básica.

> O art. 74 chama atenção para a ação coordenadora da União no estabelecimento de padrões de qualidade do ensino, referenciados ao "padrão mínimo de oportunidades educacionais" qualificado no "custo mínimo por aluno". Este dispositivo deve ser lido em conjunto com o que dispõe a LDB em seu art. 4°, inciso IX, quando define os padrões mínimos de qualidade do ensino como "a variedade e a quantidade mínimas, por aluno, de insumos indispensáveis ao desenvolvimento do processo de ensino-aprendizagem. (...) Note-se que o referido custo mínimo associado a padrões mínimos de qualidade não deve ser assimilado ao valor mínimo por aluno mencionado na Lei 9424/96 (parecer 26/97, CNE).

Estados e municípios, por sua vez, são corresponsáveis na oferta do EF, e a União acha-se obrigada a prestar ações supletivas sempre que a demanda por EB, no âmbito de cada sistema, for superior à capacidade de atendimento do município ou estado. Considerando a subvinculação de recursos aos Fundos Estaduais, explicita-se que a função supletiva decorre da relação entre demanda e matrícula no município, enquanto que a função redistributiva é efetuada pelo mecanismo do FUNDEF.

DESCENTRALIZAÇÃO E CAPACIDADE DE ATENDIMENTO DOS SISTEMAS PÚBLICOS DE EDUCAÇÃO BÁSICA

A responsabilização de Estados e Municípios para com a educação básica, no texto constitucional emendado, teve por contrapartida a explicitação de funções supletivas e redistributivas das diferentes instâncias governamentais. A Lei da Educação nacional fixa responsabilidades de

---

[10] Parecer n° 26/97, homologado em 17/02/97 e publicado no DOU em 18/12/97, p. 40.

atuação, critérios de distribuição dos recursos vinculados e parâmetros para ações de intervenção reguladora. Cabe à União prestar assistência técnica e financeira observando a função supletiva dos Estados subnacionais em relação aos municípios e a função redistributiva destes em relação às unidades escolares. Fórmulas de domínio público, relativas à capacidade de atendimento dos sistemas, devem contemplar os princípios de igualdade, equalização, qualidade e oferta regular estabelecidos para as diferentes etapas da educação básica, fixando os parâmetros de intervenção, mediante assistência técnica e financeira. Os valores obtidos devem ser relacionados à população a ser atendida, o que difere da metodologia de distribuição fixada para o FUNDEF.[11]

A medida da corresponsabilidade deve observar, ainda, as exigências de:

a) igualdade de condições para acesso e permanência (inc. I, art. 206, CF e I, art. 3º, LDB);

b) garantia de padrão de qualidade (inc. VII, art. 206 CF e inc. IX, art. 3º LDB);

c) padrões mínimos de qualidade de ensino, definidos como a variedade e quantidade mínimas, por alunos, de insumos indispensáveis ao desenvolvimento do processo de ensino-aprendizagem (IX, art. 4º LDB).

O texto constitucional exige de todos a observância de um padrão de qualidade como princípio geral para se ministrar o ensino. A Lei de Diretrizes obriga o poder público com a garantia de padrões mínimos de qualidade, expressos em insumos (aspectos infraestruturais) indispensáveis ao processo de ensino e aprendizagem. A disposição constitucional, relativa ao padrão de qualidade, fundamenta a competência da União no sentido de assegurar processo nacional de avaliação do rendimento escolar, em colaboração com os sistemas de ensino (inc. VI, art. 9º LDB). Já a norma contida na LDB estabelece fatores ou condições indispensáveis ao ensino de qualidade (IX, art. 4º LDB). Definido nos aspectos infraestruturais, quanto à variedade e quantidade de insumos indispensáveis ao processo educativo, a noção de um padrão mínimo de qualidade constitui meta a ser superada pelos responsáveis para com a manutenção e desenvolvimento dos sistemas de ensino e parâmetro, que obriga a intervenção supletiva da União.

O montante de recursos vinculados, de acordo com a população a ser atendida, define o tamanho da participação dos estados subnacionais e dos governos locais na oferta da educação básica (inc. II, art. 10, e § 1º, art. 75, LDB), para que sejam satisfeitas as exigências de igualdade de condições

---

[11] A distribuição dos recursos, no âmbito de cada Estado e do Distrito Federal, dar-se-á entre o Governo Estadual e os Governos Municipais, na proporção do número de alunos matriculados anualmente nas escolas cadastradas das respectivas redes de ensino (§1, art. 2º, L 9424/96)

para acesso, permanência e garantia do padrão mínimo de qualidade. A evolução histórica do gasto por aluno/ano no âmbito dos sistemas corresponsáveis, por sua vez, quantifica a exigência mínima de insumos necessários ao processo de ensino-aprendizagem (IX, art. 4.º, LDB). O exercício da ação supletiva impõe-se como mecanismo de superação dessas condições.

A noção de padrão mínimo de qualidade expõe um limite legal de autonomia para as instâncias de governo, por estar associada à capacidade de cada sistema (§1º art. 75, LDB) e conduz a formas de intervenção mediante assistência técnica e financeira e sua obrigatoriedade decorre da precisão do padrão mínimo, associado à evolução do gasto por aluno/ano.

O texto constitucional emendado obriga a União ao desenvolvimento de ação supletiva e redistributiva com vistas à equalização das oportunidades educacionais e padrão mínimo de qualidade (§1º, art. 211). Coerente com as atuais proposições de Reforma do Estado, onde a intervenção se faz reguladora ou compensatória, a CF emendada considera estas ações como forma de colaboração entre União, Estados e Municípios.

O princípio gerencial da Reforma do Estado, de redução no tamanho ou abrangência de sua intervenção, é reafirmado pelo conceito de padrão mínimo de qualidade. A garantia de igualdade de acesso e o reconhecimento das diferenças são compatibilizados por um padrão mínimo, que restringe as intervenções voltadas para a igualdade e possibilita a diversidade entre sistemas.

No entanto, a Constituição reformada e a Lei de Diretrizes e Bases, ao atribuírem ação supletiva à União — para correção das disparidades de acesso e garantia de um padrão mínimo de qualidade (caput art. 75) — explicitam fórmula de domínio público, que obriga ao exercício da ação reguladora. A relação inversa entre capacidade de atendimento e esforço fiscal em favor da manutenção e desenvolvimento do ensino (§ 1º, art. 75), irá determinar os momentos das intervenções corretivas. A relação entre a demanda por educação básica e a disponibilidade financeira advinda de receitas fiscais dos estados e municípios importa em ação supletiva, quando a capacidade de atendimento for inferior à demanda prevista, desde que Estados ou Municípios apliquem em MDE os percentuais obrigatórios constitucionalmente fixados.

A política de financiamento do ensino fundamental no país estabelece o número de alunos matriculados por sistema de ensino como o critério de distribuição dos recursos subvinculados ao ensino fundamental. Este critério fundamenta-se na reciprocidade entre o *quantum* de recursos transferidos e o atendimento quantitativo prestado pelo sistema no ensino fundamental, mas tem repercussões na destinação de recursos para os outros níveis da educação básica. A intervenção reguladora efetuada por intermédio da Lei 9424/96 fundamenta-se na função redistributiva fixada para a União e na obrigação do poder público de garantir igualdade de acesso e permanência.

No entanto, estas diretrizes não balizam toda a ação supletiva e redistributiva da União em relação a estados e municípios, cuja obrigatoriedade de intervenção decorre da capacidade de atendimento destas instâncias governamentais face à demanda prevista. A atribuição supletiva da União atém-se à fórmula de domínio público. Para este cálculo, a Lei de Diretrizes e Bases explicita: a) a razão entre recursos vinculados à MDE/o custo anual do aluno, relativo ao padrão mínimo de qualidade e b) a possibilidade de transferência direta de recursos a cada estabelecimento de ensino do sistema, como forma de repasse. Resta precisar a fórmula de cálculo do custo anual do aluno, relativo ao padrão mínimo de qualidade (§2º art. 75), obrigatoriamente diferenciada do custo mínimo por aluno, fixado pela União em relação ao ensino fundamental.

O CONCEITO DE CAPACIDADE DE ATENDIMENTO COMO INSTRUMENTO DE ADMINISTRAÇÃO NOS SISTEMAS PÚBLICOS E DE QUANTIFICAÇÃO DE UM PADRÃO MÍNIMO DE QUALIDADE

A prioridade governamental, fixada na gestão dos sistemas públicos, conduziu à realização de levantamentos da "capacidade de atendimento" dos municípios, com a finalidade de enfrentar as indefinições quanto à corresponsabilidade para com o ensino obrigatório e fixar um parâmetro de delimitação do "regime de colaboração" (CF/88, art. 211).[12]

Os percentuais de receita aplicados em educação são indicadores possíveis do esforço fiscal desenvolvido por estados e municípios, enquanto que a capacidade de atendimento é definida pela razão entre os recursos de uso constitucionalmente obrigatório em MDE e o custo anual do aluno, relativo ao padrão mínimo de qualidade (§2º, art. 75).

> A capacidade de atendimento por parte de cada Estado e de cada Município é definida pelo valor de seus recursos provindo de impostos e transferências de uso obrigatório na manutenção de desenvolvimento do ensino, divididos pelo custo anual do aluno relativo ao padrão mínimo de qualidade de ensino. Respeitada essa capacidade de atendimento, no âmbito da Educação Básica, os Estados, o Distrito Federal e os Municípios farão jus a recursos suplementares (parecer 26/97, CNE. p.12).

---

[12] A noção "capacidade de atendimento" é difundida no contexto das gestões governamentais com as agências internacionais para o financiamento de programas de educação básica, e no Estado de Minas Gerais encontra-se presente em documentos oficiais da Secretaria de Educação, que regulamentam o atendimento escolar, desde o início da década.

O Conselho Nacional de Educação (CNE) estabeleceu duas diretrizes para o cômputo da capacidade de atendimento dos sistemas de ensino. A primeira explicita que os esforços financeiros efetuados para o atendimento da demanda por educação infantil e/ou ensino médio interferem no cálculo da capacidade de atendimento.[13] A segunda diretriz advém para o cálculo do custo anual do aluno; o parecer do CNE reafirma os termos da Lei de Diretrizes, quanto à vinculação entre custo por aluno e padrão mínimo de qualidade. A LDB acrescenta, ainda, que este cálculo deve levar em conta variações regionais no custo dos insumos e as diversas modalidades de ensino (§ único, art.74).

Portanto, a base para o cálculo da capacidade de atendimento provém da determinação do gasto por aluno/ano, historicamente efetuado em cada sistema de ensino. Os debates em relação a este tema na atualidade centram-se nos conceitos de "gasto-aluno" e "custo-aluno-qualidade".

> O primeiro proposto pelo Governo Federal e o segundo proposto pelo Fórum Permanente de Valorização do Magistério de Educação Básica. Ambos concorrem na tentativa de imprimir racionalização e eficiência na alocação dos recursos, ainda não realizados, sob a perspectiva de alterar as marcas da baixa qualidade de ensino. (BASSI, 1996)

O conceito custo-aluno-qualidade, sem deixar de ser um parâmetro de gastos para os recursos disponíveis, reúne os esforços e investimentos públicos em direção à consecução de objetivos previamente quantificáveis e desejáveis. Coloca-se, assim, como indicador de qualidade, para cada um dos insumos e componentes do ensino, conjunturalmente ideais (BASSI, 1996).

O conceito de gasto-aluno expressa a despesa corrente anual por aluno matriculado e pode ser inscrito como tipificação dos gastos públicos com educação escolar.[14] Constitui uma formulação útil para comparações na evolução das despesas, e a relação entre estes indicadores constitui subsídio fundamental para a tomada de decisões políticas em função das disponibilidades orçamentárias.

O conceito de gasto-aluno, como unidade contábil, requer formulação precisa de sua composição para análises comparativas intersistemas. No entanto, a determinação de sua evolução histórica em relação a um mes-

---

[13] Observando-se o disposto no inc. VI do art. 10 para os estados e o inc. V do art. 11 em relação os municípios.

[14] Os gastos públicos com educação escolar são classificados pela UNESCO como gastos totais e gastos correntes e são estes os que estão diretamente relacionados com as possibilidades escolares de um país. Os recursos públicos de Estados e Municípios destinados a MDE na educação básica equivalem aproximadamente a 72% das despesas para os estados e 63% para os municípios, a despesas correntes (PNE, CONED, 1997, p. 32).

mo sistema constitui uma das possibilidades de quantificar-se um padrão mínimo de qualidade — definido como a quantidade mínima, por aluno, de insumos indispensáveis ao desenvolvimento do processo de ensino e aprendizagem, que efetiva o dever do Estado com a educação escolar pública (art. 4°, inc. IX, LDB) — abaixo do qual torna-se obrigatório o exercício da função supletiva da União (§ 1°, art. 211, CF).

Em Minas Gerais, o gasto médio por aluno em educação básica vem sendo calculado pela Secretaria de Estado como referência para a repartição dos recursos do Fundo de Participação dos Municípios (TAB./ 1).

TABELA 1.
VALOR POR ALUNO/ANO PARA DEFINIÇÃO DA CAPACIDADE
DE ATENDIMENTO DOS SISTEMAS DE ENSINO

ano	moeda	valor	municípios com capacidade atendimento esgotada**	municípios pesquisados
1994	Real	233,55	133	756
1995*	Real	300,00	45	756
1996*	Real	485,44	98	756
1997*	Real	531,75	113	853

*Em 1995, o valor é arbitrado em R$300,00, conforme orientações de custo mínimo por aluno difundidas quando das negociações em torno do Pacto pela Valorização do Magistério em 1994. A partir de 1996, os valores correspondem a um gasto médio por aluno atendido no sistema público estadual.
**Total de municípios onde o diferença entre o atendimento prestado e a capacidade de atendimento é igual ou superior a 100 alunos.

Excetuando-se 1995, onde o valor foi arbitrado como custo mínimo por aluno, desde 1996, o parâmetro para definição do gasto por aluno/ano traz indicações quanto à incapacidade de sistemas municipais para assegurar expansão de oportunidades, sob as mesmas condições de qualidade. Apesar de altamente desfavoráveis, os valores considerados como gasto por aluno/ano, para a obtenção de um padrão mínimo de qualidade, sinalizam um patamar mínimo a ser assegurado para todos como garantia de igualdade de acesso e permanência.

Até 1997, a fiscalização dos recursos aplicados em educação possibilitava aos municípios compensar no último trimestre do exercício os débitos encontrados.[15] Essa sistemática influenciava o número de municípios com percentual de aplicação superior, pois neste achava-se incluído a compensação do déficit ocorrido no ano anterior. No entanto, verifica-se que a média do percentual de aplicação dos recursos públicos em educação é elevada, indicando o esforço fiscal efetuado (TAB. 2).

---

[15] Inc II, art. 6°, Instrução Normativa 02/91 de 18/05/91, TCMG e § 4°, art. 4° L. 7348, de 24/07/85.

TABELA 2.
PERCENTUAL DE APLICAÇÃO E ATENDIMENTO DOS SISTEMAS PÚBLICOS MUNICIPAIS

ano	média do % aplicado em MDE	Desvio padrão	matrícula em EB regular	atendimento dos sistemas públicos	diferença atendimento e matrícula
1991	29,64	5,74	3.513.353	3.515.528	2.175
1992	30,26	7,12	3.692.999	3.703.783	10.784
1993	31,17	5,63	3.883.093	3.994.348	111.255
1994	31,66	6,72	3.985.761	4.096.599	110.838
1995	30,39	5,54	4.056.091	4.164.504	108.413
1996	30,12	6,67	4.210.484	4.309.759	99.275
1997	30,42	-	4.358.633	4.502.489	143.856

Fonte: SEE/MG - TCMG

O percentual de recursos aplicados em MDE pelos sistemas públicos municipais situa-se próximo à 30% — valor significativo do esforço financeiro efetuado para o atendimento em educação básica. No entanto, o diferencial entre a matrícula regular e o atendimento prestado permite dimensionar os custos de outras modalidades de ensino como jovens e adultos e educação especial.

O esgotamento da capacidade de atendimento de um número bastante significativo dos sistemas públicos municipais (TAB.1), acompanhado de um esforço financeiro por parte destes sistemas de ensino para assegurar a oferta de educação básica (TAB. 2), indica os limites do padrão de financiamento centrado na descentralização. E a redução na tendência de crescimento da matrícula em EB reforça esta indicação, ao se considerar como padrão mínimo de qualidade o gasto/aluno, historicamente realizado em educação básica (GRAF. 2 e 3).

A reforma, empreendida em 1996, pressupõe o exercício de ação supletiva da União, observando-se a capacidade de atendimento dos sistemas de ensino. Estudos comparativos sobre a capacidade de atendimento dos sistemas públicos locais e estaduais constituem referência para intervenções reguladoras, capazes de corrigir desigualdades regionais à igualdade de acesso e permanência.

Referências

ABREU, M. *Organização da educação nacional na legislação vigente*. Brasília, 1998. (mimeo.)

AMARAL SOBRINHO, J. et al. Os padrões mínimos de qualidade dos serviços educacionais; uma estratégia de alocação de recursos para o ensino fundamental. In: GOMES, C & AMARAL SOBRINHO, J. *Qualidade, eficiência e equidade na educação básica*. Brasília: IPEA, 1992, p. 71-97.

BASSI, M. E. *Política educacional e descentralização: uma crítica a partir da análise da descentralização financeira dos recursos públicos enviados às escolas no Estado de Minas Gerais*. Dissertação (Mestrado em Educação). PUC/ São Paulo, 1996.

BOBBIO, N. *Era dos direitos*. Rio de Janeiro: Campus. 1992.

BRASIL. Emenda constitucional n. 14 de 12 de setembro de 1996 — modifica os arts. 34, 208, 211 e 212 da CF, e dá nova redação ao art. 60 do ADCT. *Diário Oficial da União*, Brasília, DF.

BRASIL. Lei nº 9394 de 20 de dezembro de 1996 — estabelece as diretrizes e bases da educação nacional. *Diário Oficial da União*, Brasília, DF.

BRASIL. Lei nº 9424 de 24 de dezembro de 1996 - dispõe sobre o Fundo de Manutenção e Desenvolvimento do Ensino Fundamental e de Valorização do Magistério, na forma revista no art. 60, § 7º do ADCT, e dá outras providências. *Diário Oficial da União*, Brasília, DF.

BRZEZINSKI, I (org). *LDB interpretada: diversos olhares se entrecruzam*. São Paulo: Cortez Editora, 1997.

CASTRO, C. M. *Educação brasileira: consertos e remédios*. Rio de Janeiro: Ed. Rocco. 1994.

CUNHA, D. M. Gestão democrática *versus* autonomia decretada: dilemas atuais na administração da escola pública. In: *Trabalho & Educação*. Belo Horizonte: NETE, FaE/UFMG, n. 02, ago./dez. 1997, p. 31-60.

CURY, C. R. J. *Medo à liberdade e compromisso democrático: LDB e Plano Nacional de Educação*. São Paulo: Editora do Brasil, 1997.

DRAIBE, S. M. A política social na América Latina: o que ensinam as experiências recentes de reformas? In: DINIZ, E. & AZEVEDO, S. *Reforma do Estado e democracia no Brasil: dilemas e perspectivas*. Brasília: Editora Universidade de Brasília, 1997.

DUARTE,M. R. T. & OLIVEIRA, D. A. Política e administração da educação: um estudo de reformas recentes implementadas no estado de MG. In: *Educação & Sociedade*. ano XVIII, n. 58, abr. 1997, p. 123-141.

FÁVERO, O. *A educação nas constituintes brasileiras: 1823-1988*. Campinas, SP: Autores Associados, 1996.

FRIGOTTO, G. O contexto sóciopolítico brasileiro e a educação na década de 70-90. In: *Contexto e educação*. Universidade de Ijuí, out./dez. 1991, p. 43-57.

GENTILI, P. (org.) *Pedagogia da exclusão: crítica ao neoliberalismo em educação*. Petrópolis: Vozes, 1995.

HORTA, J. S. B. Direito a educação e obrigatoriedade escolar. In: *Cadernos de Pesquisa*. n.104, jul. 1998, p. 5-34.

II CONED, Plano Nacional de Educação: proposta da sociedade brasileira. Belo Horizonte, APUBH-ANDES-SN, 1997.

MEC-INEP, Plano Nacional de Educação: proposta do executivo ao Congresso Nacional. Brasília, www.inep.gov.br/cibec/on-line.htm, 1998.

MONLEVADE, J. & FERREIRA, E. *O FUNDEF e seus pecados capitais*. Ceilânida, DF: Idéia Editora, 1997.

MONLEVADE, J. *Educação pública no Brasil: contos & descontos*. Ceilândia, DF: Idéia Editora, 1997.

MOTTA, E. O. *Direito educacional e educação no século XXI*. Brasília: UNESCO, 1997.

OLIVEIRA, DA (org.). *Gestão democrática da educação: desafios contemporâneos*. Petrópolis, Rio de Janeiro: Editora Vozes, 1997.

SAVIANI, D. *Política e educação no Brasil*. São Paulo: Cortez, Autores Associados, 1987.

SAVIANI, D. *A nova lei da educação*. Campinas: Autores Associados, 1987.

VIEIRA, SL. *Política educacional em tempos de transição - 1985-1995*. Tese concurso de professor titular. Fortaleza, UECE, 1998 (mimeo).

WETHEIN, J. Novas perspectivas para o magistério. *Jornal Folha de São Paulo*, de 30-03-99.

Sobre os autores

Azuete Fogaça - Doutora em Educação Brasileira (UFRJ). Professora do Departamento de Fundamentos da Educação da Faculdade de Educação da Universidade Federal de Juiz de Fora.
azuete@artnet.com.br

Carlos Roberto Jamil Cury - Doutor em Educação (PUC-SP). Professor titular do Departamento de Administração Escolar da FaE/UFMG, Membro do Conselho Nacional de Educação.
crjcury.bh@zaz.com.br

Dalila Andrade Oliveira - Doutora em Educação (USP). Professora do Departamento de Administração Escolar FaE/UFMG.
dalila@tech.fae.ufmg.br

Eduardo Meira Zauli - Doutor em Ciência Política (USP). Professor do Departamento de Ciência Política da UFMG.
zauli@fafich.ufmg.br

Geraldo Magela Pereira Leão - Mestre em Educação (UFMG). Professor do Departamento de Administração Escolar da FaE/UFMG.
gleão@fae.com.br

Glaura Vasques de Miranda - Doutora em Educação (Universidade de Stanford – USA). Professora titular aposentada do Departamento de Administração Escolar da FaE-UFMG. Membro do Conselho Estadual de Educação de Minas Gerais. Ex-Secretária Municipal de Educação de Belo Horizonte.
glauravm@ez-bh.com.br

José Clóvis Azevedo - Secretário Municipal de Educação de Porto Alegre/RS.

Lisete Regina Gomes Arelaro - Doutora em Educação (USP). Professora da Faculdade de Educação/USP. Secretária de Educação, Cultura, Esporte e

Lazer da Prefeitura Municipal de Diadema (1993/96) e Chefe da Assessoria Técnica e de Planejamento da Secretaria de Educação da Prefeitura Municipal de São Paulo (1989/92).
liselaro@usp.br

Lúcia Bruno - Doutora em Sociologia (USP). Professora da Faculdade de Educação/USP.
lenuevo@usp.br

Lúcia Helena G. Teixeira- Doutora em Educação da UNICAMP. Professora do Departamento de Administração Escolar da Faculdade de Educação da Universidade Federal de Juiz de Fora.
luciahelenat@artinet.com.br

Maria do Carmo Lacerda Peixoto - Doutora em Educação (UFRJ). Professora do Departamento de Administração Escolar da FaE/UFMG.
mcarmo@fae.ufmg.br

Maria Rosimary Soares dos Santos - Mestre em Ciências Políticas (UFMG). Professora do Departamento de Administração Escolar da FaE/UFMG.
mrsantos@tech.fae.ufmg.br

Marisa Ribeiro Teixeira Duarte - Doutoranda em Educação (UFF). Professora do Departamento de Administração Escolar FaE/UFMG.
mmduarte@fae.br

Osmar Fávero - Doutor em Educação (PUC-SP). Professor titular na área de Política Educacional da Faculdade de Educação da Universidade Federal Fluminense.
ofavero@infolink.com.br

Romualdo Portela de Oliveira - Doutor em Educação (USP). Professor da Faculdade de Educação/USP.
romualdo@usp.br

Vera Lúcia Alves de Brito - Doutora em Educação (USP). Professora do Programa de Pós-Graduação em Educação da FaE/UFMG.

Este livro foi composto com tipografia Palatino e impresso
em papel Off set 75 g/m² na Gráfica PSI 7.